French Stories/
Contes Français

A Dual-Language Book

Edited by
WALLACE FOWLIE
James B. Duke Professor of French
Duke University

*With translations, critical introductions,
notes and vocabulary
by the Editor*

DOVER PUBLICATIONS, INC.
New York

This Dover edition, first published in 1990, is a slightly altered republication of *French Stories/Contes Français: A Bantam Dual-Language Book*, originally published by Bantam Books, Inc., New York, in 1960. In the present edition, years of death have been added to the biographies of Mauriac and Aymé, and the original Publisher's Note has been omitted.

Manufactured in the United States of America
Dover Publications, Inc., 31 East 2nd Street, Mineola, N.Y. 11501

Library of Congress Cataloging-in-Publication Data

French stories = Contes français : a dual-language book ; with translations, critical introduction, notes, and vocabulary by the editor / edited by Wallace Fowlie. — Dover ed.
    p.   cm.
  Reprint with revision. Originally published: New York : Bantam Books, 1960. (A Bantam dual-language book ; s1993)
  ISBN 0-486-26443-2
  1. French language—Readers. 2. Short stories, French—Translations into English. 3. Short stories, English—Translations from French. 4. Short stories, French. I. Fowlie, Wallace, 1908–   II. Title: Contes français.
PC2117.F844   1990
448.6'421—dc20   90-37701
                                      CIP

CONTENTS

Foreword   vii

VOLTAIRE   2
   Micromégas
   Micromegas

HONORÉ DE BALZAC   44
   La Messe de l'Athée
   The Atheist's Mass

GUSTAVE FLAUBERT   82
   La Légende de Saint Julien l'Hospitalier
   The Legend of St. Julian the Hospitaler

CHARLES BAUDELAIRE   140
   Le Spleen de Paris (Le Vieux Saltimbanque, Le Joujou
     du Pauvre, La Corde)
   Spleen of Paris (The Old Clown, The Poor Boy's Toy,
     The Rope)

GUY DE MAUPASSANT   160
   Menuet
   Minuet

PAUL CLAUDEL   172
   Mort de Judas
   Death of Judas

CONTENTS

ANDRÉ GIDE 196
    Le Retour de l'Enfant Prodigue
    The Return of the Prodigal Son

FRANÇOIS MAURIAC 234
    Grand-Lebrun
    Grand-Lebrun

MARCEL AYMÉ 246
    Le Passe-Muraille
    The Passer-through-Walls

ALBERT CAMUS 270
    L'Hôte
    The Guest

Notes 305

Questionnaire 313

Vocabulary 317

FOREWORD

For each of these selections destined to compose a "French Reader," many considerations and scruples and values had to be kept in mind. Dominant among these was the desire to elect a representative work from several major French writers, and to elect one not anthologized previously or not often anthologized.

It is surmised, it is even hoped, that the readers of this book will be, first, those students who are learning the French language and who are being introduced to the history of French literature. Then, French has been so constantly in the curriculum of our schools and colleges, that there are a vast number of readers who once studied French, who wish to maintain some facility in reading the language and who will be helped in having a fairly close translation facing the French text. This procedure is followed not in order to encourage indolence but rather to provide a method of steady reading in a foreign tongue so that the apprehending and the enjoyment of the literary work will not be impeded.

The collection proposes considerable variety in styles, in philosophies and in literary creeds. The span from Voltaire to Albert Camus is approximately two hundred years. Such is the mysterious power of story-telling in its highest instances that the ten selections taken from these two centuries of French prose, reflect not only aesthetic beliefs of various literary schools but also the preoccupations of French civilization during this time with the metaphysical and psychological problems of man.

Hence, Voltaire, representative of the 18th-century "enlightenment" is both the neo-classicist in the clarity, swiftness and wit of his philosophic tale, and the satiric *philosophe* who questions the rules of authority and the vanity
of man's ambitions. Balzac in his novella is both the realist
in his study of the determining factors in a character's
environment, and the visionary who sees behind the individual the "species" (the *spécialité*) which he represents.
From the pictures in a stained-glass window Flaubert drew
the material of his saint's legend and resurrected the medieval world of the hunt and the supernatural resolution of
a chosen life. Such a work as *Spleen de Paris* of Baudelaire
testifies to one aspect of the romantic imagination and to
the emergence of a new literary form. The brevity of the
de Maupassant story makes it into a *vignette,* whose utter
simplicity corresponds to the poignant human sentiment it
transcribes.

The 20th-century selections represent even more variety
in form and theme. Claudel's piece is a monologue spoken
by Judas Iscariot. Through the violence of satire and the
juggling of chronology, many of Claudel's grievances are
clarified as the portrait of the man Judas is drawn. Gide's
use of the Bible is totally different. He gives to the famous
parable an interpretation of his own, a "Gidian" interpretation, in the four dialogues which make of the work a miniature play. From the autobiography of his childhood, we
have chosen one chapter in which François Mauriac evokes
a memory of his school in Bordeaux. The last two selections
are closer to traditional forms of story-telling. Marcel
Aymé's humor in his account of the man who can walk
through walls, does not conceal his fine sense of observation
of characters and the ease with which he evokes their setting. Camus' Algerian story is a serious humanist medita-
tion on a conflict of wills and the problem of justice.

It would be futile to try to impose some unifying prin-
ciple on this book, to discover in it some literary progression
and thematic plan. Each of the ten pieces stands by itself,
by its own distinctiveness, by its own testimony to French
literary art. It is not necessary, then, to seek for some

FOREWORD

arbitrary order. The selections are printed in chronological order. But since it is true that each selection is of its time, of its particular generation in French history and in the history of French literature, there is visible in the book— faintly, perhaps, because of the brevity of each piece—a sequence of signs, of preoccupations, of styles which have their specific place in the evolution of a literature and of an attitude toward mankind. Artists of the stature of these writers cannot fail to impress, even on their briefest writings, their mark which is both their manner of writing and their particular vision of the world.

French literature, more clearly than other literatures, resembles a succession of kingdoms or royalties, each one of which has been overthrown in some literary revolution, in order to make way for the successor. The theocentric medieval world, Renaissance humanism, classicism and romanticism were vast powerful dynasties which have now disappeared but which are still apparent in certain aspects of the more rapidly succeeding literary movements of the past century and which are discernible in the ten selections of the volume.

WALLACE FOWLIE

French Stories

Voltaire

(1694–1778)

AFTER THE SUCCESS of his tragedy *Oedipe* in 1718, François-Marie Arouet changed his name to Voltaire, an anagram formed from Arouet l(e) j(eune), by changing the *u* to *v* and the *j* to *i*.

The contradictions in Voltaire's character, the varieties of his interests, and the extensiveness of his writings make it impossible to formulate any one interpretation of his position or any one judgment of his worth. A glance at his published correspondence (more than 10,000 letters) will give some indication of his indefatigable curiosity, of his intelligence and his wit. His letters contain a vast repertory of ideas and many of the investigations to which he devoted his time.

He was the defender of all just causes, of countless innocent men who were oppressed by institutions and societies. But this deep feeling for humanity was often offset by an expression of malice and vindictiveness and biting wit. He lacked the capacity to understand many things: metaphysical problems, for example, and the mystery of religions. He had little taste for art and poetry, in the deepest sense.

A description of Voltaire's style would serve also as a description of his intelligence. It is an analytical style, precise and clear and simple, in which all points are carefully defined and all problems are solved. It is the prose style best suited for the analysis of ideas and abstractions.

VOLTAIRE

It is the opposite of an artist's style which would create picturesque and poetic effects. The most effective moments for Voltaire the stylist are those when he heaps scorn and ridicule on personages or doctrines or institutions he loathes.

Poet, dramatist, historian and philosopher, Voltaire was also a novelist and story-teller. He came at the end of a long line of satiric *conteurs* who, from the beginnings of French literature in the Middle Ages, have testified to the naturalistic or bourgeois attitudes toward life and morality. Voltaire perfected the traits of swiftness of action, of clarity and maliciousness which were in the writings of his predecessors. His short novels *Micromégas, Candide, Zadig,* are written with such a fine sense of order and design that they almost resemble problems in mathematics. Every detail is made to serve for the general demonstration which Voltaire wishes to propose.

In *Micromégas,* a philosophical tale written in 1752, Voltaire is obviously imitating Swift's *Gulliver's Travels.* Micromégas (from two Greek words meaning *small* and *big*) is an inhabitant from one of the planets of the star Sirius. He comes to the earth and learns that nothing is big in itself, or small in itself, but that everything is relative.

MICROMÉGAS

par Voltaire

Chapitre I

VOYAGE D'UN HABITANT DU MONDE DE L'ÉTOILE SIRIUS DANS LA PLANÈTE DE SATURNE

DANS UNE de ces planètes qui tournent autour de l'étoile nommée Sirius il y avait un jeune homme de beaucoup d'esprit, que j'ai eu l'honneur de connaître dans le dernier voyage qu'il fit sur notre petite fourmilière; il s'appelait Micromégas, nom qui convient fort à tous les grands. Il avait huit lieues de haut: j'entends par huit lieues, vingt-quatre mille pas géométriques de cinq pieds chacun.

Quelques algébristes, gens toujours utiles au public, prendront sur-le-champ [1] la plume, et trouveront que, puisque M. Micromégas, habitant du pays de Sirius, a de la tête aux pieds vingt-quatre mille pas, qui font cent vingt mille pieds de roi, et que nous autres citoyens de la terre nous n'avons guère que cinq pieds, et que notre globe a neuf mille lieues de tour; ils trouveront, dis-je, qu'il faut absolument que le globe qui l'a produit ait au juste vingt-un millions six cent mille fois plus de circonférence que notre petite terre. Rien n'est plus simple et plus ordinaire dans la nature. Les États de quelques souverains d'Allemagne ou d'Italie, dont on peut faire le tour en une demi-heure, comparés à l'empire de Turquie, de Moscovie ou de la Chine, ne sont qu'une très faible image des prodigieuses différences que la nature a mises dans tous les êtres.

MICROMEGAS

by Voltaire

Chapter I

JOURNEY OF AN INHABITANT OF THE WORLD OF THE STAR SIRIUS TO THE PLANET SATURN

ON ONE of those planets which revolve around the star named Sirius, there was a very witty young man whom I had the honor of knowing during the last journey he made to our little anthill. He was called Micromegas, a name which is most appropriate for all big men. He was eight leagues high. By eight leagues I mean twenty-four thousand geometrical paces of five feet each.

Some mathematicians, men constantly useful to the public, will immediately take their pens and discover that, since Mr. Micromegas, an inhabitant of the land of Sirius, measures from head to foot twenty-four thousand paces, which make one hundred and twenty thousand royal feet, and since we citizens of the earth barely measure five feet, and since our globe has nine thousand leagues in circumference, they will discover, I say, that the globe which produced him absolutely must have exactly twenty-one million six hundred thousand times more circumference than our small earth. Nothing is more simple and more commonplace in nature. The states of a few sovereigns in Germany or Italy, which can be crossed in half an hour, compared with the empires of Turkey, Muscovy or China, are only a faint image of the prodigious differences which nature has created in all beings.

5

La taille de son excellence étant de la hauteur que j'ai dite, tous nos sculpteurs et tous nos peintres conviendront sans peine que sa ceinture peut avoir cinquante mille pieds de roi de tour; ce qui fait une très jolie proportion. Quant à son esprit, c'est un des plus cultivés que nous ayons; il sait beaucoup de choses; il en a inventé quelques-unes: il n'avait pas encore deux cent cinquante ans, et il étudiait, selon la coutume, au collège des jésuites [2] de sa planète, lorsqu'il devina, par la force de son esprit, plus de cinquante propositions d'Euclide.[3] C'est dix-huit de plus que Blaise Pascal,[4] lequel, après en avoir deviné trente-deux en se jouant, à ce que dit sa soeur,[5] devint depuis un géomètre assez médiocre, et un fort mauvais métaphysicien. Vers les quatre cent cinquante ans, au sortir de l'enfance, il disséqua beaucoup de ces petits insectes qui n'ont pas cent pieds de diamètre, et qui se dérobent aux microscopes ordinaires; il en composa un livre fort curieux, mais qui lui fit quelques affaires. Le mufti [6] de son pays, grand vétillard et fort ignorant, trouva dans son livre des propositions suspectes, malsonnantes, téméraires, hérétiques, sentant l'hérésie, et le poursuivit vivement: il s'agissait de savoir si la forme substantielle des puces de Sirius était de même nature que celle des colimaçons. Micromégas se défendit avec esprit, il mit les femmes de son côté; le procès dura deux cent vingt ans. Enfin le mufti fit condamner le livre par des jurisconsultes qui ne l'avaient pas lu, et l'auteur eut ordre de ne paraître à la cour de huit cents années.

Il ne fut que médiocrement affligé d'être banni d'une cour qui n'était remplie que de tracasseries et de petitesses. Il fit une chanson fort plaisante contre le mufti, dont celui-ci ne s'embarrassa guère; et il se mit à [7] voyager de planète en planète, pour achever de se former *l'esprit et le coeur,* comme l'on dit. Ceux qui ne voyagent qu'en chaise de poste ou en berline seront sans doute étonnés des équipages de là-haut; car nous autres, sur notre petit tas de boue, nous ne concevons rien au delà de nos usages. Notre voyageur connaissait merveilleusement les lois de la gravitation,[8] et toutes les forces attractives et répulsives. Il s'en servait [9] si à

MICROMEGAS

His Excellency's size being the height I said, all our sculptors and all our painters will easily agree that his waist measures fifty thousand royal feet around and this makes him very well proportioned.

As for his mind, it is one of the most cultured we have. He knows many things. He has invented some. He was not yet two hundred and fifty years old, and was studying, according to custom, at the Jesuit college on his planet, when he solved, by the power of his brain, more than fifty theorems of Euclid. That is eighteen more than Blaise Pascal, who, after solving thirty-two with ease, according to his sister, then became a rather mediocre geometrician and a very bad metaphysician. At the end of childhood, when he was about four hundred and fifty years old, he dissected many of those small insects which do not have a hundred feet in diameter and which escape ordinary microscopes. He wrote a very unusual book about them which brought him trouble. The mufti of his country, a very ignorant hair-splitter, found in his book statements that were suspect, foul, rash, heretical, and smacking of heresy. He prosecuted him actively. The problem was whether the bodies of the fleas of Sirius were of the same substance as slugs. Micromegas defended himself wittily and won the women to his side. The lawsuit lasted two hundred and twenty years. At the end, the mufti had the book condemned by jurists who had not read it and the author was ordered not to appear at court for eight hundred years.

He was only slightly upset at being banished from a court which was seething with vexations and pettinesses. He composed a very amusing song against the mufti who was unaffected by it. And he began to journey from planet to planet, in order to complete the development of "his mind and his heart," as people say. Those who travel only in post-chaise or coach will doubtless be amazed at the conveyances in the planet above, for we, on our little mud pile, cannot imagine anything other than what we use. Our traveler knew remarkably well the laws of gravitation, and all the forces of attraction and repulsion. He used them so

7

propos, que, tantôt à l'aide d'un rayon de soleil, tantôt par la commodité d'une comète, il allait de globe en globe, lui et les siens, comme un oiseau voltige de branche en branche. Il parcourut la voie lactée en peu de temps; et je suis obligé d'avouer qu'il ne vit jamais, à travers les étoiles dont elle est semée, ce beau ciel empyrée que l'illustre vicaire Derham [10] se vante d'avoir vu au bout de sa lunette. Ce n'est pas que je prétende que M. Derham ait mal vu, à Dieu ne plaise! mais Micromégas était sur les lieux, c'est un bon observateur, et je ne veux contredire personne. Micromégas, après avoir bien tourné, arriva dans le globe de Saturne. Quelque accoutumé qu'il fût à voir des choses nouvelles, il ne put d'abord, en voyant la petitesse du globe et de ses habitants, se défendre de ce sourire de supériorité qui échappe quelquefois aux plus sages. Car enfin Saturne n'est guère que neuf cents fois plus gros que la terre, et les citoyens de ce pays-là sont des nains qui n'ont que mille toises de haut ou environ. Il s'en moqua un peu d'abord avec ses gens, à peu près comme un musicien italien se met à rire de la musique de Lulli, [11] quand il vient en France. Mais, comme le Sirien avait un bon esprit, il comprit bien vite qu'un être pensant peut fort bien n'être pas ridicule pour n'avoir que six mille pieds de haut. Il se familiarisa avec les Saturniens, après les avoir étonnés. Il lia une étroite amitié avec le secrétaire de l'Académie de Saturne, [12] homme de beaucoup d'esprit, qui n'avait, à la vérité, rien inventé, mais qui rendait un fort bon compte des inventions des autres, et qui faisait passablement de petits vers et de grands calculs. Je rapporterai ici, pour la satisfaction des lecteurs, une conversation singulière que Micromégas eut un jour avec M. le secrétaire.

skillfully that, at times with the help of a sunbeam, and at other times with the help of a comet, he and those with him went from globe to globe, as a bird flits from branch to branch. He crossed the Milky Way in a very short time, and I am obliged to confess that he never saw, through the stars with which it is sown, that beautiful empyrean sky which the famous Reverend Derham boasts of having seen at the end of his spyglass. It's not that I claim that Mr. Derham did not see properly. God forbid! But Micromegas was on the spot. He is a fine observer, and I wish to contradict no one. After a long journey, Micromegas reached the globe of Saturn. Despite his being accustomed to seeing new things, he could not at first, on seeing the smallness of the globe and its inhabitants, keep from smiling in that superior fashion in which at times the wisest of men indulge. For Saturn, in a word, is scarcely nine hundred times larger than the earth, and the citizens of that land are dwarfs who are only a mere thousand fathoms tall. At first he and his friends laughed at them a bit, much as an Italian musician laughs at Lully's music when he comes to France. But since the Sirian was intelligent, he quickly understood that a thinking being may very well not be ridiculous because he is only six thousand feet tall. After amazing them, he became acquainted with the Saturnians. He became an intimate friend of the secretary of the Academy of Saturn, a man of great wit who indeed had invented nothing, but who was well aware of the inventions of other men, and who produced quite good light verse and important computations. I shall relate here, for the benefit of the readers, an unusual conversation which Micromegas had one day with Mr. Secretary.

Chapitre II

CONVERSATION DE L'HABITANT DE SIRIUS
AVEC CELUI DE SATURNE

Après que son excellence se fut couchée, et que le secrétaire se fut approché de son visage: Il faut avouer, dit Micromégas, que la nature est bien variée.

Oui, dit le Saturnien, la nature est comme un parterre dont les fleurs . . .

Ah! dit l'autre, laissez là votre parterre.

Elle est, reprit le secrétaire, comme une assemblée de blondes et de brunes, dont les parures . . .

Eh! qu'ai-je à faire de vos brunes? dit l'autre.

Elle est donc comme une galerie de peintures dont les traits . . .

Eh non! dit le voyageur, encore une fois la nature est comme la nature. Pourquoi lui chercher des comparaisons?

Pour vous plaire, répondit le secrétaire.

Je ne veux point qu'on me plaise, répondit le voyageur; je veux qu'on m'instruise: commencez d'abord par me dire combien les hommes de votre globe ont de sens.

Nous en avons soixante et douze, dit l'académicien, et nous nous plaignons [13] tous les jours du peu. Notre imagination va au delà de nos besoins; nous trouvons qu'avec nos soixante et douze sens, notre anneau, nos cinq lunes, nous sommes trop bornés; et, malgré toute notre curiosité et le nombre assez grand de passions qui résultent de nos soixante et douze sens, nous avons tout le temps de nous ennuyer.

Je le crois bien, dit Micromégas; car dans notre globe nous avons près de mille sens; et il nous reste encore je ne sais quel désir vague, je ne sais quelle inquiétude, qui nous avertit sans cesse que nous sommes peu de chose, et qu'il y a des êtres beaucoup plus parfaits. J'ai un peu voyagé: j'ai vu des mortels fort au-dessous de nous; j'en ai vu de fort supérieurs: mais je n'en ai vu aucuns qui n'aient plus de désirs que de vrais besoins, et plus de besoins que de satisfaction. J'arriverai peut-être un jour au pays où il ne man-

10

Chapter II

CONVERSATION OF THE INHABITANT OF SIRIUS WITH THE INHABITANT OF SATURN

After his Excellency had gone to bed and the secretary had drawn near to his face, Micromegas said: "You must confess that there is much variety in nature."

"Yes," said the Saturnian, "nature is like a flower bed in which the flowers . . ."

"Oh!" said the other, "forget about your flower-bed."

The secretary continued, "It is like a gathering of blondes and brunettes whose dresses . . ."

"What do I care about your brunettes?" said the other.

"Then it is like a gallery of pictures whose features . . ."

"But no," said the traveler, "once more I tell you, nature is like nature. Why try to make comparisons?"

"To please you," answered the secretary.

"I don't want to be pleased," answered the traveler, "I want to be taught. First begin by telling me how many senses the men in your world have."

"We have seventy-two," said the academician, "and every day we complain of the small number. Our imagination surpasses our needs. We find that with our seventy-two senses, with our ring and our five moons, we are too limited. And despite all our curiosity and the fairly large number of passions which come from our seventy-two senses, we have all the time in the world to be bored."

"I believe you," said Micromegas, "for in our world we have almost a thousand senses, and we still have strange vague desires, a strange restlessness which keeps warning us that we are of little consequence, and that there are beings much more perfect. I have traveled a little. I have seen mortals much below us. I have seen others far superior to us. But I have not seen any who have not more desires than real needs, and more needs than satisfaction. Perhaps one day I shall reach the country where nothing is lacking."

que rien; mais jusqu'à présent personne ne m'a donné de nouvelles positives de ce pays-là.

Le Saturnien et le Sirien s'épuisèrent alors en conjectures; mais, après beaucoup de raisonnements fort ingénieux et fort incertains, il en fallut revenir aux faits. Combien de temps vivez-vous? dit le Sirien.

Ah! bien peu, répliqua le petit homme de Saturne.

C'est tout comme chez nous, dit le Sirien: nous nous plaignons toujours du peu. Il faut que ce soit une loi universelle de la nature.

Hélas! nous ne vivons, dit le Saturnien, que cinq cents grandes révolutions du soleil. (Cela revient à quinze mille ans ou environ, à compter à notre manière.) Vous voyez bien que c'est mourir presque au moment que l'on est né; notre existence est un point, notre durée un instant, notre globe un atome. A peine a-t-on commencé à s'instruire un peu que la mort arrive avant qu'on ait de l'expérience. Pour moi, je n'ose faire aucuns projets; je me trouve comme une goutte d'eau dans un océan immense. Je suis honteux, surtout devant vous, de la figure ridicule que je fais dans ce monde.

Micromégas lui repartit: Si vous n'étiez pas philosophe, je craindrais de vous affliger en vous apprenant que notre vie est sept cents fois plus longue que la vôtre; mais vous savez trop bien que quand il faut rendre son corps aux éléments, et ranimer la nature sous une autre forme, ce qui s'appelle mourir; quand ce moment de métamorphose est venu, avoir vécu une éternité, ou avoir vécu un jour, c'est précisément la même chose. J'ai été dans des pays où l'on vit mille fois plus longtemps que chez moi, et j'ai trouvé qu'on y murmurait encore. Mais il y a partout des gens de bon sens qui savent prendre leur parti [14] et remercier l'auteur de la nature. Il a répandu sur cet univers une profusion de variétés avec une espèce d'uniformité admirable. Par exemple, tous les êtres pensants sont différents, et tous se ressemblent au fond par le don de la pensée et des désirs. La matière est partout étendue; mais elle a dans chaque globe des propriétés diverses. Combien comptez-

MICROMEGAS

But up until now no one has given me any real news of that country."

The Saturnian and the Sirian then wore themselves out with conjectures. But after many very ingenious and very insecure arguments, they had to come back to facts. "How long do you live?" asked the Sirian.

"A very short time," answered the small man from Saturn.

"It is the same with us," said the Sirian. "We are always complaining about the short time. It must be a universal law of nature."

"Alas!" said the Saturnian, "we live only five hundred complete revolutions of the sun. (That comes to fifteen thousand years, or approximately, in our way of counting.) You can see that means dying almost at the moment of birth. Our existence is a point, our duration an instant, our globe an atom. We have just begun to learn a few things when death comes before we have any experience. As for me, I don't dare make any plans. I feel like a drop of water in a huge ocean. In front of you, especially, I am ashamed of the ridiculous figure I cut in this world."

Micromegas answered him, "If you were not a philosopher, I should fear to upset you by telling you that our life is seven hundred times longer than yours. But you know too well that when a man has to return his body to the elements, and to reanimate nature under another form— this is called dying—when that moment of metamorphosis has come, to have lived for an eternity or to have lived for a day, are precisely the same thing. I have been in countries where they live a thousand times longer than in my country, and there I discovered that people still complained. But everywhere there are intelligent people who know how to accept their fate and give thanks to the Creator. He spread over this universe abundant varieties with a kind of remarkable uniformity. For example, all thinking beings are different, and all fundamentally resemble one another in the gift of thought and desires. Matter extends everywhere, but on each globe, it has dif-

vous de ces propriétés diverses dans votre matière?

Si vous parlez de ces propriétés, dit le Saturnien, sans lesquelles nous croyons que ce globe ne pourrait subsister tel qu'il est, nous en comptons trois cents, comme l'étendue, l'impénétrabilité, la mobilité, la gravitation, la divisibilité, et le reste.

Apparemment, répliqua le voyageur, que ce petit nombre suffit aux vues que le Créateur avait sur votre petite habitation. J'admire en tout sa sagesse; je vois partout des différences, mais aussi partout des proportions. Votre globe est petit, vos habitants le sont aussi; vous avez peu de sensations; votre matière a peu de propriétés: tout cela est l'ouvrage de la Providence. De quelle couleur est votre soleil bien examiné?

D'un blanc fort jaunâtre, dit le Saturnien; et, quand nous divisons un de ses rayons, nous trouvons qu'il contient sept couleurs.

Notre soleil tire sur le rouge, dit le Sirien, et nous avons trente-neuf couleurs primitives. Il n'y a pas un soleil, parmi tous ceux dont j'ai approché, qui se ressemble, comme chez vous il n'y a pas un visage qui ne soit différent de tous les autres.

Après plusieurs questions de cette nature, il s'informa combien de substances essentiellement différentes on comptait dans Saturne. Il apprit qu'on n'en comptait qu'une trentaine, comme Dieu, l'espace, la matière, les êtres étendus qui sentent, les êtres étendus qui sentent et qui pensent, les êtres pensants qui n'ont point d'étendue; ceux qui se pénètrent, ceux qui ne se pénètrent pas, et le reste. Le Sirien, chez qui on en comptait trois cents, et qui en avait découvert trois mille autres dans ses voyages, étonna prodigieusement le philosophe de Saturne. Enfin, après s'être communiqué l'un à l'autre un peu de ce qu'ils savaient et beaucoup de ce qu'ils ne savaient pas, après avoir raisonné pendant une révolution du soleil, ils résolurent de faire ensemble un petit voyage philosophique.

ferent properties. How many of these various properties do you count in your matter?"

"If," said the Saturnian, "you are speaking of those properties without which we believe this globe could not exist as it is, we count three hundred, such as extension, impenetrability, mobility, gravitation, divisibility, and so on."

"It seems," replied the traveler, "that this small number sufficed for the plans which the Creator had for your small dwelling. I admire His wisdom in everything. Everywhere I see differences, but also everywhere a sense of proportion. Your globe is small and so are your inhabitants. You have few sensations. Your matter has few properties. All that is the work of Providence. What color is your sun when you examine it closely?"

"A very yellowish white," said the Saturnian. "And when we divide one of its rays, we find it contains seven colors."

"Our sun borders on red," said the Sirian, "and we have thirty-nine primary colors. Among all those I have approached, there is not one sun which resembles another, as on your world there is no face which is not different from all others."

After several questions of this nature, he asked how many essentially different substances they counted on Saturn. He learned that they counted only about thirty, such as God, space, matter, beings which have extension and feeling, beings which have extension, feeling and thought, beings which have thought and no extension, beings which understand themselves and those which do not, and so forth. The Sirian, in whose world they counted three hundred, and who had discovered three thousand others in his travels, amazed to a prodigious degree the philosopher from Saturn. At last, after communicating to one another a bit of what they knew and a great deal of what they did not know, after arguing throughout a revolution of the sun, they decided to make a little philosophical journey together.

Chapitre III

VOYAGE DES DEUX HABITANTS DE SIRIUS ET DE SATURNE

Nos DEUX philosophes étaient prêts à s'embarquer dans l'atmosphère de Saturne, avec une jolie provision d'instruments de mathématiques, lorsque la maîtresse du Saturnien, qui en eut des nouvelles, vint en larmes faire ses remontrances. C'était une jolie petite brune qui n'avait que six cent soixante toises, mais qui réparait par bien des agréments la petitesse de sa taille. Ah! cruel, s'écria-t-elle, après t'avoir résisté quinze cents ans, lorsque enfin je commençais à me rendre, quand j'ai à peine passé cent ans entre tes bras, tu me quittes pour aller voyager avec un géant d'un autre monde; va, tu n'es qu'un curieux, tu n'as jamais eu d'amour: si tu étais un vrai Saturnien, tu serais fidèle. Où vas-tu courir? Que veux-tu? Nos cinq lunes sont moins errantes que toi, notre anneau est moins changeant. Voilà qui est fait, je n'aimerai jamais plus personne. Le philosophe l'embrassa, pleura avec elle, tout philosophe qu'il était, et la dame, après s'être pâmée, alla se consoler avec un petit-maître du pays.

Cependant nos deux curieux partirent; ils sautèrent d'abord sur l'anneau, qu'ils trouvèrent assez plat, comme l'a fort bien deviné un illustre habitant [15] de notre petit globe; de là ils allèrent de lune en lune. Une comète passait tout auprès de la dernière; ils s'élancèrent sur elle avec leurs domestiques et leurs instruments. Quand ils eurent fait environ cent cinquante millions de lieues, ils rencontrèrent les satellites de Jupiter. Ils passèrent dans Jupiter même, et y restèrent une année, pendant laquelle ils apprirent de fort beaux secrets qui seraient actuellement sous presse sans messieurs les inquisiteurs, qui ont trouvé quelques propositions un peu dures. Mais j'en ai lu le manuscrit dans la bibliothèque de l'illustre archevêque de . . .,[16] qui m'a laissé voir ses livres avec cette générosité et cette bonté qu'on ne saurait assez louer.

Chapter III

JOURNEY OF THE TWO INHABITANTS OF SIRIUS AND SATURN

Our two philosophers were ready to embark upon the atmosphere of Saturn, with a fine supply of mathematical instruments, when the mistress of the Saturnian, who had heard of this, came in tears to protest. She was an attractive small brunette who was only six hundred and sixty fathoms tall, but who made up for the smallness of her stature by many charms. "Ah! cruel man," she cried, "after resisting you for fifteen hundred years, when at last I was beginning to give in, you leave me to go on a journey with a giant from another world, when I had scarcely spent a hundred years in your arms. Off with you! Curiosity is your only passion; you have never been in love. If you were a real Saturnian, you would be faithful. Where are you trotting off to? What do you want? Our five moons are less mobile than you. Our ring is less variable. It is over now, I shall never love anyone else." The philosopher kissed her, wept with her, despite his being a philosopher, and the lady, after fainting, went off to find consolation with one of the fops of the land.

In the meantime, our two seekers after truth departed. First they jumped on to the ring, which they found rather flat, as a famous inhabitant of our small globe has very well guessed. From there they went from moon to moon. A comet passed very close to the last moon, and they threw themselves on it with their servants and instruments. When they had covered about a hundred and fifty million leagues, they came upon Jupiter's satellites. They went on to Jupiter itself, and stayed there a year during which they learned some very fine secrets which would now be in the process of being printed save for the inquisitors who found a few of the propositions a bit harsh. But I read the manuscript in the library of the famous Archbishop of . . . , who, with a generosity and a kindness which cannot be sufficiently praised, let me see his books.

Mais revenons à nos voyageurs. En sortant de Jupiter, ils traversèrent un espace d'environ cent millions de lieues, et ils côtoyèrent la planète de Mars, qui, comme on sait, est cinq fois plus petite que notre petit globe; ils virent deux lunes qui servent à cette planète, et qui ont échappé aux regards de nos astronomes. Je sais bien que le père Castel [17] écrira, et même assez plaisamment, contre l'existence de ces deux lunes; mais je m'en rapporte à ceux qui raisonnent, par analogie. Ces bons philosophes-là savent combien il serait difficile que Mars, qui est si loin du soleil, se passât [18] à moins de deux lunes. Quoi qu'il en soit, nos gens trouvèrent cela si petit, qu'ils craignirent de n'y pas trouver de quoi coucher, et ils passèrent leur chemin comme deux voyageurs qui dédaignent un mauvais cabaret de village, et poussent jusqu'à la ville voisine. Mais le Sirien et son compagnon se repentirent bientôt. Ils allèrent longtemps et ne trouvèrent rien. Enfin ils aperçurent une petite lueur, c'était la terre; cela fit pitié à des gens qui venaient de Jupiter. Cependant, de peur de se repentir une seconde fois, ils résolurent de débarquer. Ils passèrent sur la queue de la comète, et, trouvant une aurore boréale toute prête, ils se mirent dedans, et arrivèrent à terre, sur le bord septentrional de la mer Baltique, le cinq juillet mil sept cent trente-sept, nouveau style.[19]

Chapitre IV

CE QUI LEUR ARRIVE SUR LE GLOBE DE LA TERRE

APRÈS S'ÊTRE reposés quelque temps, ils mangèrent à leur déjeuner deux montagnes, que leurs gens leur apprêtèrent assez proprement. Ensuite ils voulurent reconnaître le petit pays où ils étaient. Ils allèrent d'abord du nord au sud. Les pas ordinaires du Sirien et de ses gens étaient d'environ trente mille pieds de roi; le nain de Saturne suivait de loin en haletant; or il fallait qu'il fît environ douze pas, quand l'autre faisait une enjambée: figurez-vous (s'il est permis de faire de telles comparaisons) un très petit chien de

But let us come back to our travelers. After leaving Jupiter, they crossed a space of about one hundred million leagues and came alongside the planet of Mars, which, as you know, is five times smaller than our small globe. They saw two moons which serve this planet, and which have escaped the eyes of our astronomers. I know that Father Castel will deny, and even humorously, the existence of those two moons. But I rely on those who reason by analogy. Those good philosophers know how difficult it would be for Mars, which is so far from the sun, to do without at least two moons. Whatever the truth is, our friends found it so small that they were afraid of finding no sleeping quarters, and they continued on their way like two travelers who scorn a poor village inn and go on to the next town. But the Sirian and his companion soon repented. They continued for a long time and found nothing. At last they saw a faint glimmer. It was the earth. It aroused pity in people coming from Jupiter. Yet, through fear of repenting a second time, they decided to disembark. They passed along the tail of the comet, and finding an aurora borealis close at hand, they climbed into it and reached the earth on the northern coast of the Baltic Sea, the fifth of July, 1737, new style.

Chapter IV

What happened to them on Earth

After resting a while, they ate a breakfast of two mountains which their servants prepared for them quite well. Then they decided to reconnoiter the small country where they were. First they went from north to south. The ordinary steps of the Sirian and his men were about thirty thousand king's feet. The dwarf from Saturn followed at a distance, panting. He had to take about twelve steps to each stride of the other. Just imagine (if it is permissible to make such comparisons) a very small lap-dog following

manchon qui suivrait un capitaine des gardes du roi de Prusse.

Comme ces étrangers-là vont assez vite, ils eurent fait le tour du globe en trente-six heures; le soleil à la vérité, ou plutôt la terre, fait un pareil voyage en une journée; mais il faut songer qu'on va bien plus à son aise quand on tourne sur son axe que quand on marche sur ses pieds. Les voilà donc revenus d'où ils étaient partis, après avoir vu cette mare, presque imperceptible pour eux, qu'on nomme *la Méditerranée,* et cet autre petit étang qui, sous le nom du *grand Océan,* entoure la taupinière. Le nain n'en avait eu jamais qu'à mi-jambe, et à peine l'autre avait-il mouillé son talon. Ils firent tout ce qu'ils purent en allant et en revenant dessus et dessous pour tâcher d'apercevoir si ce globe était habité ou non. Ils se baissèrent, ils se couchèrent, ils tâtèrent partout; mais leurs yeux et leurs mains n'étant point proportionnés aux petits êtres qui rampent ici, ils ne reçurent pas la moindre sensation qui pût leur faire soupçonner que nous et nos confrères les autres habitants de ce globe avons l'honneur d'exister.

Le nain, qui jugeait quelquefois un peu trop vite, décida d'abord qu'il n'y avait personne sur la terre. Sa première raison était qu'il n'avait vu personne. Micromégas lui fit sentir poliment que c'était raisonner assez mal: car, disait-il, vous ne voyez pas avec vos petits yeux certaines étoiles de la cinquantième grandeur que j'aperçois très distinctement; concluez-vous de là que ces étoiles n'existent pas?

Mais, dit le nain, j'ai bien tâté.

Mais, répondit l'autre, vous avez mal senti.

Mais, dit le nain, ce globe-ci est si mal construit, cela est si irrégulier et d'une forme qui me paraît si ridicule! tout semble être ici dans le chaos; voyez-vous ces petits ruisseaux dont aucun ne va de droit fil, ces étangs qui ne sont ni ronds, ni carrés, ni ovales, ni sous aucune forme régulière; tous ces petits grains pointus dont ce globe est hérissé, et qui m'ont écorché les pieds? (Il voulait parler des montagnes.) Remarquez-vous encore la forme de tout le globe, comme il est plat aux pôles, comme il tourne autour du soleil d'une manière gauche, de façon que les climats des pôles sont

a captain of the guards of the Prussian king.

As those foreigners moved quite fast, they had circled the globe in thirty-six hours. It is true that the sun, or rather the earth, accomplishes a similar journey in a day. But you must remember that one travels more easily by turning on one's axis than when walking on foot. Here they are then back from where they left, after seeing that puddle, almost imperceptible to them, called the "Mediterranean," and that other little pond which under the name of "Great Ocean," encircles the molehill. The dwarf was never in deeper than the calves of his legs, and the other scarcely wet his heels. They did all they could, both going and coming back, above and below, to try to see whether this globe was inhabited or not. They stooped, they lay down, they felt everywhere with their hands. But their eyes and hands were not proportioned to the tiny beings which crawl here. They did not feel the slightest sensation which might cause them to suspect that we and our colleagues, the other inhabitants of this globe, have the honor to exist.

The dwarf, who at times judged a bit too hastily, decided first that there was no one on the earth. His first reason was that he had seen no one. Micromegas politely made him feel that this was bad reasoning. "For," he said, "you do not see with your small eyes certain stars of the fiftieth magnitude which I see very distinctly. Do you thereby conclude that those stars do not exist?"

"But," said the dwarf, "I carefully felt with my hands."

"But," answered the other, "you did a bad job."

"But," said the dwarf, "this globe is so badly constructed and so irregular and of a shape which seems so ridiculous to me! Everything seems in chaos here. Do you see those little brooks, no one of which goes in a straight line, and those ponds that are neither round nor square nor oval, nor in any regular form, and all those small pointed things with which this globe is studded and which took the skin off my feet? (He was referring to the mountains.) Look again at the shape of the entire globe, how flat it is at the poles, how awkwardly it turns around the sun, in such a way that

nécessairement incultes? En vérité, ce qui fait que je pense qu'il n'y a ici personne, c'est qu'il me paraît que des gens de bon sens ne voudraient pas y demeurer.

Eh bien! dit Micromégas, ce ne sont peut-être pas non plus des gens de bon sens qui l'habitent. Mais enfin il y a quelque apparence que ceci n'est pas fait pour rien. Tout vous paraît irrégulier ici, dites-vous, parce que tout est tiré au cordeau dans Saturne et dans Jupiter. Eh! c'est peut-être pour cette raison-là même qu'il y a ici un peu de confusion. Ne vous ai-je pas dit que dans mes voyages j'avais toujours remarqué de la variété? Le Saturnien répliqua à toutes ces raisons. La dispute n'eût jamais fini, si par bonheur Micromégas, en s'échauffant à parler, n'eût cassé le fil de son collier de diamants. Les diamants tombèrent; c'étaient de jolis petits carats assez inégaux, dont les plus gros pesaient quatre cents livres, et les plus petits cinquante. Le nain en ramassa quelques-uns; il s'aperçut, en les approchant de ses yeux, que ces diamants, de la façon dont ils étaient taillés, étaient d'excellents microscopes. Il prit donc un petit microscope de cent soixante pieds de diamètre, qu'il appliqua à sa prunelle; et Micromégas en choisit un de deux mille cinq cents pieds. Ils étaient excellents; mais d'abord, on ne vit rien par leur secours, il fallait s'ajuster. Enfin l'habitant de Saturne vit quelque chose d'imperceptible qui remuait entre deux eaux [20] dans la mer Baltique: c'était une baleine. Il la prit avec le petit doigt fort adroitement; et, la mettant sur l'ongle de son pouce, il la fit voir au Sirien, qui se mit à rire de l'excès de petitesse dont étaient les habitants de notre globe. Le Saturnien, convaincu que notre monde est habité, s'imagina bien vite, qu'il ne l'était que par des baleines, et comme il était grand raisonneur, il voulut deviner d'où un si petit atome tirait son mouvement, s'il avait des idées, une volonté, une liberté. Micromégas y fut fort embarrassé; il examina l'animal fort patiemment, et le résultat de l'examen fut qu'il n'y avait pas moyen de croire qu'une âme fût logée là. Les deux voyageurs inclinaient donc à penser qu'il n'y avait point d'esprit dans notre habitation, lorsqu'à l'aide du microscope ils aperçurent quelque chose de plus gros qu'une baleine

necessarily the polar regions are waste lands. What really makes me believe that there is no one here, is that it seems to me that intelligent people would not want to live here." "Well," said Micromegas, "perhaps those who live here are not intelligent people. But there is some indication that this was not made for nothing. You say that everything seems irregular to you here because everything is laid out by rule and line in Saturn and in Jupiter. Well, it is perhaps for that very reason that here there is a bit of confusion. Haven't I told you that in my travels I have always noticed variety?" The Saturnian gave answer to all these arguments. The discussion would never have ended, if fortunately Micromegas, as he grew excited with talking, had not broken the string of his diamond necklace. The diamonds fell to the ground. They were attractive small stones, quite unequal, the heaviest of which weighed four hundred pounds, and the smallest fifty. The dwarf picked up a few of them and noticed when he put them to his eye, that these diamonds, because of the way in which they were cut, were excellent microscopes. He therefore took a small microscope of one hundred and sixty feet in diameter and put it to his eye. Micromegas chose one of two thousand five hundred feet. They were excellent. But at first nothing could be seen with their help. They had to be adjusted. Finally the inhabitant from Saturn saw something imperceptible moving under water in the Baltic Sea. It was a whale. He picked it up very skillfully with his little finger, and putting it on the nail of his thumb, he showed it to the Sirian who began to laugh at the extreme smallness of the inhabitants of our globe. The Saturnian, convinced that our world was inhabited, quickly imagined that it was inhabited solely by whales, and since he was a great reasoner, he wished to find out from where so small an atom drew its movement and whether it had ideas and a will and freedom. This discomfited Micromegas, who examined the animal very patiently. The result of the examination was that it was impossible to believe a soul was lodged there. The two travelers were therefore disposed to believe that there was no spirit on our earth, when with the help

qui flottait sur la mer Baltique. On sait que dans ce temps-là même une volée de philosophes[21] revenait du cercle polaire, sous lequel ils avaient été faire des observations dont personne ne s'était avisé jusqu'alors. Les gazettes dirent que leur vaisseau échoua aux côtes de Bothnie, et qu'ils eurent bien de la peine à se sauver: mais on ne sait jamais dans ce monde le dessous des cartes.[22] Je vais raconter ingénument comme la chose se passa, sans y rien mettre du mien; ce qui n'est pas un petit effort pour un historien.

Chapitre V

EXPÉRIENCES ET RAISONNEMENTS DES DEUX VOYAGEURS

MICROMÉGAS ÉTENDIT la main tout doucement vers l'endroit où l'objet paraissait, et avançant deux doigts, et les retirant par la crainte de se tromper, puis les ouvrant et les serrant, il saisit fort adroitement le vaisseau qui portait ces messieurs, et le mit encore sur son ongle, sans le trop presser, de peur de l'écraser. Voici un animal bien différent du premier, dit le nain de Saturne; le Sirien mit le prétendu animal dans le creux de sa main. Les passagers et les gens de l'équipage, qui s'étaient crus enlevés par un ouragan, et qui se croyaient sur une espèce de rocher, se mettent tous en mouvement; les matelots prennent des tonneaux de vin, les jettent sur la main de Micromégas, et se précipitent après. Les géomètres prennent leurs quarts de cercle, leurs secteurs et des filles laponnes, et descendent sur les doigts du Sirien. Ils en firent tant, qu'il sentit enfin remuer quelque chose qui lui chatouillait les doigts; c'était un bâton ferré qu'on lui enfonçait d'un pied dans l'index: il jugea, par ce picotement, qu'il était sorti quelque chose du petit animal qu'il tenait; mais il n'en soupçonna pas d'abord davantage. Le microscope, qui faisait à peine discerner une baleine et un vaisseau, n'avait point de prise sur un être aussi imperceptible que des hommes. Je ne prétends choquer ici la vanité de personne, mais je suis obligé de prier les

24

of the microscope they saw something bigger than a whale which was floating on the Baltic Sea. It is known that at that very time, a band of philosophers were returning from the Arctic Circle where they had gone to make observations of which no one up until then had taken any notice. The newspapers said that their ship sank off the coast of Bothnia and that they had difficulty in escaping. But in this world we never know the real story. I am going to tell with great simplicity what actually took place, without adding any word of my own. This is no small effort for an historian.

Chapter V

Experiences and reasonings of the two travelers

Micromegas gently stretched out his hand to the spot where the object appeared, and putting out two fingers, and withdrawing them for fear of being mistaken, then opening them and closing them, he very skillfully picked up the ship carrying those gentlemen, and again placed it on his nail, without squeezing too much, for fear of crushing it. "This animal is very different from the first," said the dwarf from Saturn. The Sirian placed the supposed animal in the hollow of his hand. The passengers and the members of the crew who had thought a cyclone had lifted them up and believed they were on a kind of rock, all started to move about. The sailors took casks of wine, threw them on to the hand of Micromegas, and jumped down after them. The geometricians took their quadrants, their sectors and some Lapp girls, and climbed down to the fingers of the Sirian. They made such a bustle that at last he felt something moving which tickled his fingers. It was an iron-shod pole which they were driving a foot deep into his index finger. He judged, from this prickling sensation, that something had come out from the small animal he was holding. But at first he did not suspect anything more than that. The microscope, which could hardly distinguish a whale and a ship, had no power to see beings so impercep-

importants de faire ici une petite remarque avec moi; c'est qu'en prenant la taille des hommes d'environ cinq pieds, nous ne faisons pas sur la terre une plus grande figure qu'en ferait sur une boule de dix pieds de tour un animal qui aurait à peu près la six cent millième partie d'un pouce en hauteur. Figurez-vous une substance qui pourrait tenir la terre dans sa main, et qui aurait des organes en proportion des nôtres; et il se peut très bien faire qu'il y ait un grand nombre de ces substances: or concevez, je vous prie, ce qu'elles penseraient de ces batailles qui nous ont valu deux villages qu'il a fallu rendre.

Je ne doute pas si quelque capitaine des grands grenadiers lit jamais cet ouvrage, il ne hausse de deux grands pieds au moins les bonnets de sa troupe; mais je l'avertis qu'il aura beau faire,[23] que lui et les siens ne seront jamais que des infiniment petits.

Quelle adresse merveilleuse ne fallut-il donc pas à notre philosophe de Sirius, pour apercevoir les atomes dont je viens de [24] parler? Quand Leuwenhoek et Hartsoeker [25] virent les premiers ou crurent voir la graine dont nous sommes formés, ils ne firent pas, à beaucoup près, une si étonnante découverte. Quel plaisir sentit Micromégas en voyant remuer ces petites machines, en examinant tous leurs tours, en les suivant dans toutes leurs opérations? Comme il s'écria! Comme il mit avec joie un de ses microscopes dans les mains de son compagnon de voyage! Je les vois, disaient-ils tous deux à la fois; ne les voyez-vous pas qui portent des fardeaux, qui se baissent, qui se relèvent. En parlant ainsi, les mains leur tremblaient, par le plaisir de voir des objets si nouveaux, et par la crainte de les perdre. Le Saturnien, passant d'un excès de défiance à un excès de crédulité, crut apercevoir qu'ils travaillaient à la propagation.

"Ah! disait-il, j'ai pris la nature sur le fait." [26] Mais il se trompait sur les apparences; ce qui n'arrive que trop, soit qu'on se serve ou non de microscopes.

tible as men. I have no desire to offend the vanity of anyone, but I am obliged to ask the leading citizens to make a small observation with me. When we take on the size of men of about five feet, we do not cut on the earth a bigger figure than would an animal of approximately the six hundred thousandth part of an inch in height on a ball ten feet in circumference. Imagine a being which could hold the earth in its hand, and which had organs in proportion to ours. It is quite possible that there are a large number of these beings. Then I beg you to imagine what they would think of those battles which won for us two villages which later we had to give back.

I do not doubt that if some captain of the tall grenadiers ever reads this work, he will add two feet at least to the hats of his troop. But I warn him that this will be in vain, that he and his men will never be anything save infinitely small.

What marvellous skill did our philosopher from Sirius need then in order to see the atoms of which I have just spoken! When Leeuwenhoek and Hartsoeker were the first to see or believed they saw the germ from which we are formed, they did not make, not by a long way, such a surprising discovery. What pleasure Micromegas felt in seeing those little machines move, in examining all their tricks and in following them in all their operations! He shouted with glee. How joyfully he put one of his microscopes into the hands of his traveling companion! "I see them," they both said at the same time. "Don't you see them carrying bundles, bending down and standing up again?" As they said these words, their hands trembled, at the pleasure of seeing such new objects, and at the fear of losing them. The Saturnian, passing from an excess of doubt to an excess of belief, thought he saw them trying to propagate the species.

"Ah!" he said, "I have caught nature in the act." But he was deceived by appearances, which happens only too often whether microscopes are used or not.

Chapitre VI

CE QUI LEUR ARRIVA AVEC DES HOMMES

MICROMÉGAS, BIEN meilleur observateur que son nain, vit clairement que les atomes se parlaient; et il le fit remarquer à son compagnon, qui, honteux de s'être mépris sur l'article de la génération, ne voulut point croire que de pareilles espèces pussent se communiquer des idées. Il avait le don des langues aussi bien que le Sirien; il n'entendait point parler nos atomes, et il supposait qu'ils ne parlaient pas: d'ailleurs comment ces êtres imperceptibles auraient-ils les organes de la voix, et qu'auraient-ils à dire? Pour parler, il faut penser, ou à peu près; mais s'ils pensaient, ils auraient donc l'équivalent d'une âme: or, attribuer l'équivalent d'une âme à cette espèce, cela lui paraissait absurde. Mais, dit le Sirien, vous avez cru tout à l'heure qu'ils faisaient l'amour; est-ce que vous croyez qu'on puisse faire l'amour sans penser et sans proférer quelque parole, ou du moins sans se faire entendre? Supposez-vous d'ailleurs qu'il soit plus difficile de produire un argument qu'un enfant?

Pour moi l'un et l'autre me paraissent de grands mystères: je n'ose plus ni croire ni nier, dit le nain; je n'ai plus d'opinion; il faut tâcher d'examiner ces insectes, nous raisonnerons après.

C'est fort bien dit, reprit Micromégas; et aussitôt il tira une paire de ciseaux dont il se coupa les ongles, et d'une rognure de l'ongle de son pouce il fit sur-le-champ une espèce de grande trompette parlante, comme un vaste entonnoir, dont il mit le tuyau dans son oreille. La circonférence de l'entonnoir enveloppait le vaisseau et tout l'équipage. La voix la plus faible entrait dans les fibres circulaires de l'ongle; de sorte que grâce à son industrie, le philosophe de là-haut entendit parfaitement le bourdonnement de nos insectes de là-bas. En peu d'heures il parvint à distinguer les paroles, et enfin à entendre le français. Le nain en fit autant, quoique avec plus de difficulté. L'étonne-

Chapter VI

What happened to them with the men

Micromegas, a much better observer than his dwarf, clearly saw that the atoms were talking to one another. He called his companion's attention to this, who, ashamed of having been mistaken over the issue of procreation, was unwilling to believe that such species were able to communicate ideas to one another. He had the gift of languages as well as the Sirian, but he did not hear our atoms speaking and he assumed they were not speaking. Moreover, how could those imperceptible beings have organs of speech and what would they have to say? In order to speak, you have to think, or almost; but if they thought, they would then have the equivalent of a soul. Now, to attribute the equivalent of a soul to that species seemed absurd to him. "But," said the Sirian, "you believed just now that they were making love. Do you think it possible to make love without thinking and without uttering some words, or at least without making oneself understood? Do you even suppose it is more difficult to produce an argument than a child?"

"To me they both seem great mysteries. I no longer dare believe or deny," said the dwarf. "I no longer have an opinion. We must try to examine these insects. We will argue afterwards."

"Well spoken," replied Micromegas. And immediately he pulled out a pair of scissors with which he cut his nails. With a paring from his thumb nail, he made on the spot a kind of large speaking trumpet, like a gigantic funnel, whose small end he placed in his ear. The circumference of the funnel surrounded the ship and all the crew. The weakest voice entered the circular fibers of the nail, and in this way, thanks to his ingenuity, the philosopher from above heard perfectly the buzzing of our insects from below. In a short time, he was able to distinguish words, and at last to hear French. The dwarf also, although with more difficulty. The amazement of the travelers grew with

ment des voyageurs redoublaient à chaque instant. Ils entendaient des mites parler d'assez bon sens: ce jeu de la nature leur paraissait inexplicable. Vous croyez bien que le Sirien et son nain brûlaient d'impatience de lier conversation avec les atomes; le nain craignait que sa voix de tonnerre, et surtout celle de Micromégas, n'assourdît les mites sans en être entendue. Il fallait en diminuer la force. Ils se mirent dans la bouche des espèces de petits cure-dents, dont le bout fort effilé venait donner auprès du vaisseau. Le Sirien tenait le nain sur ses genoux, et le vaisseau avec l'équipage sur un ongle; il baissait la tête et parlait bas. Enfin, moyennant toutes ces précautions et bien d'autres encore, il commença ainsi son discours:

Insectes invisibles, que la main du Créateur s'est plu à faire naître dans l'abîme de l'infiniment petit, je le remercie de ce qu'il a daigné me découvrir des secrets qui semblaient impénétrables. Peut-être ne daignerait-on pas vous regarder à ma cour; mais je ne méprise personne, et je vous offre ma protection.

Si jamais il y a eu quelqu'un d'étonné, ce furent les gens qui entendirent ces paroles. Ils ne pouvaient deviner d'où elles partaient. L'aumônier du vaisseau récita les prières des exorcismes, les matelots jurèrent, et les philosophes du vaisseau firent un système; mais quelque système qu'ils fissent, ils ne purent jamais deviner qui leur parlait. Le nain de Saturne, qui avait la voix plus douce que Micromégas, leur apprit alors en peu de mots à quelles espèces ils avaient affaire. Il leur conta le voyage de Saturne, les mit au fait de ce qu'était M. Micromégas; et après les avoir plaints d'être si petits, il leur demanda s'ils avaient toujours été dans ce misérable état si voisin de l'anéantissement, ce qu'ils faisaient dans un globe qui paraissait appartenir à des baleines, s'ils étaient heureux, s'ils multipliaient, s'ils avaient une âme, et cent autres questions de cette nature.

Un raisonneur de la troupe, plus hardi que les autres, et choqué de ce qu'on doutait de son âme, observa l'interlocuteur avec des pinnules braquées sur un quart de cercle, fit deux stations, et à la troisième il parla ainsi: Vous

each moment. They heard mites talking quite good sense, and this trick of nature seemed inexplicable to them. You can well believe that the Sirian and his dwarf burned with impatience to enter into conversation with the atoms. The dwarf feared that his thunderous voice and especially the voice of Micromegas would deafen the mites without being understood by them. They had to reduce the strength of the voices. They put in their mouths a kind of small toothpick of which the very fine end came close to the ship. The Sirian held the dwarf on his knees, and the ship with its crew on a nail. He bent his head and spoke in a low voice. At last, by means of all these precautions and many others still, he began to speak with these words:

"Invisible insects, whom it has pleased the hand of the Creator to have born in the abyss of the infinitely small, I thank Him for having deigned to reveal to me secrets which seemed unfathomable. Perhaps at my court people would not deign to look at you, but I scorn no one, and I offer you my protection."

If anyone was ever surprised, it was the people who heard these words. They could not imagine from where they came. The ship's chaplain recited prayers of exorcism, the sailors cursed, and the ship's philosophers invented a system. But no matter what system they made, they could never guess who was speaking to them. The dwarf from Saturn, who had a softer voice than Micromegas, then told them in very few words with what species they had to deal. He told them of the journey from Saturn and made them aware what Mr. Micromegas was. After sympathizing with them for being so small, he asked them if they had always been in this miserable state so close to nonexistence, and what they did on a globe which seemed to belong to whales, if they were happy, if they multiplied, if they had a soul, and a hundred other questions of this kind.

One reasoner in the group, bolder than the others, and shocked that it was doubted he had a soul, looked at his interlocutor through the eyelet holes on a quadrant, made two observations, and at the third, spoke thus: "So you

croyez donc, monsieur, parce que vous avez mille toises depuis la tête jusqu'aux pieds, que vous êtes un . . .

Mille toises! s'écria le nain; juste ciel! d'où peut-il savoir ma hauteur? mille toises! il ne se trompe pas d'un pouce. Quoi! cet atome m'a mesuré! il est géomètre, il connaît ma grandeur; et moi, qui ne le vois qu'à travers un microscope, je ne connais pas encore la sienne!

Oui, je vous ai mesuré, dit le physicien, et je mesurerai bien encore votre grand compagnon. La proposition fut acceptée; son excellence se coucha de son long; car, s'il se fût tenu debout, sa tête eût été trop au-dessus des nuages. Nos philosophes lui plantèrent un grand arbre dans un endroit que le docteur Swift [27] nommerait, mais que je me garderai bien d'appeler par son nom, à cause de mon grand respect pour les dames. Puis, par une suite de triangles liés ensemble, ils conclurent que ce qu'ils voyaient était en effet un jeune homme de cent vingt mille pieds de roi.

Alors Micromégas prononça ces paroles: Je vois plus que jamais qu'il ne faut juger de rien sur sa grandeur apparente. O Dieu! qui avez donné une intelligence à des substances qui paraissent si méprisables, l'infiniment petit vous coûte aussi peu que l'infiniment grand; et s'il est possible qu'il y ait des êtres plus petits que ceux-ci, ils peuvent encore avoir un esprit supérieur à ceux de ces superbes animaux que j'ai vus dans le ciel, dont le pied seul couvrirait le globe où je suis descendu.

Un des philosophes lui répondit qu'il pouvait en toute sûreté croire qu'il est en effet des êtres intelligents beaucoup plus petits que l'homme. Il lui conta, non pas tout ce que Virgile [28] a dit de fabuleux sur les abeilles, mais ce que Swammerdam [29] a découvert, et ce que Réaumur [30] a disséqué. Il lui apprit enfin qu'il y a des animaux qui sont pour les abeilles ce que les abeilles sont pour l'homme, ce que le Sirien lui-même était pour ces animaux si vastes dont il parlait, et ce que ces grands animaux sont pour d'autres substances devant lesquelles ils ne paraissent que comme des atomes. Peu à peu la conversation devint intéressante, et Micromégas parla ainsi.

believe, Sir, because you are a thousand fathoms tall, that you are a . . ."

"A thousand fathoms!" cried the dwarf. "Good heavens! how can he know my height? A thousand fathoms! He is not an inch off. Why, this atom has measured me! He is a geometrician and knows my height. And I who can see him only through a microscope, don't yet know his!"

"Yes, I have measured you," said the physicist, "and I can also easily measure your big friend." The proposition was accepted. His Excellency stretched out full length, for if he had remained standing, his head would have been too far above the clouds. Our philosophers planted in him a big tree on a spot which Dr. Swift would name, but which I shall refrain from calling by its name, because of my great respect for the ladies. Then, by a series of triangles tied together, they concluded that what they saw was in reality a young man one hundred and twenty thousand royal feet long.

At that moment Micromegas said these words, "More than ever I see that we must not judge anything by its apparent size. O Lord, who have given intelligence to beings which seem so contemptible, the infinitely small costs You as little as the infinitely great. If it is possible that there are creatures smaller than these, they may still have minds superior to those magnificent animals I have seen in the sky whose foot alone would cover the globe to which I have come."

One of the philosophers answered him that he might indeed believe there are intelligent beings much smaller than man. He related to him, not all the fables Virgil said about bees, but what Swammerdam discovered, and what Réaumur dissected. He taught him, in a word, that there are animals which are to bees what the bees are to man, what the Sirian himself was to those tremendous animals he had mentioned, and what those great animals are to other beings before which they seem like mere atoms. Gradually the conversation became interesting, and Micromegas spoke as follows.

Chapitre VII

CONVERSATION AVEC LES HOMMES

O ATOMES INTELLIGENTS, dans qui l'Être éternel s'est plu à manifester son adresse et sa puissance, vous devez, sans doute, goûter des joies bien pures sur votre globe; car ayant si peu de matière, et paraissant tout esprit, vous devez passer votre vie à aimer et à penser; c'est la véritable vie des esprits. Je n'ai vu nulle part le vrai bonheur, mais il est ici, sans doute.

A ce discours, tous les philosophes secouèrent la tête; et l'un d'eux, plus franc que les autres, avoua de bonne foi que, si l'on en excepte un petit nombre d'habitants fort peu considérés, tout le reste est un assemblage de fous, de méchants et de malheureux. Nous avons plus de matière qu'il ne nous en faut, dit-il, pour faire beaucoup de mal, si le mal vient de la matière; et trop d'esprit, si le mal vient de l'esprit. Savez-vous bien, par exemple, qu'à l'heure que je vous parle, il y a cent mille fous [31] de notre espèce, couverts de chapeaux, qui tuent cent mille autres animaux couverts d'un turban, ou qui sont massacrés par eux, et que, presque par toute la terre, c'est ainsi qu'on en use de temps immémorial? Le Sirien frémit, et demanda quel pouvait être le sujet de ces horribles querelles entre de si chétifs animaux. Il s'agit, dit le philosophe, de quelques tas de boue grands comme votre talon. Ce n'est pas qu'aucun de ces millions d'hommes qui se font égorger prétende un fétu sur ces tas de boue. Il ne s'agit que de savoir s'il appartiendra à un certain homme qu'on nomme *Sultan,* ou à un autre qu'on nomme, je ne sais pourquoi, *César.* Ni l'un ni l'autre n'a jamais vu ni ne verra jamais le petit coin de terre dont il s'agit; et presque aucun de ces animaux, qui s'égorgent mutuellement, n'a jamais vu l'animal pour lequel il s'égorge.

Ah! malheureux! s'écria le Sirien avec indignation, peut-on concevoir cet excès de rage forcenée! Il me prend

Chapter VII

CONVERSATION WITH THE MEN

"O intelligent atoms, in whom the Almighty was pleased to manifest His skill and His power, you must doubtless enjoy very pure pleasures on your globe, for having so little body and seeming to be all spirit, you must pass your lives in love and in thought, which is the true life of spirits. I have seen real happiness nowhere, but it is doubtless here."

At this speech all the philosophers shook their heads, and one of them, more frank than the others, confessed with candor that apart from a small number of inhabitants who were held in very little esteem, all the rest were a crowd of fools, of wicked and unhappy men and women. "We have more matter than we need," he said, "in order to do much evil, if evil comes from matter; and too much spirit, if evil comes from the spirit. Are you aware, for example, that at this moment when I am speaking to you, there are one hundred thousand fools of our species, wearing hats, who are killing or being killed by one hundred thousand other animals wearing turbans, and that almost throughout the entire earth this is how people have been behaving from time immemorial?" The Sirian shuddered and asked what the reason could be for those horrible disputes between such puny animals. "A few mudpiles as big as your heel," said the philosopher, "are the issue. It is not that one of those millions of men who are slaughtering one another, claims one straw on the mudpiles. The problem is to know whether it will belong to a certain man called *Sultan* or to another called, I don't know why, *Caesar*. Neither one has even seen or ever will see the bit of earth in question. And almost none of those animals who are mutually slaughtering one another, has ever seen the animal for which he is slaughtered."

"Wretch!" cried the Sirian indignantly, "such an excess of mad rage is inconceivable! I have the urge to take three

envie de faire trois pas, et d'écraser de trois coups de pied toute cette fourmilière d'assassins ridicules.

Ne vous en donnez pas la peine, lui répondit-on; ils travaillent assez à leur ruine. Sachez, qu'au bout de dix ans, il ne reste jamais la centième partie de ces misérables; sachez que, quand même ils n'auraient pas tiré l'épée, la faim, la fatigue, ou l'intempérance les emportent presque tous. D'ailleurs, ce n'est pas eux qu'il faut punir, ce sont ces barbares sédentaires qui du fond de leur cabinet ordonnent, dans le temps de leur digestion, le massacre d'un million d'hommes, et qui ensuite en font remercier Dieu solennellement.

Le voyageur se sentait ému de pitié pour la petite race humaine, dans laquelle il découvrait de si étonnants contrastes. Puisque vous êtes du petit nombre des sages, dit-il à ces messieurs, et qu'apparemment vous ne tuez personne pour de l'argent, dites-moi, je vous en prie, à quoi vous vous occupez.

Nous disséquons des mouches, dit le philosophe, nous mesurons des lignes, nous assemblons des nombres; nous sommes d'accord sur deux ou trois points que nous entendons, et nous disputons sur deux ou trois mille que nous n'entendons pas.

Il prit aussitôt fantaisie au Sirien et au Saturnien d'interroger ces atomes pensants, pour savoir les choses dont ils convenaient. Combien comptez-vous, dit celui-ci, de l'étoile de la Canicule à la grande étoile des Gémeaux?

Ils répondirent tous à la fois: Trente-deux degrés et demi.

Combien comptez-vous d'ici à la lune?

Soixante demi-diamètres de la terre en nombre rond.

Combien pèse votre air? Il croyait les attraper, mais tous lui dirent que l'air pèse environ neuf cents fois moins qu'un pareil volume de l'eau la plus légère, et dix-neuf mille fois moins que l'or de ducat. Le petit nain de Saturne, étonné de leurs réponses, fut tenté de prendre pour des sorciers ces mêmes gens auxquels il avait refusé une âme un quart d'heure auparavant.

Enfin Micromégas leur dit: Puisque vous savez si bien ce

steps and crush with three blows of my foot this anthill of ludicrous assassins."

"Don't go to that trouble," the philosopher answered him, "they are working well enough toward their own ruin. Know that after ten years, no more than a hundredth part of those wretches are alive. Know that even if they have not drawn their sword, hunger, fatigue or intemperance kill almost all of them. Moreover, they aren't the ones to be punished, but those sedentary barbarians who in their private offices, when they are digesting their food, order the massacre of a million men, and then afterwards solemnly offer up thanks to God for the deed."

The traveler felt deep pity for the tiny human race in which he discovered such astonishing contrasts. "Since you belong to the small number of wise men," he said to these gentlemen, "and since apparently you kill no one for money, tell me, I beg you, how you spend your time."

"We dissect flies," said the philosopher, "we measure lines and gather numerical information. We agree upon two or three points which we understand, and we disagree on two or three thousand which we do not understand."

Immediately a whim took the Sirian and the Saturnian to question these thinking atoms, in order to learn the things on which they agreed. "What is the distance," asked the Saturnian, "between the Dog-star and Gemini?"

They all answered in chorus, "Thirty-two and a half degrees."

"What is the distance from here to the moon?"

"Sixty times the radius of the earth, in round numbers."

"What does your air weigh?" He thought he had caught them, but they all said to him that air weighs about nine hundred times less than a similar volume of the lightest water, and nineteen thousand times less than ducat gold. The little dwarf from Saturn, amazed at their answers, was tempted to take for sorcerers those same people to whom he had refused a soul a quarter of an hour previously.

Finally, Micromegas said to them, "Since you are so well

qui est hors de vous, sans doute vous savez encore mieux
ce qui est en dedans. Dites-moi ce que c'est que votre âme,
et comment vous formez vos idées. Les philosophes par-
lèrent tous à la fois comme auparavant; mais ils furent
tous de différents avis. Le plus vieux citait Aristote,[32]
l'autre prononçait le nom de Descartes; [33] celui-ci, de Malebranche; [34] cet autre, de Leibnitz; [35] cet autre, de Locke; [36]
un vieux péripatéticien [37] dit tout haut avec confiance: L'âme
est une entéléchie,[38] et une raison par qui elle a la puissance
d'être ce qu'elle est. C'est ce que déclare expressément
Aristote,[39] page 633 de l'édition du Louvre: Ἐντελέχεια
ἐστι.

Je n'entends pas trop bien le grec, dit le géant.

Ni moi non plus, dit la mite philosophique.

Pourquoi donc, reprit le Sirien, citez-vous un certain
Aristote en grec?

C'est, répliqua le savant, qu'il faut bien citer ce qu'on
ne comprend point du tout dans la langue qu'on entend
le moins.

Le cartésien prit la parole, et dit: L'âme est un esprit
pur qui a reçu dans le ventre de sa mère toutes les idées
métaphysiques, et qui, en sortant de là, est obligée d'aller à
l'école, et d'apprendre tout de nouveau ce qu'elle a si bien
su, et qu'elle ne saura plus.

Ce n'était donc pas la peine, répondit l'animal de huit
lieues, que ton âme fût si savante dans le ventre de ta
mère, pour être si ignorante quand tu aurais de la barbe
au menton. Mais qu'entends-tu par esprit?

Que me demandez-vous là? dit le raisonneur, je n'en ai
point d'idée; on dit que ce n'est pas la matière. —

Mais sais-tu au moins ce que c'est que la matière?

Très bien, répondit l'homme. Par exemple, cette pierre
est grise et d'une telle forme; elle a ses trois dimensions,
elle est pesante et divisible.

— Eh bien! dit le Sirien, cette chose qui te paraît être
divisible, pesante et grise, me diras-tu bien ce que c'est?
Tu vois quelques attributs; mais le fond de la chose, le
connais-tu?

Non, dit l'autre.

acquainted with what is outside of you, doubtless you know even better what is within. Tell me what your soul is and how you form your ideas." The philosophers all spoke at the same time as before, but they were all of different opinions. The oldest quoted Aristotle, another pronounced the name of Descartes, a third that of Malebranche, a fourth Leibnitz, and still another Locke. An aged Peripatetic said loudly and confidently, "The soul is an entelechy, and a proof of its power to be what it is. That is what Aristotle expressly states, on page 633 of the Louvre edition: Ἐντελεχεία ἐστι."

"I don't understand Greek too well," said the giant.

"Nor do I," said the philosophical mite.

"Why then," the Sirian continued, "do you quote a certain Aristotle in Greek?"

"Because," answered the scholar, "one must quote what one doesn't understand at all in the language one understands the least."

The Cartesian began speaking and said, "The soul is a pure spirit which has received in its mother's womb all metaphysical ideas, and which, on leaving it, has to go to school and learn all over again what it knew so well and will never know again."

"There is no point then," answered the animal eight leagues long, "for your soul to be so learned in your mother's womb, if it is so ignorant when you have a beard on your chin. But what do you mean by spirit?"

"What kind of question is that?" said the reasoner. "I have no idea. They say it is not matter."

"But at least do you know what matter is?"

"Yes, I do," the man replied. "For example, this stone is gray and of a certain shape. It has three dimensions, is heavy and divisible."

"Well," said the Sirian, "will you tell me what this thing is which seems to you divisible, heavy and gray? You see a few attributes, but do you know basically what the thing is?"

"No!" said the other.

— Tu ne sais donc point ce que c'est que la matière.

Alors M. Micromégas, adressant la parole à un autre sage qu'il tenait sur son pouce, lui demanda ce que c'était que son âme, et ce qu'elle faisait. Rien du tout, répondit le philosophe malebranchiste; c'est Dieu qui fait tout pour moi; je vois tout en lui; je fais tout en lui; c'est lui qui fait tout sans que je m'en mêle.

Autant vaudrait ne pas être, reprit le sage de Sirius. Et toi, mon ami, dit-il à un leibnitzien qui était là, qu'est-ce que ton âme?

C'est, répondit le leibnitzien, une aiguille qui montre les heures pendant que mon corps carillonne; ou bien, si vous voulez, c'est elle qui carillonne pendant que mon corps montre l'heure; ou bien mon âme est le miroir de l'univers, et mon corps est la bordure du miroir: tout cela est clair.

Un petit partisan de Locke était là tout auprès, et quand on lui eut enfin adressé la parole: Je ne sais pas, disait-il, comment je pense, mais je sais que je n'ai jamais pensé qu'à l'occasion de mes sens. Qu'il y ait des substances immatérielles et intelligentes, c'est de quoi je ne doute pas: mais qu'il soit impossible à Dieu de communiquer la pensée à la matière, c'est de quoi je doute fort. Je révère la puissance éternelle; il ne m'appartient pas de la borner: je n'affirme rien; je me contente de croire qu'il y a plus de choses possibles qu'on ne pense.

L'animal de Sirius sourit: il ne trouva pas celui-là le moins sage; et le nain de Saturne aurait embrassé le sectateur de Locke sans l'extrême disproportion. Mais il y avait là, par malheur, un petit animalcule en bonnet carré qui coupa la parole à tous les animalcules philosophes; il dit qu'il savait tout le secret; que cela se trouvait dans la *Somme* de saint Thomas; [40] il regarda de haut en bas les deux habitants célestes, il leur soutint que leurs personnes, leurs mondes, leurs soleils, leurs étoiles, tout était fait uniquement pour l'homme. A ce discours, nos deux voyageurs se laissèrent aller l'un sur l'autre en étouffant de ce rire inextinguible, qui, selon Homère, [41] est le partage des dieux; leurs épaules et leurs ventres allaient et venaient, et dans ces convulsions, le vaisseau que le Sirien avait sur son

"Then you don't know what matter is."

Mr. Micromegas, then speaking to another wise man whom he held on his thumb, asked him what his soul was and what it did. "Nothing at all," answered the disciple of Malebranche. "God does everything for me. I see everything in Him and I do everything in Him. He does everything without my interfering."

"It would be as worth while not to exist," the sage from Sirius went on. "And you, my friend," he said to a disciple of Leibnitz who was there, "what is your soul?"

The Leibnitzian answered, "It is a hand which shows the hours while my body chimes. Or if you prefer, it is my soul which chimes while my body shows the hour. Or my soul is the mirror of the universe, and my body is the frame of the mirror. All that is clear."

A little partisan of Locke was quite nearby, and when they finally spoke to him, he said, "I do not know how I think, but I know that I have never had a thought save by means of my senses. That there are immaterial and intelligent beings I do not doubt, but that it is impossible for God to communicate thought to matter I strongly doubt. I revere the power of God. It is not my place to limit it. I affirm nothing and I am satisfied with believing there are more things possible than we think."

The animal from Sirius smiled. He did not find this last man the least wise, and the dwarf from Saturn would have embraced the follower of Locke if there hadn't been a vast difference in size. But unfortunately there was present a small animalcule in a clerical hat who interrupted all the philosophical animalcules. He said he knew the entire secret. It was in the *Summa* of Saint Thomas. He looked the two celestial inhabitants up and down, and asserted that their persons, their worlds, their suns, their stars, all were created solely for man. At this speech, our two travelers fell on each other, overcome with that inextinguishable laughter which, according to Homer, is the lot of the gods. Their shoulders and bellies shook, and in these convulsions, the ship which the Sirian had on his nail fell into a pocket of

ongle tomba dans une poche de la culotte du Saturnien. Ces deux bonnes gens le cherchèrent longtemps; enfin ils retrouvèrent l'équipage, et le rajustèrent fort proprement. Le Sirien reprit les petites mites; il leur parla encore avec beaucoup de bonté, quoiqu'il fût un peu fâché dans le fond du coeur de voir que les infiniment petits eussent un orgueil infiniment grand. Il leur promit de leur faire un beau livre de philosophie, écrit fort menu pour leur usage, et que, dans ce livre, ils verraient le bout des choses. Effectivement, il leur donna ce volume avant son départ: on le porta à Paris à l'académie des sciences; mais, quand le secrétaire l'eut ouvert, il ne vit qu'un livre tout blanc: [42] "Ah! dit-il, je m'en étais bien douté."

the Saturnian's trousers. These two good people looked for it a long time. At last, they recovered the ship and crew and set everything up again in excellent order. The Sirian picked up the mites again. He spoke to them again with much kindness although he was a bit angry in the bottom of his heart at seeing that infinitely small beings had an infinitely great pride. He promised to prepare a fine book of philosophy for them, written very small so that they could read it; and that in this book they would see the explanation of everything. To be sure, he did give them this volume before his departure. They took it to Paris, to the Academy of Sciences. But when the secretary opened it, he saw only a book with blank pages. "Ah!" he said, "I thought as much."

Honoré de Balzac

(1799–1850)

Between 1828 and 1850, Balzac wrote a large number of novels and stories which he himself grouped under the general title, *La Comédie Humaine*. The work is divided into seven parts: *Scènes de la vie privée, Scènes de la vie de province, Scènes de la vie parisienne, Scènes de la vie militaire, Scènes de la vie de campagne, Scènes de la vie politique, Études Philosophiques*. The novels are not episodes of one continuous story, but some of the characters return often: Horace Bianchon, for example, the young doctor in *La Messe de l'Athée (Scènes de la vie privée)*.

Balzac is one of the most prolific writers in French literature, and the one who has perhaps created the largest number of characters. He believed firmly in his function of novelist, and in the enlightenment which he expected his writing to bring to humanity. He often interrupts the narrative of his story in order to insert tirades and dissertations for the guidance of his readers.

In his ability to analyze his characters in terms of the surroundings in which they live, Balzac is unmatched. He understood best perhaps the traits of the bourgeoisie and the proletariat. Something of the intensity and vigor of his art can be seen in *La Messe de l'Athée*, as well as a basic belief in his treatment of a character's psychology. He felt that a life was governed by a single dominant pas-

sion. The passion for science in Desplein (cf. *La Messe de l'Athée*) would illustrate this theory.

It was Balzac's ambition to describe an entire generation of French history, and evoke trials and triumphs in all the social classes of Paris, of provincial cities and of peasant life. The scope of his work was vast. In twenty years he constructed an enormous body of fiction by following a strict regimen: ten to fourteen hours a day of writing, for two weeks at a time. Desire for money and ways to make money are important themes in his analysis of the growing bourgeoisie in France; and they are also dominant in Balzac's own life. The excessive debts he accumulated explain to some degree the need he felt to produce uninterruptedly book after book. Despite many stylistic defects in his writing: pomposity in phraseology, exaggeration of metaphors, a lack of good taste in his treatment of such themes as love and passion, Balzac is one of the great visionary artists of the 19th century, comparable to Delacroix and Daumier in painting. His imagination created a world. His defects disappear in the greatness of the ensemble. The very intensity with which the characters of Balzac live places them in a kind of supernatural existence. Even if the critic Taine, in his study of Balzac, states that the novels form the most extensive arsenal of documents on human existence, it seems justified to see in Balzac much more than a documentary artist.

LA MESSE DE L'ATHÉE

par Honoré de Balzac

Un médecin à qui la science doit une belle théorie physiologique, et qui, jeune encore, s'est placé parmi les célébrités de l'École de Paris, centre de lumières auquel les médecins de l'Europe rendent tous hommage, le docteur Bianchon a longtemps pratiqué la chirurgie avant de se livrer à la médecine. Ses premières études furent dirigées par un des plus grands chirurgiens français, par l'illustre Desplein, qui passa comme un météore dans la science. De l'aveu de ses ennemis, il enterra dans la tombe une méthode intransmissible. Comme tous les gens de génie, il était sans héritiers: il portait et emportait tout avec lui. La gloire des chirurgiens ressemble à celle des acteurs, qui n'existent que de leur vivant et dont le talent n'est plus appréciable dès qu'ils ont disparu. Les acteurs et les chirurgiens, comme aussi les grands chanteurs, comme les virtuoses qui décuplent par leur exécution la puissance de la musique, sont tous les héros du moment. Desplein offre la preuve de cette similitude entre la destinée de ces génies transitoires. Son nom, si célèbre hier, aujourd'hui presque oublié, restera dans sa spécialité sans en franchir les bornes. Mais ne faut-il pas des circonstances inouïes pour que le nom d'un savant passe du domaine de la Science dans l'histoire générale de l'Humanité? Desplein avait-il cette universalité de connaissances qui fait d'un homme le *verbe* ou la *figure* d'un siècle? Desplein possédait un divin coup d'oeil: il pénétrait

46

THE ATHEIST'S MASS

by Honoré de Balzac

A PHYSICIAN to whom science owes an important physio-
logical theory, and who, still young, took his place among
the celebrities of l'École de Paris, the center of learning to
which all the physicians of Europe pay homage, Dr.
Bianchon, practiced surgery for some time before going
into medicine. His first studies were directed by one of the
greatest French surgeons, the famous Desplein, who passed
like a meteor through the heavens of science. Even his
enemies admitted that at his death he took with him an
incommunicable method. Like all men of genius, he had
no heirs. He carried all and took all away with him. The
fame of surgeons resembles the fame of actors, who live
only during their lifetime and whose talent is no longer
appreciated after they have disappeared. Actors and surgeons, like great singers also, like virtuosi who increase the
power of music tenfold by their performances, are all heroes
of a moment. Desplein is a proof of the similarity in the
destinies of these transitory geniuses. His name, so cele-
brated yesterday, and almost forgotten today, will remain
within his specialty and not extend beyond its limits. But
would not exceptional circumstances be necessary for the
name of a scientist to pass from science into the general
history of humanity? Did Desplein have that universality
of knowledge which makes of a man the *Word* or the *Form*
of a century? Desplein had a divine power of insight. He

47

le malade et sa maladie par une intuition acquise ou naturelle qui lui permettait d'embrasser les diagnostics particuliers à l'individu, de déterminer le moment précis, l'heure, la minute à laquelle il fallait opérer, en faisant la part aux circonstances atmosphériques et aux particularités du tempérament. Pour marcher ainsi de conserve avec la Nature, avait-il donc étudié l'incessante jonction des êtres et des substances élémentaires contenues dans l'atmosphère ou que fournit la terre à l'homme qui les absorbe et les prépare pour en tirer une expression particulière? Procédait-il par cette puissance de déduction et d'analogie à laquelle est dû le génie de Cuvier? [1] Quoi qu'il en soit, cet homme s'était fait le confident de la Chair, il la saisissait dans le passé comme dans l'avenir, en s'appuyant sur le présent. Mais a-t-il résumé toute la science en sa personne comme ont fait Hippocrate,[2] Galien,[3] Aristote? [4] A-t-il conduit toute une école vers des mondes nouveaux? Non. S'il est impossible de refuser à ce perpétuel observateur de la chimie humaine, l'antique science du Magisme,[5] c'est-à-dire la connaissance des principes en fusion, les causes de la vie, la vie avant la vie, ce qu'elle sera par ses préparations avant d'être; malheureusement tout en lui fut personnel: isolé dans sa vie par l'égoïsme, l'égoïsme suicide aujourd'hui sa gloire. Sa tombe n'est pas surmontée de la statue sonore qui redit à l'avenir les mystères que le Génie cherche à ses dépens. Mais peut-être le talent de Desplein était-il solidaire de ses croyances, et conséquemment mortel. Pour lui, l'atmosphère terrestre était un sac générateur: il voyait la terre comme un oeuf dans sa coque, et ne pouvant savoir qui de l'oeuf, qui de la poule, avait commencé, il n'admettait ni le coq ni l'oeuf. Il ne croyait ni en l'animal antérieur, ni en l'esprit postérieur à l'homme. Desplein n'était pas dans le doute, il affirmait. Son athéisme pur et franc ressemblait à celui de beaucoup de savants, les meilleurs gens du monde, mais invinciblement athées, athées comme les gens religieux n'admettent pas qu'il puisse y avoir d'athées. Cette opinion ne devait pas être autrement chez un homme habitué depuis son jeune âge à disséquer l'être par excellence, avant, pendant et après la vie, à le fouiller dans tous

penetrated the patient and his sickness with an acquired or natural intuition which allowed him to understand symptoms peculiar to the individual, to determine the exact moment, the hour and minute for the operation, taking into account the atmospheric conditions and the peculiarities of temperament. To proceed in such harmony with nature, had he studied the ceaseless joining of beings and elementary substances contained in the atmosphere or which the earth gives to man who absorbs them and prepares them in order to draw from them some particular expression? Was he directed by that power of deduction and analogy to which is due the genius of Cuvier? Whatever the case be, this man had become the confidant of flesh. He understood it in the past as well as in the future, basing himself on the present. But did he sum up all of science in his person, like Hippocrates and Galen and Aristotle? Did he lead an entire school to new worlds? No. Although we cannot refuse this perpetual observer of human chemistry the ancient science of Magianism, namely, the knowledge of principles in fusion, the causes of life, life before life, what it will be by dint of its preparations before being,— unfortunately everything in Desplein was personal. He was isolated in life through egoism, and egoism today has killed his fame. His tomb is not surmounted by a speaking statue which repeats to the future the mysteries which genius looks for at its own expense. But perhaps the talent of Desplein was one with his beliefs, and consequently mortal. To him, the earth's atmosphere was a generating pouch. He saw the earth like an egg in its shell, and being unable to know whether the egg or the hen came first, he admitted neither the cock nor the egg. He believed neither in the anterior animal nor in the posterior spirit of man. Desplein did not doubt, he affirmed. His simple clear atheism resembled that of a great many scientists, the best people in the world, but invincible atheists. Atheists like religious people will not admit that there can be atheists. This opinion could not be otherwise with a man accustomed from his early youth to dissect the human being before, during, and after life; to pry into all its apparatus without finding that one soul

ses appareils sans y trouver cette âme unique, si nécessaire aux théories religieuses. En y reconnaissant un centre cérébral, un centre nerveux et un centre aéro-sanguin, dont les deux premiers se suppléent si bien l'un l'autre, qu'il eut dans les derniers jours de sa vie la conviction que le sens de l'ouïe n'était pas absolument nécessaire pour entendre, ni le sens de la vue absolument nécessaire pour voir, et que le plexus solaire les remplaçait, sans que l'on en pût douter; Desplein, en trouvant deux âmes dans l'homme, corrobora son athéisme de ce fait, quoiqu'il ne préjuge encore rien sur Dieu. Cet homme mourut, dit-on, dans l'impénitence finale où meurent malheureusement beaucoup de beaux génies, à qui Dieu puisse pardonner.

La vie de cet homme si grand offrait beaucoup de petitesses, pour employer l'expression dont se servaient [6] ses ennemis, jaloux de diminuer sa gloire, mais qu'il serait plus convenable de nommer des contre-sens apparents. N'ayant jamais connaissance des déterminations par lesquelles agissent les esprits supérieurs, les envieux ou les niais s'arment aussitôt de quelques contradictions superficielles pour dresser un acte d'accusation sur lequel ils les font momentanément juger. Si, plus tard, le succès couronne les combinaisons attaquées, en montrant la corrélation des préparatifs et des résultats, il subsiste toujours un peu des calomnies d'avant-garde. Ainsi, de nos jours, Napoléon fut condamné par ses contemporains, lorsqu'il déployait les ailes de son aigle sur l'Angleterre: il fallut 1822 pour expliquer 1804 et les bateaux plats de Boulogne.[7]

Chez Desplein, la gloire et la science étant inattaquables, ses ennemis s'en prenaient à [8] son humeur bizarre, à son caractère; tandis qu'il possédait tout bonnement cette qualité que les Anglais nomment *excentricity*. Tantôt superbement vêtu comme Crébillon le tragique,[9] tantôt il affectait une singulière indifférence en fait de vêtement; on le voyait tantôt en voiture, tantôt à pied. Tour à tour brusque et bon, en apparence âpre et avare, mais capable d'offrir sa fortune à ses maîtres exilés qui lui firent l'honneur de l'accepter pendant quelques jours, aucun homme n'a inspiré plus de jugements contradictoires. Quoique capable,

so essential to religious theories. Finding in the body a brain center, a nervous center, and a center of blood circulation, of which the first two complement each other so well, that he had during the last days of his life the conviction that the sense of hearing was not absolutely necessary for hearing, nor the sense of sight absolutely necessary for seeing, and that the solar plexus replaced them beyond any doubt,—Desplein thus finding two souls in man, corroborated his atheism by this fact, although he affirmed nothing yet about God. This man died, as they say, in that last impenitence in which unfortunately many fine geniuses die. May God forgive them!

The life of this very great man offered many pettinesses, to use the expression of his enemies, jealously determined to belittle his fame, but which would be better described as apparent contradictions. Never knowing the determining factors by which superior minds act, jealous men and fools quickly seize a few superficial contradictions in order to formulate an indictment on which they will have them temporarily judged. If, later, success crowns the relationships which have been attacked, by showing the correlation of preparations and results, a few of the previous calumnies will always remain. In our day, Napoleon was thus condemned by his contemporaries when he spread the wings of his eagle over England. The year 1822 was needed to explain 1804 and the flat boats of Boulogne.

Since the fame and science of Desplein were unassailable, his enemies attacked his queer temperament and his character. He merely possessed that quality which the English call *excentricity*. At times magnificently dressed, like the tragic Crébillon, and at other times singularly indifferent to clothes. He would be seen one day in a carriage, and another day on foot. Alternately abrupt and kind, apparently harsh and stingy, but capable of offering his fortune to his exiled masters who paid him the honor of accepting it for a few days, no man called forth more contradictory judgments. Although capable, in order to have that black

pour avoir un cordon noir [10] que les médecins n'auraient pas dû briguer, de laisser tomber à la cour un livre d'heures de sa poche, croyez qu'il se moquait en lui-même de tout; il avait un profond mépris pour les hommes, après les avoir observés d'en haut et d'en bas, après les avoir surpris dans leur véritable expression, au milieu des actes de l'existence les plus solennels et les plus mesquins. Chez un grand homme, les qualités sont souvent solidaires. Si, parmi ces colosses, l'un d'eux a plus de talent que d'esprit, son esprit est encore plus étendu que celui de qui l'on dit simplement: Il a de l'esprit. Tout génie suppose une vue morale. Cette vue peut s'appliquer à quelque spécialité; mais qui voit la fleur, doit voir le soleil. Celui qui entendit un diplomate, sauvé par lui, demandant: "Comment va l'Empereur?" et qui répondit: "Le courtisan revient, l'homme suivra!" celui-là n'est pas seulement chirurgien ou médecin, il est aussi prodigieusement spirituel. Ainsi, l'observateur patient et assidu de l'humanité légitimera les prétentions exorbitantes de Desplein et le croira, comme il se croyait lui-même, propre à faire un ministre tout aussi grand qu'était le chirurgien.

Parmi les énigmes que présente aux yeux de plusieurs contemporains la vie de Desplein, nous avons choisi l'une des plus intéressantes, parce que le mot s'en trouvera dans la conclusion du récit, et le vengera de quelques sottes accusations.

De tous les élèves que Desplein eut à son hôpital, Horace Bianchon fut un de ceux auxquels il s'attacha le plus vivement. Avant d'être interne à l'Hôtel-Dieu,[11] Horace Bianchon était un étudiant en médecine, logé dans une misérable pension du quartier latin, connue sous le nom de la Maison Vauquer. Ce pauvre jeune homme y sentait les atteintes de cette ardente misère, espèce de creuset d'où les grands talents doivent sortir purs et incorruptibles comme des diamants qui peuvent être soumis à tous les chocs sans se briser. Au feu violent de leurs passions déchaînées, ils acquièrent la probité la plus inaltérable, et contractent l'habitude des luttes qui attendent le génie, par le travail constant dans lequel ils ont cerclé leurs appétits trompés.

ribbon which physicians ought never to solicit, of letting a prayer-book drop from his pocket at the court, he personally sneered at all that. He had a profound contempt for men, having observed them from all directions, and having caught them as they really are, in the midst of the most solemn acts of existence and the most trivial. In a great man, good qualities often go together. If, among these giants, one has more talent than intelligence, his intelligence is still more developed than that of the man about whom you simply say: he is intelligent. Every genius presupposes a moral outlook. This outlook may be applied to some specialty. But who sees a flower, must see the sun. This man who heard a diplomat, whose life he had saved, ask, "How is the emperor?" and who replied, "The courtier returns, the man will follow!" this man is not only surgeon or physician, he is also profoundly witty. Thus, the patient assiduous observer of humanity will justify the exorbitant claims of Desplein and will believe him, as he believed himself, fit to be as great a statesman as he was a surgeon.

Among the enigmas which the life of Desplein offered to the eyes of several contemporaries, we have chosen one of the most interesting because of the word which will be found in the conclusion of the story and which will avenge him for a few stupid accusations.

Of all the pupils whom Desplein had in his hospital, Horace Bianchon was one of those to whom he was most affectionately attached. Before being an interne at the Hôtel-Dieu, Horace Bianchon was a medical student, living in a wretched pension of the Latin Quarter, known under the name of the Maison Vauquer. There this poor young man suffered from bitter poverty, a kind of crucible from which great talents come forth pure and incorruptible as diamonds which can be submitted to all blows and never break. In the strong fire of their released passions, they acquire an unalterable honesty, and learn the habit of the struggles which await genius, by means of the constant work with which they have surrounded their deceived appe-

Horace était un jeune homme droit, incapable de ter-giverser dans les questions d'honneur, allant sans phrase au fait, prêt pour ses amis à mettre en gage son manteau, comme à leur donner son temps et ses veilles. Horace était enfin un de ces amis qui ne s'inquiètent pas de ce qu'ils reçoivent en échange de ce qu'ils donnent, certains de recevoir à leur tour plus qu'ils ne donneront. La plupart de ses amis avaient pour lui ce respect intérieur qu'inspire une vertu sans emphase, et plusieurs d'entre eux redou-taient sa censure. Mais ces qualités, Horace les déployait sans pédantisme. Ni puritain ni sermonneur, il jurait de bonne grâce en donnant un conseil. Bon compagnon, pas plus prude que ne l'est un cuirassier, rond et franc, non pas comme un marin, car le marin d'aujourd'hui est un rusé diplomate, mais comme un brave jeune homme qui n'a rien à déguiser dans sa vie, il marchait la tête haute et la pensée rieuse. Enfin, pour tout exprimer par un mot, Horace était le Pylade de plus d'un Oreste,[12] les créanciers étant pris aujourd'hui comme la figure la plus réelle des Furies antiques. Il portait sa misère avec cette gaieté qui peut-être est un des plus grands éléments du courage, et comme tous ceux qui n'ont rien, il contractait peu de dettes. Sobre comme un chameau, alerte comme un cerf, il était ferme dans ses idées et dans sa conduite. La vie heureuse de Bian-chon commença du jour où l'illustre chirurgien acquit la preuve des qualités et des défauts qui, les uns aussi bien que les autres, rendent doublement précieux à ses amis le docteur Horace Bianchon. Quand un chef de clinique prend dans son giron un jeune homme, ce jeune homme a, comme on dit, le pied dans l'étrier. Desplein ne manquait pas d'emmener Bianchon pour se faire assister par lui dans les maisons opulentes où presque toujours quelque gratifica-tion tombait dans l'escarcelle de l'interne, et où se révé-laient insensiblement au provincial les mystères de la vie parisienne; il le gardait dans son cabinet lors de ses consulta-tions, et l'y employait; parfois, il l'envoyait accompagner un riche malade aux Eaux; enfin il lui préparait une clien-tèle. Il résulte de ceci qu'au bout d'un certain temps, le tyran de la chirurgie eut un Séide.[13] Ces deux hommes, l'un

tites. Horace was a straightforward young man, incapable
of wavering in matters of honor, given to deeds and not
speech, ready to pawn his coat for his friends, or to give
them his time and his evenings. In a word, Horace was one
of those friends who do not worry about what they receive
in exchange for what they give, and sure of receiving in
their turn more than they give. Most of his friends had for
him that inner kind of respect which an unassuming virtue
inspires, and many of them feared his censure. Horace
displayed his good qualities without priggishness. Neither
a puritan nor a sermonizer, he offered advice with a good
oath. A good companion, no more prudish than a cuirassier, extrovert and frank, not like a sailor, because the
sailor today is a crafty diplomat, but like a worthy young
man who has nothing to disguise in his life, he walked with
head high and good humor. In short, to express all this
briefly, Horace was the Pylades of more than one Orestes,
creditors today being the nearest in resemblance to the
ancient Furies. He carried his poverty with the gaiety which
is one of the principal elements of courage, and like all
those who have nothing, he contracted very few debts. Temperate as a camel, alert as a deer, he was firm in his ideas
and in his conduct. Bianchon's happy life began the day
when the famous surgeon acquired the proof of the good
qualities and defects all of which make Dr. Bianchon
doubly precious to his friends. When the head of a clinic
takes a young man to his bosom, that young man has, as
they say, his foot in the stirrup. Desplein always took
Bianchon as his assistant, into those wealthy houses where
some tip almost always dropped into the interne's wallet,
and where the mysteries of Parisian life are gradually revealed to the provincial. He kept him in his office during
consultations and employed him there. Sometimes he sent
him to accompany a rich patient to one of the baths. In a
word, he was preparing his practice. As a result of this, at
the end of a certain period, the tyrant of surgery had a
devoted servant. These two men, one at the summit of
honors and of his profession, enjoying immense wealth and

au faîte des honneurs et de sa science, jouissant d'une immense fortune et d'une immense gloire; l'autre, modeste Oméga,[14] n'ayant ni fortune ni gloire, devinrent intimes. Le grand Desplein disait tout à son interne; l'interne savait si telle femme s'était assise sur une chaise auprès du maître, ou sur le fameux canapé qui se trouvait dans le cabinet et sur lequel Desplein dormait: Bianchon connaissait les mystères de ce tempérament de lion et de taureau, qui finit par élargir, amplifier outre mesure le buste du grand homme, et causa sa mort par le développement du coeur. Il étudia les bizarreries de cette vie si occupée, les projets de cette avarice si sordide, les espérances de l'homme politique caché dans le savant; il put prévoir les déceptions qui attendaient le seul sentiment enfoui dans ce coeur moins de bronze que bronzé.

Un jour, Bianchon dit a Desplein qu'un pauvre porteur d'eau du quartier Saint-Jacques [15] avait une horrible maladie causée par les fatigues et la misère; ce pauvre Auvergnat [16] n'avait mangé que des pommes de terre dans le grand hiver de 1821. Desplein laissa tous ses malades. Au risque de crever son cheval, il vola, suivi de Bianchon, chez le pauvre homme et le fit transporter lui-même dans la maison de santé établie par le célèbre Dubois [17] dans le faubourg Saint-Denis.[18] Il alla soigner cet homme, auquel il donna, quand il l'eut rétabli, la somme nécessaire pour acheter un cheval et un tonneau. Cet Auvergnat se distingua par un trait original. Un de ses amis tombe malade, il l'emmène promptement chez Desplein, en disant à son bienfaiteur: — "Je n'aurais pas souffert qu'il allât chez un autre." Tout bourru qu'il était, Desplein serra la main du porteur d'eau, et lui dit: — "Amène-les-moi tous." Et il fit entrer l'enfant du Cantal [19] à l'Hôtel-Dieu, où il eut de lui le plus grand soin. Bianchon avait déjà plusieurs fois remarqué chez son chef une prédilection pour les Auvergnats et surtout pour les porteurs d'eau; mais, comme Desplein mettait une sorte d'orgueil à ses traitements de l'Hôtel-Dieu, l'élève n'y voyait rien de trop étrange.

Un jour, en traversant la place Saint-Sulpice,[20] Bianchon aperçut son maître entrant dans l'église vers neuf

fame, the other, a modest Omega, having neither fortune nor fame, became close friends. The great Desplein told his interne everything. The interne knew if such and such woman had sat on a chair near the master, or on the famous sofa which was in the office and on which Desplein slept. Bianchon knew the mysteries of that temperament of a lion and a bull, which finally expanded and amplified the chest of the great man beyond reason, and caused his death by the enlargement of the heart. He studied the queer traits of that very busy life, the projects of that very sordid avariciousness, the hopes of the politician concealed in the scientist. He could foresee the disappointments that awaited the one sentiment buried in that heart which was less hard than hardened.

One day, Bianchon told Desplein that a poor water-carrier in the section of Saint-Jacques, had a horrible disease caused by fatigue and poverty. This poor Auvergnat had eaten nothing but potatoes during the hard winter of 1821. Desplein left all his patients. At the risk of killing his horse, he rushed, followed by Bianchon, to the home of the poor man, and had him transported to the nursing home founded by the famous Dubois, in the Faubourg Saint-Denis. He took care of that man and gave him, when he had restored him to health, enough money to buy a horse and a water-cart. This Auvergnat distinguished himself by an unusual deed. When one of his friends fell ill, he took him at once to Desplein and said to his benefactor, "I wouldn't have allowed him to go to anyone else." Gruff as he was, Desplein shook the water-carrier's hand and said to him, "Bring them all to me." He put this man from Auvergne in the Hôtel-Dieu where he took excellent care of him. Bianchon had already noticed several times that his master had a predilection for Auvergnats and especially for water-carriers. But as Desplein was proud of the treatment he offered at the Hôtel-Dieu, the pupil found nothing strange about it.

One day, crossing the Place Saint-Sulpice, Bianchon saw his master going into the church at about nine o'clock in

heures du matin. Desplein, qui ne faisait jamais alors un pas sans son cabriolet, était à pied, et se coulait par la porte de la rue du Petit-Lion, comme s'il fût entré dans une maison suspecte. Naturellement pris de curiosité, l'interne, qui connaissait les opinions de son maître, se glissa dans Saint-Sulpice, et ne fut pas médiocrement étonné de voir le grand Desplein, cet athée sans pitié pour les anges qui n'offrent point prise aux bistouris, et ne peuvent avoir ni fistules ni gastrites, enfin, cet intrépide *dériseur*, humblement agenouillé, et où? . . . à la chapelle de la Vierge devant laquelle il écouta une messe, donna pour les frais du culte, donna pour les pauvres, en restant sérieux comme s'il se fût agi d'une opération.

— Il ne venait, certes, pas éclaircir des questions relatives à l'accouchement de la Vierge, disait Bianchon dont l'étonnement fut sans bornes. Si je l'avais vu tenant, à la Fête-Dieu,[21] un des cordons du dais, il n'y aurait eu qu'à rire; mais à cette heure, seul, sans témoins, il y a, certes, de quoi faire penser!

Bianchon ne voulut pas avoir d'air d'espionner le premier chirurgien de l'Hôtel-Dieu, il s'en alla. Par hasard, Desplein l'invita ce jour-là même à dîner avec lui, hors de chez lui, chez un restaurateur. Entre la poire et le fromage Bianchon arriva, par d'habiles préparations, à parler de la messe, en la qualifiant de momerie et de farce.

— Une farce, dit Desplein, qui a coûté plus de sang à la chrétienté que toutes les batailles de Napoléon et que toutes les sangsues de Broussais! [22] La messe est une invention papale qui ne remonte pas plus haut que le VIe siècle, et que l'on a basée sur *Hoc est corpus*.[23] Combien de torrents de sang n'a-t-il pas fallu verser pour établir la Fête-Dieu par l'institution de laquelle la cour de Rome a voulu constater sa victoire dans l'affaire de la Présence Réelle,[24] schisme qui pendant trois siècles a troublé l'Eglise! Les guerres du comte de Toulouse et les Albigeois [25] sont la queue de cette affaire. Les Vaudois et les Albigeois se refusaient à reconnaître cette innovation.

the morning. Desplein, who at that time never went any-where without his cabriolet, was on foot and slipped in by the door on the Rue du Petit-Lion, as if he were going into a questionable house. Naturally piqued by curiosity, the interne who knew the opinions of his master, slipped into Saint-Sulpice, and was not a little surprised to see the great Desplein, that atheist without pity for the angels who offer no opportunity for the lancet and who cannot have fistulas or gastritis, in short, that intrepid scoffer, humbly kneeling . . . where? . . . in the chapel of the Virgin before whom he heard mass, gave money for the ceremony, and gave money for the poor, as serious as if he were performing an operation.

"He certainly didn't come in order to throw light on questions relating to the delivery of the Virgin," said Bianchon who was overcome with amazement. "If I had seen him holding one of the ropes of the canopy, at Corpus Christi, I would have known it was a joke. But at this hour, alone, without witnesses, this certainly gives food for thought!"

Bianchon did not want to be seen spying on the leading surgeon of the Hôtel-Dieu, and he went away. It so happened that Desplein invited him that very day to dine out with him, at a restaurant. Between the pear for dessert and the cheese course, Bianchon, after skillful preparation, began speaking about the mass and called it mummery and a farce.

"A farce," said Desplein, "which cost Christianity more blood than all the battles of Napoleon and all the leeches of Broussais! The mass is a papal invention which does not go back farther than the 6th century, and which is based on the *Hoc est corpus*. What torrents of blood had to flow in order to establish Corpus Christi, by which institution the court of Rome sought to confirm its victory in the matter of the Real Presence, a schism which upset the Church for three centuries! The wars of the Count of Toulouse and the Albigenses were the tail-end of that affair. The Vaudois and the Albigenses refused to recognize that innovation."

Enfin Desplein prit plaisir à se livrer à toute sa verve d'athée, et ce fut un flux de plaisanteries voltairiennes.

— Ouais! se dit Bianchon en lui-même, où est mon dévot de ce matin?

Il garda le silence, il douta d'avoir vu son chef à Saint-Sulpice. Desplein n'eût pas pris la peine de mentir à Bianchon: ils se connaissaient trop bien tous deux, ils avaient déjà, sur des points tout aussi graves, échangé des pensées, discuté des systèmes *de natura rerum* [26] en les sondant ou les disséquant avec les couteaux et le scalpel de l'Incrédulité. Trois mois se passèrent. Bianchon ne donna point de suite à ce fait, quoiqu'il restât gravé dans sa mémoire. Dans cette année, un jour, l'un des médecins de l'Hôtel-Dieu prit Desplein par le bras devant Bianchon, comme pour l'interroger.

— Qu'alliez-vous donc faire à Saint-Sulpice, mon cher maître? lui dit-il.

— Y voir un prêtre qui a une carie au genou, et que madame la duchesse d'Angoulême [27] m'a fait l'honneur de me recommander, dit Desplein.

Le médecin se paya [28] de cette défaite, mais non Bianchon.

— Ah! il va voir des genoux malades dans l'église! Il allait entendre sa messe, se dit l'interne.

Bianchon se promit de guetter Desplein; il se rappela le jour, l'heure auxquels il l'avait surpris entrant à Saint-Sulpice, et se promit d'y venir l'année suivante au même jour et à la même heure, afin de savoir s'il l'y surprendrait encore. En ce cas, la périodicité de sa dévotion autoriserait une investigation scientifique, car il ne devait pas se rencontrer chez un tel homme une contradiction directe entre la pensée et l'action. L'année suivante, au jour et à l'heure dits, Bianchon, qui déjà n'était plus l'interne de Desplein, vit le cabriolet du chirurgien s'arrêtant au coin de la rue de Tournon et de celle du Petit-Lion, d'où son ami s'en alla jésuitiquement le long des murs à Saint-Sulpice, où il entendit encore sa messe à l'autel de la Vierge. C'était bien Desplein! le chirurgien en chef, l'athée *in petto*,[29] le dévot par hasard. L'intrigue s'embrouillait. La persistance de cet

In a word, Desplein was delighted to indulge in his wit of an atheist, and his Voltairean jokes flowed abundantly.

"Now," said Bianchon to himself, "where is the pious man I saw this morning?"

He kept silent and even doubted that he had seen his master at Saint-Sulpice. Desplein would not have taken the trouble of lying to Bianchon. They knew each other too well. They had already, on matters quite as serious, exchanged thoughts and discussed systems *de natura rerum* which they probed or dissected with the knives and the scalpel of unbelief. Three months went by. Bianchon did not follow up the event, although it remained stamped in his memory. One day, in this same year, one of the doctors of the Hôtel-Dieu, took Desplein by the arm in Bianchon's presence, as if to question him.

"What were you doing in Saint-Sulpice, mon cher maître?" he said.

"Seeing a priest with caries of the knee whom the Duchess of Angoulême did me the honor to recommend to me," said Desplein.

The doctor was satisfied with this defeat, but not Bianchon.

"So he goes to see sick knees in a church! He went to hear his mass," the interne said to himself.

Bianchon made up his mind to watch Desplein. He remembered the day and the hour he had caught him entering Saint-Sulpice, and he resolved to return there the following year on the same day and at the same hour, to see if he would catch him there again. In that case, the regularity of his devotion would warrant a scientific investigation, for a direct contradiction between thought and deed could not be expected in such a man. The following year, on the same day and hour, Bianchon, who was no longer Desplein's interne, saw the surgeon's cabriolet stop at the corner of the Rue de Tournon and the Rue du Petit-Lion, from which point his friend jesuitically walked along the walls to Saint-Sulpice, where again he heard mass at the Virgin's altar. It was Desplein beyond any doubt! the head surgeon, the atheist *in petto,* the pious man by

illustre savant compliquait tout. Quand Desplein fut sorti, Bianchon s'approcha du sacristain qui vint desservir la chapelle, et lui demanda si ce monsieur était un habitué.

— Voici vingt ans que je suis ici, dit le sacristain, et depuis ce temps monsieur Desplein vient quatre fois par an entendre cette messe; il l'a fondée.

— Une fondation faite par lui! dit Bianchon en s'éloignant. Ceci vaut le mystère de l'Immaculée Conception,[30] une chose qui, à elle seule, doit rendre un médecin incrédule.

Il se passa quelque temps sans que le docteur Bianchon, quoique ami de Desplein, fût en position de lui parler de cette particularité de sa vie. S'ils se rencontraient en consultation ou dans le monde, il était difficile de trouver ce moment de confiance et de solitude où l'on demeure les pieds sur les chenets, la tête appuyée sur le dos d'un fauteuil, et pendant lequel deux hommes se disent leurs secrets. Enfin, à sept ans de distance, après la révolution de 1830, quand le peuple se ruait sur l'Archevêché, quand les inspirations républicaines le poussaient à détruire les croix dorées qui pointaient, comme des éclairs, dans l'immensité de cet océan de maisons; quand l'Incrédulité, côte à côte avec l'Émeute, se carrait dans les rues, Bianchon surprit Desplein entrant encore dans Saint-Sulpice. Le docteur l'y suivit, se mit près de lui, sans que son ami lui fît le moindre signe ou témoignât la moindre surprise. Tous deux entendirent la messe de fondation.

— Me direz-vous, mon cher, dit Bianchon à Desplein quand ils sortirent de l'église, la raison de votre capucinade? Je vous ai déjà surpris trois fois allant à la messe, vous! Vous me ferez raison de [31] ce mystère, et m'expliquerez ce désaccord flagrant entre vos opinions et votre conduite. Vous ne croyez pas en Dieu, et vous allez à la messe! Mon cher maître, vous êtes tenu de me répondre.

— Je ressemble à beaucoup de dévots, à des hommes profondément religieux en apparence, mais tout aussi athées que nous pouvons l'être, vous et moi.

chance. The plot thickened. The doggedness of this famous scientist complicated everything. When Desplein had left, Bianchon went up to the sacristan who came to clear the altar, and asked him whether that gentleman attended mass regularly.

"I have been here for twenty years," said the sacristan, "and since that time M. Desplein has come four times a year to hear this mass. He founded it."

"A mass founded by him!" said Bianchon, on his way out. "This is on a par with the mystery of the Immaculate Conception, a thing which in itself would make a doctor an unbeliever."

Some time went by before Dr. Bianchon, although a friend of Desplein, was in a position to speak to him about this singularity of his life. When they met in consultation or in society, it was hard to find that moment of confidence and solitude in which two people can sit with their feet on the andirons, their heads resting on the back of their chairs, and tell their secrets to one another. At last, at the end of seven years, after the Revolution of 1830, when the crowd attacked the Archbishop's palace, when republican ideas drove them to destroy the gilded crosses which gleamed like flashes of lightning on that huge ocean of houses, when unbelief, in company with rioting, strutted about in the streets, Bianchon again caught Desplein going into Saint-Sulpice. The doctor followed him, knelt beside him without his friend making the slightest sign or showing the slightest surprise. Together they heard the foundation mass.

"Will you tell me, dear friend," said Bianchon to Desplein when they left the church, "the reason for this sanctimonious act? I have already caught you three times going to mass, you of all people! You will have to explain this mystery, and the reason for this flagrant discrepancy between your opinions and your conduct. You do not believe in God, and yet you go to mass! Mon cher maître, you are duty-bound to answer me."

"I am like many pious men, deeply religious in appearance, but who are just as atheistic as you and I."

Et ce fut un torrent d'épigrammes sur quelques personnages politiques, dont le plus connu nous offre en ce siècle une nouvelle édition du Tartuffe de Molière.[32]

— Je ne vous demande pas tout cela, dit Bianchon, je veux savoir la raison de ce que vous venez de faire ici, pourquoi vous avez fondé cette messe.

— Ma foi, mon cher ami, dit Desplein, je suis sur le bord de ma tombe, je puis bien vous parler des commencements de ma vie.

En ce moment Bianchon et le grand homme se trouvaient dans la rue des Quatre-Vents, une des plus horribles rues de Paris. Desplein montra le sixième étage d'une de ces maisons qui ressemblent à un obélisque, dont la porte bâtarde [33] donne sur une allée au bout de laquelle est un tortueux escalier éclairé par des jours justement nommés des *jours de souffrance.* C'était une maison verdâtre au rez-de-chaussée de laquelle habitait un marchand de meubles, et qui paraissait loger à chacun de ses étages une différente misère. En levant le bras par un mouvement plein d'énergie, Desplein dit à Bianchon: — J'ai demeuré là-haut deux ans!

— Je le sais, d'Arthez [34] y a demeuré, j'y suis venu presque tous les jours pendant ma première jeunesse, nous l'appelions alors le *bocal aux grands hommes!* Après?

— La messe que je viens d'entendre est liée à des événements qui se sont accomplis alors que j'habitais la mansarde où vous me dites qu'a demeuré d'Arthez, celle à la fenêtre de laquelle flotte une corde chargée de linge au-dessus d'un pot de fleurs. J'ai eu de si rudes commencements, mon cher Bianchon, que je puis disputer à qui que ce soit la palme des souffrances parisiennes. J'ai tout supporté: faim, soif, manque d'argent, manque d'habits, de chaussure et de linge, tout ce que la misère a de plus dur. J'ai soufflé sur mes doigts engourdis dans ce *bocal aux grands hommes,* que je voudrais aller revoir avec vous. J'ai travaillé pendant un hiver en voyant fumer ma tête, et distinguant l'air de ma transpiration comme nous voyons celle des chevaux par un jour de gelée. Je ne sais où l'on prend son point d'appui pour résister à cette vie. J'étais seul,

And he uttered a deluge of epigrams on a few politicians, of whom the best known provides this century with a new edition of Molière's Tartuffe.

"I am not asking you for that," said Bianchon. "I want to know the reason for what you have just done, and why you founded that mass."

"Well, mon cher ami," said Desplein, "since I am not far from my grave, I can speak to you about the beginnings of my life."

At that moment, Bianchon and the great man were in the Rue des Quatre-Vents, one of the horrible streets in Paris. Desplein pointed to the seventh floor of one of those houses which resemble an obelisk whose door opened on a passageway at the end of which there was a winding stairway lighted by openings aptly called *jours de souffrance*. It was a greenish house. The ground floor was occupied by a furniture dealer, and every other floor seemed to house a different kind of poverty. Raising his arm energetically, Desplein said to Bianchon, "I lived up there two years!"

"I knew that. D'Arthez lived there and I came here almost every day during my early youth. We used to call it then *the haven of great men!* But, go on!"

"The mass I have just heard is related to events which took place when I lived in the garret where you tell me d'Arthez lived, the one from whose window a clothes-line loaded with clothes is hanging over a flower-pot. My early life was so difficult that I can rival anyone for the palm of Parisian suffering. I endured everything: hunger, thirst, lack of money, lack of clothes, shoes and linen, all the hardships that poverty entails. I have blown on my frozen fingers in that *haven of great men,* which I should like to see again with you. During one winter I worked as I saw the steam come from my head just as we see the vapor from horses on frosty days. I don't know where one takes a stand in order to oppose that kind of life. I was alone, without a sou to buy books or to pay for my medical education. I was without a friend. My irascible, touchy and uneasy character

sans secours, sans un sou ni pour acheter des livres ni pour payer les frais de mon éducation médicale; sans un ami: mon caractère irascible, ombrageux, inquiet me desservait. Personne ne voulait voir dans mes irritations le malaise et le travail d'un homme qui, du fond de l'état social où il est, s'agite pour arriver à la surface. Mais j'avais, je puis vous le dire, à vous devant qui je n'ai pas besoin de me draper, j'avais ce lit de bons sentiments et de sensibilité vive qui sera toujours l'apanage des hommes assez forts pour grimper sur un sommet quelconque, après avoir piétiné longtemps dans les marécages de la Misère. Je ne pouvais rien tirer de ma famille, ni de mon pays, au delà de l'insuffisante pension qu'on me faisait. Enfin, à cette époque, je mangeais le matin un petit pain que le boulanger de la rue du Petit-Lion me vendait moins cher parce qu'il était de la veille ou de l'avant-veille, et je l'émiettais dans du lait: mon repas du matin ne me coûtait ainsi que deux sous. Je ne dînais que tous les deux jours dans une pension où le dîner coûtait seize sous. Je ne dépensais ainsi que neuf sous par jour. Vous connaissez aussi bien que moi quel soin je pouvais avoir de mes habits et de ma chaussure! Je ne sais pas si plus tard nous éprouvons autant de chagrin par la trahison d'un confrère que nous en avons éprouvé, vous comme moi, en apercevant la rieuse grimace d'un soulier qui se découd, en entendant craquer l'entournure d'une redingote. Je ne buvais que de l'eau, j'avais le plus grand respect pour les Cafés. Zoppi [35] m'apparaissait comme une terre promise où les Lucullus [36] du pays latin avaient seuls droit de présence. — Pourrai-je jamais, me disais-je parfois, y prendre une tasse de café à la crème, y jouer une partie de dominos? Enfin, je reportais dans mes travaux la rage que m'inspirait la misère. Je tâchais d'accaparer des connaissances positives afin d'avoir une immense valeur personnelle, pour mériter la place à laquelle j'arriverais le jour où je serais sorti de mon néant. Je consommais plus d'huile que de pain: la lumière qui m'éclairait pendant ces nuits obstinées me coûtait plus cher que ma nourriture. Ce duel a été long, opiniâtre, sans consolation. Je ne réveillais aucune sympathie autour de moi. Pour avoir des amis, ne

was against me. No one was willing to see in my irritability
the uneasiness and the labor of a man who from the depths
of his social position, was striving to reach the surface. But
I had,—I can say this to you before whom I have no need
of disguise—I had that foundation of sincere feelings and
keen sensibility which will always be the attribute of men
strong enough to climb to some height or other, after making no headway for a long time in the marshes of poverty.
I could get nothing from my family and my town, beyond
the insufficient allowance they gave me. At that period I
used to eat a roll which the baker in the Rue du Petit-Lion
sold me at a reduced price because it was a day or two old,
and I crumbled it into some milk. In that way, my morning
meal cost me only two sous. I had dinner only every other
night in a pension where the meal cost sixteen sous. Therefore I spent only nine sous a day. You know as well as I do
what care I had to take of my clothes and shoes! I don't
know whether later we suffer more from the betrayal of a
friend than we, you as well as I, suffered from the smiling
grin of a shoe coming apart or hearing a rip in the armhole
of a frock coat. I drank only water and revered the cafés.
Zoppi seemed to me like the promised land where the
Luculluses of the Latin Quarter alone had the right to
enter. I used to say to myself from time to time, 'Will I
ever be able to have a cup of coffee with cream there, or
play a game of dominoes?' And so I used to release in
work all the rage which poverty created in me. I tried to
acquire positive knowledge in order to have an immense
personal value, and to deserve the position I would reach
whenever I would escape from my state of nothingness. I
consumed more oil than bread. The lamp which lighted me
during those weary nights cost me more than my food. The
struggle was long and stubborn and without relief. I
awakened no sympathy in those around me. To have
friends, you have to associate with young men, have enough
money to tipple with them, and go with them to places

faut-il pas se lier avec des jeunes gens, posséder quelques sous afin d'aller gobeloter avec eux, se rendre ensemble partout où vont des étudiants! Je n'avais rien! Et personne à Paris ne se figure que *rien* est *rien*. Quand il s'agissait de découvrir mes misères, j'éprouvais au gosier cette contraction nerveuse qui fait croire à nos malades qu'il leur remonte une boule de l'oesophage dans le larynx. J'ai plus tard rencontré de ces gens, nés riches, qui, n'ayant jamais manqué de rien, ne connaissent pas le problème de cette règle de trois: *Un jeune homme* EST *au crime comme une pièce de cent sous* EST *à* X. Ces imbéciles dorés me disent:
— Pourquoi donc faisiez-vous des dettes? pourquoi donc contractiez-vous des obligations onéreuses? Ils me font l'effet de cette princesse qui, sachant que le peuple crevait de faim, disait: — Pourquoi n'achète-t-il pas de la brioche? Je voudrais bien voir l'un de ces riches, qui se plaint que je lui prends trop cher quand il faut l'opérer, seul dans Paris, sans sou ni maille,[37] sans un ami, sans crédit, et forcé de travailler de ses cinq doigts pour vivre? Que ferait-il? Où irait-il apaiser sa faim? Bianchon, si vous m'avez vu quelquefois amer et dur, je superposais alors mes premières douleurs sur l'insensibilité, sur l'égoïsme desquels j'ai eu des milliers de preuves dans les hautes sphères; ou bien je pensais aux obstacles que la haine, l'envie, la jalousie, la calomnie ont élevés entre le succès et moi. A Paris, quand certaines gens vous voient prêts à mettre le pied à l'étrier, les uns vous tirent par le pan de votre habit, les autres lâchent la boucle de la sous-ventrière pour que vous vous cassiez la tête en tombant; celui-ci vous déferre le cheval, celui-là vous vole le fouet: le moins traître est celui que vous voyez venir pour vous tirer un coup de pistolet à bout portant.[38] Vous avez assez de talent, mon cher enfant, pour connaître bientôt la bataille horrible, incessante que la médiocrité livre à l'homme supérieur. Si vous perdez vingt-cinq louis un soir, le lendemain vous serez accusé d'être un joueur, et vos meilleurs amis diront que vous avez perdu la veille vingt-cinq mille francs. Ayez mal à la tête, vous passerez pour un fou. Ayez une vivacité, vous serez insociable. Si, pour résister à ce bataillon de pygmées, vous

where students meet. I had nothing! And no one in Paris realizes that *nothing* is *nothing!* When I had to speak of my poverty, I felt that nervous contraction in my throat which makes our patients believe that a ball is coming up from the oesophagus to the larynx. In later years I met some of those people, born rich, who, since they never wanted for anything, do not know the problem of that rule of three. 'A young man is to crime what a five franc piece is to X.' Those gilded imbeciles said to me, 'Why then did you run into debt? Why did you contract heavy obligations?' They reminded me of that princess who, knowing that her people were dying of hunger, said, 'Why don't they buy cake?' I should like to see one of those rich men, who complain that I charge too much when I have to operate on him,—see him alone in Paris, without a sou, without a friend, with no credit and forced to work with his two hands in order to exist. What would he do? Where would he go to satisfy his hunger? Bianchon, if at times you have seen me bitter and hard, I was then setting my early sufferings against the lack of feeling and the selfishness of which I had countless proofs in the upper ranks. Or I was thinking of the obstacles which hate, envy, jealousy and slander had raised up between success and me. In Paris, when certain people see you ready to put your foot in the stirrup, some pull on the tails of your coat, and others loosen the buckle of the belly-band so that you will fall and crack your head. One of them will unshoe your horse and another will steal your whip. The least treacherous is the one you see coming straight at you to shoot you with a pistol at point-blank range. You have enough talent, my dear fellow, to know soon that horrible incessant battle which mediocrity wages against the superior man. If you lose twenty-five louis one night, the next day you are accused of being a gambler, and your best friends will say that you lost twenty-five thousand francs the night before. Have a headache, and they'll call you insane. If you flare up, you are unsociable. If, to resist this battalion of pygmies, you call upon all your best strength, your closest friends will cry out that you mean

rassemblez en vous des forces supérieures, vos meilleurs amis s'écrieront que vous voulez tout dévorer, que vous avez la prétention de dominer, de tyranniser. Enfin vos qualités deviendront des défauts, vos défauts deviendront des vices, et vos vertus seront des crimes. Si vous avez sauvé quelqu'un, vous l'aurez tué; si votre malade reparaît, il sera constant que vous aurez assuré le présent aux dépens de l'avenir; s'il n'est pas mort, il mourra. Bronchez, vous serez tombé! Inventez quoi que ce soit, réclamez vos droits, vous serez un homme difficultueux, un homme fin, qui ne veut pas laisser arriver les jeunes gens. Ainsi, mon cher, si je ne crois pas en Dieu, je crois encore moins à l'homme. Ne connaissez-vous pas en moi un Desplein entièrement différent du Desplein de qui chacun médit? Mais ne fouillons pas dans ce tas de boue. Donc, j'habitais cette maison, j'étais à travailler pour pouvoir passer mon premier examen, et je n'avais pas un liard. Vous savez! j'étais arrivé à l'une de ces dernières extrémités où l'on se dit: *Je m'engagerai!* J'avais un espoir. J'attendais de mon pays une malle pleine de linge, un présent de ces vieilles tantes qui, ne connaissant rien de Paris, pensent à vos chemises, en s'imaginant qu'avec trente francs par mois leur neveu mange des ortolans. La malle arriva pendant que j'étais à l'École: elle avait coûté quarante francs de port; le portier, un cordonnier allemand logé dans une soupente, les avait payés et gardait la malle. Je me suis promené dans la rue des Fossés-Saint-Germain-des-Prés et dans la rue de l'École-de-Médecine, sans pouvoir inventer un stratagème qui me livrât ma malle sans être obligé de donner les quarante francs que j'aurais naturellement payés après avoir vendu le linge. Ma stupidité me fit deviner que je n'avais pas d'autre vocation que la chirurgie. Mon cher, les âmes délicates, dont la force s'exerce dans une sphère élevée, manquent de cet esprit d'intrigue, fertile en ressources, en combinaisons; leur génie, à elles, c'est le hasard: elles ne cherchent pas, elles rencontrent. Enfin, je revins à la nuit, au moment où rentrait mon voisin, un porteur d'eau nommé Bourgeat, un homme de Saint-Flour.[39] Nous nous connaissions comme se connaissent deux locataires qui ont chacun leur chambre sur le même

to devour everything, that you intend to dominate and tyrannize. In a word, your good qualities will become faults, your faults vices, and your virtues crimes. If you have saved someone, they will say you killed him. If your patient recovers, it is understood that you have assured his present at the expense of his future. If he doesn't die, he will soon. Stumble, and you fall! If you invent something and claim your rights, you are a difficult and shrewd man who doesn't want to give the young a chance. So, my friend, if I don't believe in God, I believe even less in man. Don't you see in me a Desplein totally different from the Desplein slandered by everyone? But let's not dig around in that mud-pile. And so, I lived in that house, I was working to take my first examination, and I didn't have a farthing. You know, I had come to one of those last extremities where you say to yourself, 'I'll pawn what I have!' I had one hope. I was expecting a trunk full of clothes from my home, a present from old aunts who, knowing nothing about Paris, think about your shirts and imagine that with thirty francs a month their nephew dines on ortolans. The trunk came when I was at Medical School. It had cost forty francs to ship. The house porter, a German shoemaker, who lived in a loft, had paid it and was holding the trunk. I walked about in the Rue des Fossés-Saint-Germain-des-Prés and in the Rue de l'Ecole de Médecine, without being able to invent a stratagem which would release my trunk without my having to give the forty francs which I naturally would have paid after selling the clothes. My stupidity had led me to believe that I had no vocation save surgery. Mon cher, sensitive souls whose energy is spent in an elevated sphere do not have that spirit of intrigue which is fertile in resources and schemes. Their genius is chance. They don't seek, they find. Well, that night, I returned at the same time as my neighbor, a water-carrier named Bourgeat, a man from Saint-Flour. We knew each other as two tenants do, who have rooms on the same landing, who hear one another snore, cough, dress and who finally grow accustomed to one another. My neighbor told me that the proprietor,

carré, qui s'entendent dormant, toussant, s'habillant, et qui finissent par s'habituer l'un à l'autre. Mon voisin m'apprit que le propriétaire, auquel je devais trois termes, m'avait mis à la porte: il me faudrait déguerpir le lendemain. Lui-même était chassé à cause de sa profession. Je passai la nuit la plus douloureuse de ma vie. — Où prendre un commissionnaire pour emporter mon pauvre ménage, mes livres? comment payer le commissionnaire et le portier? où aller? Ces questions insolubles, je les répétais dans les larmes, comme les fous redisent leurs refrains. Je dormis. La misère a pour elle un divin sommeil plein de beaux rêves. Le lendemain matin, au moment où je mangeais mon écuellée de pain émietté dans son lait, Bourgeat entre et me dit en mauvais français: "Monchieur [40] l'étudiant, che chuis un pauvre homme, enfant trouvé de l'hospital de Chaint-Flour, chans père ni mère, et qui ne chuis pas achez riche pour me marier. Vous n'êtes pas non plus fertile en parents, ni garni de che qui che compte? Ecoutez, j'ai en bas une charrette à bras que j'ai louée à deux chous l'heure, toutes nos affaires peuvent y tenir; si vous voulez, nous chercherons à nous loger de compagnie, puisque nous chommes chassés d'ici. Che n'est pas après tout le paradis terrestre. — Je le sais bien, lui dis-je, mon brave Bourgeat. Mais je suis bien embarrassé, j'ai en bas une malle qui contient pour cent écus de linge, avec lequel je pourrais payer le propriétaire et ce que je dois au portier, et je n'ai pas cent sous. — Bah! j'ai quelques monnerons, Bourgeat me répondit joyeusement en me montrant une vieille bourse en cuir crasseux. Gardez vostre linge." Bourgeat paya mes trois termes, le sien, et solda le portier. Puis, il mit nos meubles, mon linge dans sa charrette, et la traîna par les rues en s'arrêtant devant chaque maison où pendait un écriteau. Moi, je montais pour aller voir si le local pouvait nous convenir. A midi nous errions encore dans le quartier latin sans y avoir rien trouvé. Le prix était un grand obstacle. Bourgeat me proposa de déjeuner chez un marchand de vin, à la porte duquel nous laissâmes la charrette. Vers le soir, je découvris dans la cour de Rohan, passage du Commerce, en haut d'une maison, sous les toits, deux chambres séparées par l'escalier. Nous

to whom I owed three quarters rent, had turned me out.
I would have to leave the next day. He himself had been
told to leave because of his profession. I spent the most
wretched night of my life. Where could I get a street-porter
to carry away my meager belongings and my books? How
could I pay the street-porter and the house-porter? Where
could I go? I kept repeating these insoluble questions to
myself in tears, just as madmen repeat their songs. I slept.
Poverty has its own divine sleep full of marvellous dreams.
The next morning, just when I was eating my bowl of bread
broken up in milk, Bourgeat came in and said in his bad
French, 'Monsieur the scholar, I'm a poor man, a foundling from the Hospital of Saint-Flour, without father or
mother, and not rich enough to marry. I take it, you aren't
any better off in relatives, or supplied with what counts.
Now listen. Downstairs I have a hand-cart which I hired
for two sous an hour. All our things'll fit in it. If you wish,
we will look for some lodging for both of us, since we have
been turned out of here. After all, this isn't the garden of
Eden.' 'I know that, my good Bourgeat,' I said to him.
'But I'm in a bad fix. Downstairs I have a trunk containing
at least three hundred francs worth of clothes, with which
I could pay the landlord and also what I owe the porter.
And I haven't five francs.'—'Well, I have some money,'
Bourgeat answered joyfully, showing me an old dirty
leather purse. 'Keep your clothes.' Bourgeat paid my three
quarters' rent and his own, and paid the porter. Then he put
our pieces of furniture and my clothes into his cart, and
dragged it through the streets, stopping at every house
where a sign was hanging. I would go in to see if the place
would suit us. At noon we were still wandering around the
Latin Quarter and had found nothing. The price was a
great obstacle. Bourgeat invited me to eat at a wine dealer's,
and we left the cart at the door. Toward evening, I found
in the Cour de Rohan in the Passage du Commerce, on the
top floor of a house, under the roof, two rooms separated
by a staircase. Each of us would have to pay sixty francs
for a year's rent. So there my humble friend and myself

eûmes chacun pour soixante francs de loyer par an. Nous voilà casés, moi et mon humble ami. Nous dînâmes ensemble. Bourgeat, qui gagnait environ cinquante sous par jour, possédait environ cent écus, il allait bientôt pouvoir réaliser son ambition en achetant un tonneau et un cheval. En apprenant ma situation, car il me tira mes secrets avec une profondeur matoise et une bonhomie dont le souvenir me remue encore aujourd'hui le coeur, il renonça pour quelque temps à l'ambition de toute sa vie. Bourgeat était marchand à la voie [41] depuis vingt-deux ans, il sacrifia ses cent écus à mon avenir.

Ici Desplein serra violemment le bras de Bianchon.

— Il me donna l'argent nécessaire à mes examens! Cet homme, mon ami, comprit que j'avais une mission, que les besoins de mon intelligence passaient avant les siens. Il s'occupa de moi, il m'appelait son *petit*, il me prêta l'argent nécessaire à mes achats de livres, il venait quelquefois tout doucement me voir travaillant; enfin il prit des précautions maternelles pour que je substituasse à la nourriture insuffisante et mauvaise à laquelle j'étais condamné, une nourriture saine et abondante. Bourgeat, homme d'environ quarante ans, avait une figure bourgeoise du Moyen-Age, un front bombé, une tête qu'un peintre aurait pu faire poser comme modèle pour un Lycurgue.[42] Le pauvre homme se sentait le coeur gros d'affections à placer; il n'avait jamais été aimé que par un caniche mort depuis peu de temps, et dont il me parlait toujours en me demandant si je croyais que l'Eglise consentirait à dire des messes pour le repos de son âme. Son chien était, disait-il, un vrai chrétien, qui, durant douze années, l'avait accompagné à l'église sans avoir jamais aboyé, écoutant les orgues sans ouvrir la gueule, et restant accroupi près de lui d'un air qui lui faisait croire qu'il priait avec lui. Cet homme reporta sur moi toutes ses affections: il m'accepta comme un être seul et souffrant; il devint pour moi la mère la plus attentive, le bienfaiteur le plus délicat, enfin l'idéal de cette vertu qui se complaît dans son oeuvre. Quand je le rencontrais dans la rue, il me jetait un regard d'intelligence plein d'une inconcevable noblesse: il affectait alors de marcher comme

took up lodging. We had dinner together. Bourgeat, who earned about fifty sous a day, had something like three hundred francs. Soon he was going to be able to realize his ambition and buy a water-cart and a horse. When he learned of the situation I was in—he drew out my secrets with a depth of cunning and a friendliness whose memory still moves my heart today—he gave up, for a while, his lifelong ambition. Bourgeat had been a water-vendor for twenty-two years. He sacrificed his three hundred francs to my future."

Here, Desplein violently seized Bianchon's arm.

"He gave me the money I needed for my exams! That man, my friend, understood that I had a mission, that the needs of my intelligence took precedence over his. He took care of me. He called me his *petit,* he lent me the money I needed to buy books, he used to come in at times very quietly to watch me work. In short, he took the precautions of a mother in order that I should substitute for the insufficient bad food to which I had been condemned, food that was nourishing and plentiful. Bourgeat, a man about forty, had a burgher face of the Middle Ages, a prominent forehead, a head which a painter might have had pose as model of Lycurgus. The poor fellow's heart was heavy with unplaced affection. He had never been loved except by a poodle which had recently died. He always spoke to me about the dog and asked whether I thought the Church would allow masses to be said for the repose of its soul. He said his dog was a true Christian who, for twelve years, had accompanied him to church without ever barking, had listened to the organ without opening its mouth, and used to stay crouched near him in such a position that he made Bourgeat believe he was praying with him. That man turned all his affection on me. He accepted me as a lonely, wretched human being. He became for me the most attentive mother, the most understanding benefactor, in short, the ideal of that virtue which delights in its work. When I met him in the street, he gave me a look of understanding full of extraordinary nobility. He pretended then

s'il ne portait rien, il paraissait heureux de me voir en bonne santé, bien vêtu. Ce fut enfin le dévouement du peuple, l'amour de la grisette reporté dans une sphère élevée. Bourgeat faisait mes commissions, il m'éveillait la nuit aux heures dites, il nettoyait ma lampe, frottait notre palier; aussi bon domestique que bon père, et propre comme une fille anglaise. Il faisait le ménage. Comme Philopémen,[43] il sciait notre bois, et communiquait à toutes ses actions la simplicité du faire, en y gardant sa dignité, car il semblait comprendre que le but ennoblissait tout. Quand je quittai ce brave homme pour entrer à l'Hôtel-Dieu comme interne, il éprouva je ne sais quelle douleur morne en songeant qu'il ne pourrait plus vivre avec moi; mais il se consola par la perspective d'amasser l'argent nécessaire aux dépenses de ma thèse, et il me fit promettre de le venir voir les jours de sortie. Bourgeat était fier de moi, il m'aimait pour moi et pour lui. Si vous recherchiez ma thèse, vous verriez qu'elle lui a été dédiée. Dans la dernière année de mon internat, j'avais gagné assez d'argent pour rendre tout ce que je devais à ce digne Auvergnat en lui achetant un cheval et un tonneau. Il fut outré de colère de savoir que je me privais de mon argent, et néanmoins il était enchanté de voir ses souhaits réalisés; il riait et me grondait, il regardait son tonneau, son cheval, et s'essuyait une larme en me disant: — C'est mal![44] Ah! le beau tonneau! Vous avez eu tort, le cheval est fort comme un Auvergnat. Je n'ai rien vu de plus touchant que cette scène. Bourgeat voulut absolument m'acheter cette trousse garnie en argent que vous avez vue dans mon cabinet, et qui en est pour moi la chose la plus précieuse. Quoique enivré par mes premiers succès il ne lui est jamais échappé la moindre parole, le moindre geste qui voulussent dire: *C'est à moi qu'est dû cet homme!* Et cependant sans lui la misère m'aurait tué. Le pauvre homme s'était exterminé pour moi: il n'avait mangé que du pain frotté d'ail, afin que j'eusse du café pour suffire à mes veilles. Il tomba malade. J'ai passé, comme vous l'imaginez, les nuits à son chevet, je l'ai tiré d'affaire la première fois; mais il eut une rechute deux ans après, et malgré les soins les plus assidus, malgré

to walk as if he was carrying nothing. He seemed happy
to see me in good health and well dressed. His was the
devotion of the people, the love of a girl of the streets for
someone above her. Bourgeat did my errands, woke me at
night on the scheduled hours, cleaned my lamp, scrubbed
our landing. He was as good a servant as a father, and as
clean as an English girl. He kept house. Like Philopoemen,
he sawed our wood, and performed all his actions with
simplicity, and maintained his dignity because he seemed
to understand that the goal ennobled everything. When I
left that fine man in order to enter the Hôtel-Dieu as an
interne, he went through dismal distress knowing he would
no longer be able to live with me. But he found consolation
in the plan of collecting the money needed for the expense
of my thesis, and he made me promise to come to see him
my free days. Bourgeat was proud of me. He loved me for
myself and for himself. If you looked up my thesis, you
would find that it is dedicated to him. In the last year of
my internship, I had earned enough money to return all
I owed to that noble Auvergnat by buying a horse and
water-cart for him. He was outraged when he learned that
I deprived myself of my money, and yet he was overjoyed
to have his dreams realized. He laughed and scolded me.
He looked at his water-cart and his horse, and wiped away
a tear as he said to me, 'This is very wrong! Oh! the
beautiful water-cart! You shouldn't have done this. The
horse is as strong as an Auvergnat.' I have never seen
anything more touching than that scene. Bourgeat insisted
on buying for me that instrument-case trimmed with silver
which you have seen in my office and which is to me the
most precious object there. Although intoxicated by my
early successes, never did he utter the slightest word or
make the slightest gesture which would mean, 'That man
owes me for everything!' And yet without him, poverty
would have killed me. That man had wrecked himself for
me. All he ate was bread rubbed with garlic so that I could
have coffee to keep me awake during the night. He fell ill.
As you can imagine, I spent the nights at his bedside. I
pulled him through the first time, but he had a relapse

LA MESSE DE L'ATHÉE

les plus grands efforts de la science, il dut succomber. Jamais roi ne fut soigné comme il le fut. Oui, Bianchon, j'ai tenté, pour arracher cette vie à la mort, des choses inouïes. Je voulais le faire vivre assez pour le rendre témoin de son ouvrage, pour lui réaliser tous ses voeux, pour satisfaire la seule reconnaissance qui m'ait empli le coeur, pour éteindre un foyer qui me brûle encore aujourd'hui!

— Bourgeat, reprit après une pause Desplein visiblement ému, mon second père est mort dans mes bras, me laissant tout ce qu'il possédait par un testament qu'il avait fait chez un écrivain public, et daté de l'année où nous étions venus nous loger dans la cour de Rohan. Cet homme avait la foi du charbonnier. Il aimait la sainte Vierge comme il eût aimé sa femme. Catholique ardent, il ne m'avait jamais dit un mot sur mon irréligion. Quand il fut en danger, il me pria de ne rien ménager pour qu'il eût les secours de l'Eglise. Je fis dire tous les jours la messe pour lui. Souvent, pendant la nuit, il me témoignait des craintes sur son avenir, il craignait de ne pas avoir vécu assez saintement. Le pauvre homme! il travaillait du matin au soir. A qui donc appartiendrait le paradis, s'il y a un paradis? Il a été administré comme un saint qu'il était, et sa mort fut digne de sa vie. Son convoi ne fut suivi que par moi. Quand j'eus mis en terre mon unique bienfaiteur, je cherchai comment m'acquitter envers lui; je m'aperçus qu'il n'avait ni famille, ni amis, ni femme, ni enfants. Mais il croyait! il avait une conviction religieuse, avais-je le droit de la discuter? Il m'avait timidement parlé des messes dites pour le repos des morts, il ne voulait pas m'imposer ce devoir, en pensant que ce serait faire payer ses services. Aussitôt que j'ai pu établir une fondation, j'ai donné à Saint-Sulpice la somme nécessaire pour y faire dire quatre messes par an. Comme la seule chose que je puisse offrir à Bourgeat est la satisfaction de ses pieux désirs, le jour où se dit cette messe, au commencement de chaque saison, j'y vais en son nom, et récite pour lui les prières voulues. Je dis avec la bonne foi du douteur: "Mon Dieu, s'il est une sphère où tu mettes après leur mort ceux qui ont été parfaits, pense

two years later, and he succumbed in spite of all my cares and all the greatest efforts of science. Never was a king cared for as he was. Yes, Bianchon, I tried extraordinary things in order to snatch that life from death. I wanted to make him live long enough for him to witness his own work and realize all his desires, and satisfy the sole gratitude which ever filled my heart and extinguish the fire which still burns there today!"

After a pause, Desplein with visible emotion, continued. "Bourgeat, my second father, died in my arms, leaving me all he possessed, in a will drawn up by a public writer, and dated the year we had come to live in the Cour de Rohan. That man had the faith of the pure in heart. He loved the Blessed Virgin as he would have loved his wife. An ardent Catholic, he never said a word to me about my unbelief. When he was in danger of dying, he begged me to spare nothing so that he might have the help of the Church. I had a mass said for him every day. Often, during the night, he spoke to me of his fears for his future life. He feared that he had not lived devoutly enough. Poor man! He used to work from morning to night. If there is a heaven, to whom else could it belong? He was given the last sacraments, like the saint he was, and his death was worthy of his life. I alone followed his funeral procession. When I had put my one benefactor into the earth, I sought for a way to pay my debt to him. I discovered he had no family or friends, no wife or children. But he believed! He had religious convictions and I had no right to dispute them. Timidly he had spoken to me of masses said for the repose of the dead, but he had not wished to impose that duty on me, thinking it would be like having his favors paid for. As soon as I was able to establish a foundation, I gave Saint-Sulpice the necessary sum to have four masses said there each year. As the one thing I can offer Bourgeat is the satisfaction of his pious wishes, the day when that mass is said, at the beginning of each season, I go there in his name, and recite for him the appointed prayers. With the good faith of the doubter I say: 'Lord, if there is a sphere where you place after their death those who were

au bon Bourgeat; et s'il y a quelque chose à souffrir pour lui, donne-moi ses souffrances, afin de le faire entrer plus vite dans ce qu'on appelle le paradis." Voilà, mon cher, tout ce qu'un homme qui a mes opinions peut se permettre. Dieu doit être un bon diable, il ne saurait m'en vouloir.[45] Je vous le jure, je donnerais ma fortune pour que la croyance de Bourgeat pût m'entrer dans la cervelle.

Bianchon, qui soigna Desplein dans sa dernière maladie, n'ose pas affirmer aujourd'hui que l'illustre chirurgien soit mort athée. Des croyants n'aimeront-ils pas à penser que l'humble Auvergnat sera venu lui ouvrir la porte du Ciel, comme il lui ouvrit jadis la porte du temple terrestre au fronton duquel se lit: *Aux grands hommes la patrie reconnaissante!*[46]

Paris, janvier 1836

perfect, don't forget good Bourgeat. And if there is something for him to suffer, give me his sufferings so that he may sooner enter what is called paradise!' That, dear fellow, is all that a man of my opinions can allow himself. God must be a kind old fellow and he won't blame me. I swear to you that I would give my entire fortune if Bourgeat's belief could penetrate my mind."

Bianchon, who took care of Desplein in his last illness, does not dare affirm today that the famous surgeon died an atheist. Believers will like to think that the humble Auvergnat came to open for him the gates of heaven, as he had once opened to him the gate of the earthly temple on whose pediment can be read the words: *To her great men, a grateful country!*

Paris, January 1836

Gustave Flaubert

(1821–1880)

Flaubert lived most of his life in his country estate of Croisset, near Rouen, in Normandy. He followed a strict regimen of work over many years and produced, slowly and painfully, eight novels of which two or three are masterpieces (*Madame Bovary, L'Education Sentimentale*) and a volume of three stories (*Trois Contes*) from which *La Légende de Saint Julien l'Hospitalier* is taken.

Flaubert looked upon himself as a romantic. He manifested the romantic's scorn for the morality and the customs of the bourgeoisie. From the second generation of romantic writers, from Gautier and the Art for Art's Sake movement, he inherited the scrupulous care for technique, for the perfection of the written sentence. But in his desire to reach objectivity in the writing of his novels and to leave no trace of his own personality in his work, he demonstrated the creed of a realist writer. *Madame Bovary* (1857) is a leading example of realistic art and one of the most solid of the modern novels.

Trois Contes was published in 1877. The first of these stories, *Un Coeur Simple*, is a masterpiece of its kind, sober, meticulously constructed, in which seemingly insignificant details are skillfully used. The second story, *La Légende de Saint Julien l'Hospitalier*, seems at first to be of a completely different art. It is far from being a realistic study of contemporary life, such as *Madame Bovary* or

Un Coeur Simple. Rather, it is the attempt to reconstruct medieval customs and characters. Yet Flaubert maintains the same objectivity in narrating the distant legend of the saint as he does in narrating contemporary customs in *L'Education Sentimentale.* He has rigorously eliminated all personal opinions and judgments. His documents were medieval customs and architecture, the names of birds and animals, and the hallucinatory atmosphere of a prophecy. In keeping with this kind of story where the supernatural plays such a vital part, the psychological analysis is reduced and the passions seem elementary and monstrous.

Flaubert practised his art as if it were a morality. Art became for him a way of life and a religion. It was the remedy to all metaphysical distress, a reason for existence itself. With his conviction that in art alone man can know and create, Flaubert prepared the way to aesthetic beliefs which were to be held by such writers as Henry James, Marcel Proust and James Joyce. In his five volumes of *Correspondance,* the theories of Flaubert can be best studied. These letters describe his method of writing, his endless struggles with the perfecting of his literary style, and his convictions concerning the impassivity of the writer.

LA LÉGENDE DE SAINT JULIEN
L'HOSPITALIER
par Gustave Flaubert

I

Le père et la mère de Julien habitaient un château, au milieu des bois, sur la pente d'une colline.

Les quatre tours aux angles avaient des toits pointus recouverts d'écailles de plomb, et la base des murs s'appuyait sur les quartiers de rocs, qui dévalaient abruptement jusqu'au fond des douves.

Les pavés de la cour étaient nets comme le dallage d'une église. De longues gouttières, figurant des dragons la gueule en bas, crachaient l'eau des pluies vers la citerne; et sur le bord des fenêtres, à tous les étages, dans un pot d'argile peinte, un basilic ou un héliotrope s'épanouissait.

Une seconde enceinte, faite de pieux, comprenait d'abord un verger d'arbres à fruits, ensuite un parterre où des combinaisons de fleurs dessinaient des chiffres, puis une treille avec des berceaux pour prendre le frais, et un jeu de mail qui servait au divertissement des pages. De l'autre côté se trouvaient le chenil, les écuries, la boulangerie, le pressoir et les granges. Un pâturage de gazon vert se développait tout autour, enclos lui-même d'une forte haie d'épines.

On vivait en paix depuis si longtemps que la herse ne s'abaissait plus; les fossés étaient pleins d'eau; des hirondelles faisaient leur nid dans la fente des créneaux; et l'archer, qui tout le long du jour se promenait sur la courtine, dès

THE LEGEND OF ST. JULIAN
THE HOSPITALER

by Gustave Flaubert

I

JULIAN'S FATHER and mother lived in a castle, in the middle of a forest, on the slope of a hill.

The four towers at the corners had pointed roofs covered with scales of lead, and the base of the walls rested on shafts of rock which fell steeply to the bottom of the moat.

The pavement of the courtyard was as clean as the flagstones of a church. Long gutter-spouts, representing dragons, with their mouths hanging down, spat rainwater into the cistern; and on the window ledges, at every floor, in a pot of painted earthenware, a basil or heliotrope blossomed.

A second enclosure, made with stakes, contained first an orchard of fruit trees, then a flower-bed where flowers were patterned into the form of figures, and then a trellis with arbors where you could take a walk, and a mall where the pages could play. On the other side were the kennels, the stables, the bakery, the wine-presses and the barns. A pasture of green grass spread round about, itself enclosed by a stout thorn-hedge.

They had lived at peace for so long that the portcullis was never lowered. The moats were full of water, birds made their nests in the cracks of the battlements, and when the blaze of the sun was too strong, the archer, who all day

que le soleil brillait trop fort rentrait dans l'échauguette et s'endormait comme un moine.

A l'intérieur, les ferrures partout reluisaient; des tapisseries dans les chambres protégaient du froid; et les armoires regorgaient de linge, les tonnes de vin s'empilaient dans les celliers, les coffres de chêne craquaient sous le poids des sacs d'argent.

On voyait dans la salle d'armes, entre des étendards et des mufles de bêtes fauves, des armes de tous temps et de toutes les nations, depuis les frondes des Amalécites et les javelots des Garamantes jusqu'aux braquemarts des Sarrasins et aux cottes de mailles des Normands.

La maîtresse broche de la cuisine pouvait faire tourner un boeuf; la chapelle était somptueuse comme l'oratoire d'un roi. Il y avait même, dans un endroit écarté, une étuve à la romaine; mais le bon seigneur s'en privait, estimant que c'est un usage des idolâtres.

Toujours enveloppé d'une pelisse de renard, il se promenait dans sa maison, rendait la justice à ses vassaux, apaisait les querelles de ses voisins. Pendant l'hiver, il regardait les flocons de neige tomber, ou se faisait lire des histoires. Dès les premiers beaux jours, il s'en allait sur sa mule le long des petits chemins, au bord des blés qui verdoyaient, et causait avec les manants, auxquels il donnait des conseils. Après beaucoup d'aventures, il avait pris pour femme une demoiselle de haut lignage.

Elle était très blanche, un peu fière et sérieuse. Les cornes de son hennin frôlaient le linteau des portes; la queue de sa robe de drap traînait de trois pas derrière elle. Son domestique était réglé comme l'intérieur d'un monastère; chaque matin elle distribuait la besogne à ses servantes, surveillait les confitures et les onguents, filait à la quenouille ou brodait des nappes d'autel. A force de prier Dieu, il lui vint un fils.

Alors il y eut de grandes réjouissances, et un repas qui dura trois jours et quatre nuits, dans l'illumination des flambeaux, au son des harpes, sur des jonchées de feuillages. On y mangea les plus rares épices, avec des poules grosses comme des moutons: par divertissement, un nain sortit

long walked back and forth on the curtain wall, went into the watch-tower and slept like a monk.

Inside, the ironwork glistened everywhere. Tapestries in the bedrooms were protection against the cold. Cupboards overflowed with linen, casks of wine were piled up in the cellars, and oak coffers creaked with the weight of bags of money.

In the armory, between standards and heads of wild beasts, you could see weapons of every age and nation, from the slings of the Amalekites and the javelins of the Garamantes, to the short swords of the Saracens and the Norman coats-of-mail.

The large spit in the kitchen could roast an ox. The chapel was as sumptuous as the oratory of a king. There was even, in a remote corner, a Roman steam-bath; but the good lord did not use it, considering it a pagan practice.

Always wrapped in a coat lined with fox fur, he walked about his house, meting out justice to his vassals and settling the quarrels of his neighbors. During the winter, he would watch the snowflakes fall or have stories read to him. With the first fine days he went off on his mule along the small lanes, beside the wheat turning green, and chatted with the peasants, to whom he gave advice. After many adventures, he had taken as his wife a young lady of high lineage.

Her skin was very white, and she was a bit proud and serious. The horns of her coif grazed the lintel of the doors, and the train of her dress trailed three paces behind her. Her household was run like the inside of a monastery. Each morning she distributed the work to her servants, supervised the preserves and unguents, span at her distaff or embroidered altar-cloths. After much praying to God, a son was born to her.

There was great rejoicing then, and a banquet which lasted three days and four nights, on leaves strewn about, under the illumination from torches and the playing of harps. They ate the rarest spices, with chickens as fat as sheep. For amusement, a dwarf came out of a pastry-pie,

d'un pâté; et, les écuelles ne suffisant plus, car la foule augmentait toujours, on fut obligé de boire dans les oliphants et dans les casques.

La nouvelle accouchée n'assista pas à ces fêtes. Elle se tenait dans son lit, tranquillement. Un soir, elle se réveilla, et elle aperçut, sous un rayon de la lune qui entrait par la fenêtre, comme une ombre mouvante. C'était un vieillard en froc de bure, avec un chapelet au côté, une besace sur l'épaule, toute l'apparence d'un ermite. Il s'approcha de son chevet et lui dit, sans desserrer les lèvres:

— Réjouis-toi, ô mère, ton fils sera un saint!

Elle allait crier; mais, glissant sur le rais de la lune, il s'éleva dans l'air doucement, puis disparut. Les chants du banquet éclatèrent plus fort. Elle entendit les voix des anges; et sa tête retomba sur l'oreiller, que dominait un os de martyr dans un cadre d'escarboucles.

Le lendemain, tous les serviteurs interrogés, déclarèrent qu'ils n'avaient pas vu d'ermite. Songe ou réalité, cela devait être une communication du ciel; mais elle eut soin de n'en rien dire, ayant peur qu'on ne l'accusât d'orgueil.

Les convives s'en allèrent au petit jour; et le père de Julien se trouvait en dehors de la poterne, où il venait de reconduire le dernier, quand tout à coup un mendiant se dressa devant lui, dans le brouillard. C'était un Bohême à barbe tressée, avec des anneaux d'argent aux deux bras et les prunelles flamboyantes. Il bégaya d'un air inspiré ces mots sans suite:

— Ah! ah! ton fils! . . . beaucoup de sang! . . . beaucoup de gloire! . . . toujours heureux! la famille d'un empereur.

Et, se baissant pour ramasser son aumône, il se perdit dans l'herbe, s'évanouit.

Le bon châtelain regarda de droite et de gauche, appela tant qu'il put. Personne! Le vent sifflait, les brumes du matin s'envolaient.

Il attribua cette vision à la fatigue de sa tête pour avoir trop peu dormi. "Si j'en parle, on se moquera de moi," se dit-il. Cependant les splendeurs destinées à son fils l'éblouis-

and as the bowls gave out because the crowd was constantly increasing, they were obliged to drink from horns and helmets.

The new mother was not present at this festivity. She quietly stayed in her bed. One evening she awoke and saw, under a moonbeam which came through the window, something like a moving shadow. It was an old man in a frieze robe, with a rosary at his side, a wallet on his shoulder, and resembling a hermit. He came near to her bedside and said to her, without opening his lips.

"Rejoice, O mother, your son will be a saint!"

She was going to cry out, but, gliding along the moonbeam, he gently rose up into the air and disappeared. The banquet songs broke out louder. She heard the voices of angels and her head fell back on her pillow over which hung a martyr's bone in a frame of carbuncles.

The next day all the servants were questioned and declared they had seen no hermit. Dream or reality, it must have been a message from heaven, but she was careful to say nothing about it, for fear she would be accused of pride.

The guests departed at day-break. Julian's father was outside of the postern gate where he had just accompanied the last one to go, when suddenly a beggar rose up before him in the mist. He was a Gypsy with plaited beard and silver rings on his two arms, and flaming eyes. Like one inspired, he stammered these disconnected words:

"Ah, ah! your son! . . . much blood! . . . much glory! . . . always happy! an emperor's family."

And bending down to pick up his alms, he was lost in the grass and disappeared.

The good castellan looked right and left, and called as loud as he could. No one! The wind whistled and the morning mist flew away.

He attributed this vision to the weariness of his head for having slept too little. "If I speak of this, they will make fun of me," he said to himself. Yet the glory destined to

saient, bien que la promesse n'en fût pas claire, et qu'il doutât même de l'avoir entendue.

Les époux se cachèrent leur secret. Mais tous deux chérissaient l'enfant d'un pareil amour; et, le respectant comme marqué de Dieu, ils eurent pour sa personne des égards infinis. Sa couchette était rembourrée du plus fin duvet; une lampe en forme de colombe brûlait dessus, continuellement; trois nourrices le berçaient; et, bien serré dans ses langes, la mine rose et les yeux bleus, avec son manteau de brocart et son béguin chargé de perles, il ressemblait à un petit Jésus. Les dents lui poussèrent sans qu'il pleurât une seule fois.

Quand il eut sept ans, sa mère lui apprit à chanter. Pour le rendre courageux, son père le hissa sur un gros cheval. L'enfant souriait d'aise, et ne tarda pas à savoir tout ce qui concerne les destriers.

Un vieux moine très savant lui enseigna l'Ecriture sainte, la numération des Arabes, les lettres latines, et à faire sur le vélin des peintures mignonnes. Ils travaillaient ensemble, tout en haut d'une tourelle, à l'écart du bruit.

La leçon terminée, ils descendirent dans le jardin, où, se promenant pas à pas, ils étudiaient les fleurs.

Quelquefois on apercevait, cheminant au fond de la vallée, une file de bêtes de somme, conduites par un piéton, accoutré à l'orientale. Le châtelain, qui l'avait reconnu pour un marchand, expédiait vers lui un valet. L'étranger, prenant confiance, se détournait de sa route; et, introduit dans le parloir, il retirait de ses coffres des pièces de velours et de soie, des orfèvreries, des aromates, des choses singulières d'un usage inconnu; à la fin le bonhomme s'en allait, avec un gros profit, sans avoir enduré aucune violence. D'autres fois, une troupe de pèlerins frappait à la porte. Leurs habits mouillés fumaient devant l'âtre; et, quand ils étaient repus, ils racontaient leurs voyages: les erreurs des nefs sur la mer écumeuse, les marches à pied dans les sables brûlants, la férocité des païens, les cavernes de la Syrie, la Crèche et le Sépulcre. Puis ils donnaient au jeune seigneur des coquilles de leur manteau.

his son dazzled him, although the promise was not clear and he even doubted he had heard it.

The husband and wife kept their secret. But both cherished the child with an equal love, and respecting him as one marked by God, they had infinite care for his person. His crib was padded with the finest down, a lamp in the form of a dove burned over it, three nurses rocked him, and, tightly wrapped in his swaddling-clothes, with rosy face and blue eyes, dressed in a brocade mantle and a bonnet set with pearls, he looked like a little Lord Jesus. He teethed without crying once.

When he was seven, his mother taught him to sing. To make him brave, his father lifted him up on to a large horse. The child smiled with pleasure and was not long in knowing everything about chargers.

A very learned old monk taught him Holy Scripture, Arabic numerals, Latin letters, and how to make charming pictures on vellum. They worked together, high up in a turret, away from noise.

When the lesson was over, they went down into the garden where they studied flowers as they walked slowly about.

Sometimes they saw, passing below in the valley, a file of beasts of burden, led by a man walking, dressed in an Oriental fashion. The castellan, recognizing him for a merchant, would send a page to him. The stranger, when he felt confidence, turned off from his road. When led into the parlor, he would take out of his coffers strips of velvet and silk, jewelry, spices and strange things of unknown use. After this, the fellow, having suffered no violence, would go off, with a large profit. At other times, a group of pilgrims would knock at the door. Their wet clothes steamed before the hearth. When they had eaten heartily, they told the story of their travels: the courses of the ships on the foamy sea, the journeyings on foot in the burning sand, the cruelty of the pagans, the caves of Syria, the Manger and the Sepulcher. Then they would give the young lord shells from their cloaks.

Souvent le châtelain festoyait ses vieux compagnons d'armes. Tout en buvant, ils se rappelaient leurs guerres, les assauts des forteresses avec le battement des machines et les prodigieuses blessures. Julien, qui les écoutait, en poussait des cris; alors son père ne doutait pas qu'il ne fût plus tard un conquérant. Mais le soir, au sortir de l'angélus,[1] quand il passait entre les pauvres inclinés, il puisait dans son escarcelle avec tant de modestie et d'un air si noble, que sa mère comptait bien le voir par la suite archevêque.

Sa place dans la chapelle était aux côtés de ses parents; et, si longs que fussent les offices, il restait à genoux sur son prie-Dieu, la toque par terre et les mains jointes.

Un jour, pendant la messe, il aperçut, en relevant la tête, une petite souris blanche qui sortait d'un trou, dans la muraille. Elle trottina sur la première marche de l'autel, et, après deux ou trois tours de droite et de gauche, s'enfuit du même côté. Le dimanche suivant, l'idée qu'il pourrait la revoir le troubla. Elle revint; et, chaque dimanche il l'attendait, en était importuné, fut pris de haine contre elle, et résolut de s'en défaire.[2]

Ayant donc fermé la porte, et semé sur les marches les miettes d'un gâteau, il se posta devant le trou, une baguette à la main.

Au bout de très longtemps un museau rose parut, puis la souris tout entière. Il frappa un coup léger, et demeura stupéfait devant ce petit corps qui ne bougeait plus. Une goutte de sang tachait la dalle. Il l'essuya bien vite avec sa manche, jeta la souris dehors, et n'en dit rien à personne.

Toutes sortes d'oisillons picoraient les graines du jardin. Il imagina de mettre des pois dans un roseau creux. Quand il entendait gazouiller dans un arbre, il en approchait avec douceur, puis levait son tube, enflait ses joues; et les bestioles lui pleuvaient sur les épaules si abondamment qu'il ne pouvait s'empêcher de rire, heureux de sa malice.

Un matin, comme il s'en retournait par la courtine, il vit sur la crête du rempart un gros pigeon qui se ren-

THE LEGEND OF ST. JULIAN THE HOSPITALER

Often the castellan would give a feast for his old companions-at-arms. As they drank, they recalled their wars, the storming of fortresses with the crash of war machines and huge wounds. As he listened to them, Julian uttered cries; his father then did not doubt that one day he would be a conqueror. But at evening, coming from the Angelus, when he passed among the poor, with their heads bowed, he took money from his purse with such modesty and so noble an air, that his mother was sure she would see him one day an archbishop.

His place in chapel was beside his parents, and no matter how long the services, he remained kneeling on his prayer-stool, his cap on the floor and his hands clasped.

One day, during mass, he saw, on raising his head, a small white mouse coming out of a hole in the wall. It trotted over the first step of the altar and after two or three turns to right and left, scampered back from where it had come. The next Sunday, he was disturbed by the thought that he might see it again. It came back, and each Sunday, he waited for it, was upset by it, grew to hate it and made up his mind to get rid of it.

So, having shut the door and spread on the steps some cake-crumbs, he took his place in front of the hole, with a stick in his hand.

After a long time, a pink nose appeared, and then the entire mouse. He struck a light blow, and stood lost in stupefaction before the small body that did not move again. A drop of blood spotted the pavement. He quickly wiped it with his sleeve, threw the mouse outdoors, and did not mention the matter to anyone.

All kinds of small birds were pecking at the seeds in the garden. He had the idea of putting peas in a hollow reed. When he heard the birds chirping in a tree, he came up to it quietly, then raised his pipe and blew out his cheeks. The little creatures rained down on his shoulders in such numbers that he could not keep from laughing with delight over his malice.

One morning, as he was coming back along the curtain wall, he saw on the top of the rampart a fat pigeon strut-

gorgeait au soleil. Julien s'arrêta pour le regarder; le mur, en cet endroit, ayant une brèche, un éclat de pierre se rencontra sous ses doigts. Il tourna son bras, et la pierre abattit l'oiseau qui tomba d'un bloc dans le fossé.

Il se précipita vers le fond, se déchirant aux broussailles, furetant partout, plus leste qu'un jeune chien.

Le pigeon, les ailes cassées, palpitait, suspendu dans les branches d'un troëne.

La persistance de sa vie irrita l'enfant. Il se mit à [8] l'étrangler; et les convulsions de l'oiseau faisaient battre son coeur, l'emplissaient d'une volupté sauvage et tumultueuse. Au dernier roidissement, il se sentit défaillir.

Le soir, pendant le souper, son père déclara que l'on devait à son âge apprendre la vénerie; et il alla chercher un vieux cahier d'écriture contenant, par demandes et réponses, tout le déduit des chasses. Un maître y démontrait à son élève l'art de dresser les chiens et d'affaiter les faucons, de tendre les pièges, comment reconnaître le cerf à ses fumées, le renard à ses empreintes, le loup à ses déchaussures, le bon moyen de discerner leurs voies, de quelle manière on les lance, où se trouvent ordinairement leurs refuges, quels sont les vents les plus propices, avec l'énumération des cris et les règles de la curée.

Quand Julien put réciter par coeur toutes ces choses, son père lui composa une meute.

D'abord on y distinguait vingt-quatre lévriers barbaresques, plus véloces que des gazelles, mais sujets à s'emporter; puis dix-sept couples de chiens bretons, tiquetés de blanc sur fond rouge, inébranlables dans leur créance, forts de poitrine et grands hurleurs. Pour l'attaque du sanglier et les refuites périlleuses, il y avait quarante griffons, poilus comme des ours. Des mâtins de Tartarie, presque aussi hauts que des ânes, couleur de feu, l'échine large et le jarret droit, étaient destinés à poursuivre les aurochs. La robe noire des épagneuls luisait comme du satin; le jappement des talbots valait celui des bigles chanteurs. Dans une cour à part, grondaient, en secouant leur chaîne et roulant leurs

ting in the sun. Julian stopped to look at it. The wall at that spot had a breach and a fragment of stone lay close to his fingers. He swung his arm and the stone struck down the bird which fell like a lump into the moat.

He rushed down after it, tearing himself on the undergrowth, ferreting about everywhere, more nimble than a young dog.

The pigeon, its wings broken, hung quivering in the branches of a privet.

Its persistence to live irritated the boy. He began to strangle it. The bird's convulsions made his heart beat and filled him with a wild tumultuous pleasure. When it stiffened for the last time, he felt himself fainting.

During the evening meal, his father declared it was time for him to learn venery, and went to look for an old copybook containing, in the form of questions and answers, the entire pastime of hunting. In it a teacher demonstrated to his pupil the art of training dogs and taming falcons, of setting traps, of how to recognize the stag by his droppings, the fox by its track, the wolf by its scratchings; the right way to make out their tracks, the way in which to start them, where their lairs are usually found, which winds are the most favorable, with a list of the calls and the rules for the quarry.

When Julian could recite all these things by heart, his father made up a pack of hounds for him.

First you could see twenty-four greyhounds from Barbary, swifter than gazelles, but subject to over-excitement; then seventeen pairs of Breton hounds, with red coats and white spots, unshakably dependable, broad-chested and great howlers. For an attack on the wild boar and for dangerous redoublings, there were forty griffons, as shaggy as bears. Mastiffs from Tartary, almost as tall as asses, flame-colored, with broad backs and straight legs, were intended to hunt aurochs. The black coats of the spaniels shone like satin. The yapping of the talbots was equal to the chanting of the beagles. In a yard by themselves, as they shook their chains and rolled their eyes, growled eight Alain bulldogs, for-

prunelles, huit dogues alains, bêtes formidables qui sautent au ventre des cavaliers et n'ont pas peur des lions.

Tous mangeaient du pain de froment, buvaient dans des auges de pierre, et portaient un nom sonore.

La fauconnerie, peut-être, dépassait la meute; le bon seigneur, à force d'argent, s'était procuré des tiercelets du Caucase, des sacres de Babylone, des gerfauts d'Allemagne, et des faucons-pèlerins, capturés sur les falaises, au bord des mers froides, en de lointains pays. Ils logeaient dans un hangar couvert de chaume, et, attachés par rang de taille sur le perchoir, avaient devant eux une motte de gazon, où de temps à autre on les posait afin de les dégourdir.

Des bourses, des hameçons, des chausses-trapes, toute sorte d'engins, furent confectionnés.

Souvent on menait dans la campagne des chiens d'oysel, qui tombaient bien vite en arrêt.[4] Alors des piqueurs, s'avançant pas à pas, étendaient avec précaution sur leurs corps impassibles un immense filet. Un commandement les faisait aboyer; des cailles s'envolaient; et les dames des alentours conviées avec leurs maris, les enfants, les camérières, tout le monde se jetait dessus, et les prenait facilement.

D'autres fois, pour débûcher les lièvres, on battait du tambour; des renards tombaient dans des fosses, ou bien un ressort, se débandant, attrapait un loup par le pied.

Mais Julien méprisa ces commodes artifices; il préférait chasser loin du monde, avec son cheval et son faucon. C'était presque toujours un grand tartaret de Scythie, blanc comme la neige. Son capuchon de cuir était surmonté d'un panache, des grelots d'or tremblaient à ses pieds bleus: et il se tenait ferme sur le bras de son maître pendant que le cheval galopait, et que les plaines se déroulaient. Julien, dénouant ses longes, le lâchait tout à coup; la bête hardie montait droit dans l'air comme une flèche; et l'on voyait deux taches inégales tourner, se joindre, puis disparaître dans les hauteurs de l'azur. Le faucon ne tardait pas à descendre en déchirant quelque oiseau, et revenait se poser sur le gantelet, les deux ailes frémissantes.

Julien vola de cette manière le héron, le milan, la corneille et le vautour.

midable beasts which fly at the belly of a horseman and have no fear of lions.

All ate wheat bread, drank from stone troughs, and bore sonorous names.

The falconry, possibly, was better chosen than the pack. The good lord, thanks to money, had secured tercelets from the Caucasus, sakers from Babylonia, gerfalcons from Germany, and peregrines, caught on the cliffs, at the edge of cold seas, in distant countries. They were housed in a shed with a thatched roof, and attached according to size on the perching-bar. Before them was a strip of grass where from time to time they were placed to unstiffen their legs.

Rabbit-nets, hooks, wolf-traps and all kinds of snares were constructed.

They often took into the country setters which quickly came to a point. Then grooms, advancing step by step, cautiously spread over their motionless bodies an immense net. A word of command made them bark; the quail took wing; and ladies from nearby, invited with their husbands, children, handmaids,—the entire group fell on the birds and easily caught them.

On other occasions, to start the hares, they would beat drums. Foxes fell into pits, or a trap would spring and catch a wolf by its paw.

But Julian scorned these easy devices. He preferred to hunt far from the others, with his horse and falcon. It was almost always a large Scythian tartaret, white as snow. Its leather hood was topped with a plume, gold bells shook on its blue feet. It stood firm on its master's arm while the horse galloped and the plains unrolled. Julian, untying the jesses, would suddenly release it. The bold bird rose straight as an arrow into the air, and you saw two uneven specks turn, meet and disappear in the high blue of the sky. The falcon was not long in coming down, tearing apart some bird, and returned to perch on the gauntlet, its two wings quivering.

In this way, Julian flew his falcon at the heron, the kite, the crow and the vulture.

Il aimait, en sonnant de la trompe, à suivre ses chiens qui couraient sur le versant des collines, sautaient les ruisseaux, remontaient vers le bois; et, quand le cerf commençait à gémir sous les morsures, il l'abattait prestement, puis se délectait à la furie des mâtins qui le dévoraient, coupé en pièces sur sa peau fumante.

Les jours de brume, il s'enfonçait dans un marais pour guetter les oies, les loutres et les halbrans.

Trois écuyers, dès l'aube, l'attendaient au bas du perron; et le vieux moine, se penchant à sa lucarne, avait beau faire des signes [5] pour le rappeler, Julien ne se retournait pas. Il allait à l'ardeur du soleil, sous la pluie, par la tempête, buvait l'eau des sources dans sa main, mangeait en trottant des pommes sauvages, s'il était fatigué se reposait sous un chêne; et il rentrait au milieu de la nuit couvert de sang et de boue, avec des épines dans les cheveux et sentant l'odeur des bêtes farouches. Il devint comme elles. Quand sa mère l'embrassait, il acceptait froidement son étreinte, paraissant rêver à des choses profondes.

Il tua des ours à coups de couteau, des taureaux avec la hache, des sangliers avec l'épieu; et même une fois, n'ayant plus qu'un bâton, se défendit contre des loups qui rongeaient des cadavres au pied d'un gibet.

Un matin d'hiver, il partit avant le jour, bien équipé, une arbalète sur l'épaule et un trousseau de flèches à l'arçon de la selle.

Son genet danois, suivi de deux bassets, en marchant d'un pas égal faisait résonner la terre. Des gouttes de verglas se collaient à son manteau, une brise violente soufflait. Un côté de l'horizon s'éclaircit; et, dans la blancheur du crépuscule, il aperçut des lapins sautillant au bord de leurs terriers. Les deux bassets, tout de suite, se précipitèrent sur eux; et, ça et là, vivement, leur brisaient l'échine.

Bientôt, il entra dans un bois. Au bout d'une branche, un coq de bruyère engourdi par le froid dormait la tête sous l'aile. Julien, d'un revers d'épée, lui faucha les deux pattes, et sans le ramasser continua sa route.

Trois heures après, il se trouva sur la pointe d'une montagne tellement haute que le ciel semblait presque noir.

As he blew his horn, he loved to follow his dogs when they ran over the side of the hills, jumped the streams, and climbed back to the woods. When the stag began to groan under the bites of the dogs, he killed it quickly and then revelled in the fury of the mastiffs as they devoured it, cut into pieces on its steaming skin.

On foggy days he would go down into a marsh to ambush geese and otters and wild-duck.

At dawn three squires were waiting for him at the foot of the steps, and the old monk, leaning out of his dormer-window, vainly made signs to call him back. Julian would not turn. He went out in the heat of the sun, in the rain, in storms, drank the water of the springs out of his hand, ate crab-apples as he trotted, rested under an oak if he were tired; and came back in the middle of the night, covered with blood and mire, with thorns in his hair and the smell of wild beasts on him. He became one of them. When his mother kissed him, he accepted her embrace coldly and seemed to be dreaming of deep things.

He killed bears with blows of his knife, bulls with the axe, wild boars with the boar-spear, and once, even, with only a stick he defended himself against wolves which were gnawing corpses at the foot of a gibbet.

One winter morning, he left before daybreak, well equipped, with a crossbow on his shoulder and a bunch of arrows at his saddle-bow.

His Danish jennet, followed by two bassets, made the earth resound under its even tread. Drops of ice stuck to his cloak. A strong wind was blowing. One side of the horizon lighted up, and in the whiteness of the early light, he saw rabbits hopping at the edge of their burrows. Immediately the two bassets rushed on them, and quickly throwing them back and forth broke their backs.

Soon he went into a forest. At the end of a branch, a wood grouse, numbed by the cold, slept with its head under its wing. With a back-stroke of his sword, Julian cut off its two feet, and without picking it up, went on his way.

Three hours later, he was on the top of a mountain, so high that the sky seemed almost black. In front of him,

Devant lui, un rocher pareil à un long mur s'abaissait, en surplombant un précipice; et, à l'extrémité, deux boucs sauvages regardaient l'abîme. Comme il n'avait pas ses flèches (car son cheval était resté en arrière), il imagina de descendre jusqu'à eux; à demi courbé, pieds nus, il arriva enfin au premier des boucs, et lui enfonça un poignard sous les côtes. Le second, pris de terreur, sauta dans le vide. Julien s'élança pour le frapper, et, glissant du pied droit, tomba sur le cadavre de l'autre, la face au-dessus de l'abîme et les deux bras écartés.

Redescendu dans la plaine, il suivit des saules qui bordaient une rivière. Des grues, volant très bas, de temps à autre passaient au-dessus de sa tête. Julien les assommait avec son fouet, et n'en manqua pas une.

Cependant l'air plus tiède avait fondu le givre, de larges vapeurs flottaient, et le soleil se montra. Il vit reluire tout au loin un lac figé, qui ressemblait à du plomb. Au milieu du lac, il y avait une bête que Julien ne connaissait pas, un castor à museau noir. Malgré la distance, une flèche l'abattit; et il fut chagrin de ne pouvoir emporter la peau.

Puis il s'avança dans une avenue de grands arbres, formant avec leurs cimes comme un arc de triomphe, à l'entrée d'une forêt. Un chevreuil bondit hors d'un fourré, un daim parut dans un carrefour, un blaireau sortit d'un trou, un paon sur le gazon déploya sa queue; et, quand il les eut tous occis, d'autres chevreuils se présentèrent, d'autres daims, d'autres blaireaux, d'autres paons, et des merles, des geais, des putois, des renards, des hérissons, des lynxs, une infinité de bêtes, à chaque pas plus nombreuses. Elles tournaient autour de lui, tremblantes, avec un regard plein de douceur et de supplication. Mais Julien ne se fatiguait pas de tuer, tour à tour bandant son arbalète, dégainant l'épée, pointant du coutelas, et ne pensait à rien, n'avait souvenir de quoi que ce fût. Il était en chasse dans un pays quelconque, depuis un temps indéterminé, par le fait seul de sa propre existence, tout s'accomplissant avec la facilité que l'on éprouve dans les rêves. Un spectacle extraordinaire l'arrêta. Des cerfs emplissaient un vallon

a rock like a long wall sloped down, hanging over a precipice. At its farther end, two wild rams were looking into the chasm. Since he did not have his arrows (his horse had stayed behind), he decided to go down to them. Barefoot and half bent-over, he finally reached the first of the rams, and plunged a dagger under its ribs. The second, terrified, jumped into the chasm. Julian jumped in order to strike it, and slipping on his right foot, fell over the body of the other one, his face over the abyss and his two arms spread out.

Coming down again onto the plain, he followed a line of willows which bordered a river. Cranes, flying very low, passed overhead from time to time. Julian killed them with his whip and did not miss one.

In the meantime the warmer air had melted the hoarfrost, broad streaks of mist floated in the air and the sun came out. At a distance he saw a still lake glistening as if it were of lead. In the middle of the lake there was an animal which Julian did not know, a beaver with a black snout. In spite of the distance, an arrow killed it, and he was disconsolate at not being able to carry off the skin.

Then he advanced along an avenue of tall trees, forming with their tops a kind of triumphal arch, at the entrance of a forest. A roebuck bounded out of a thick wood, a deer appeared at a crossing, a badger came out of a hole, a peacock spread its tail on the grass; and when he had slain them all, more roebucks appeared, more deer, more badgers, more peacocks, and blackbirds, jays, polecats, foxes, hedgehogs, lynxes, an endless number of animals, more numerous at every step. They circled around him, trembling and looking at him gently and entreatingly. But Julian did not tire of killing, by turns bending his crossbow, unsheathing his sword, thrusting with his cutlass, and having no thought, no memory of anything at all. He had been hunting in some vague country, for an indefinite time, by the sole fact of his own existence, and everything had been accomplished with the ease you experience in dreams. An extraordinary spectacle brought him to a halt. A valley in the form of an amphitheater was filled with stags crowded

ayant la forme d'un cirque; et tassés, les uns près des autres, ils se réchauffaient avec leurs haleines que l'on voyait fumer dans le brouillard.

L'espoir d'un pareil carnage, pendant quelques minutes, le suffoqua de plaisir. Puis il descendit de cheval, retroussa ses manches, et se mit à tirer.

Au sifflement de la première flèche, tous les cerfs à la fois tournèrent la tête. Il se fit des enfonçures dans leur masse; des voix plaintives s'élevaient, et un grand mouvement agita le troupeau.

Le rebord du vallon était trop haut pour le franchir. Ils bondissaient dans l'enceinte, cherchant à s'échapper. Julien visait, tirait; et les flèches tombaient comme les rayons d'une pluie d'orage. Les cerfs rendus furieux se battaient, se cabraient, montaient les uns par-dessus les autres; et leurs corps avec leurs ramures emmêlées faisaient un large monticule, qui s'écroulait, en se déplaçant.

Enfin ils moururent, couchés sur le sable, la bave aux naseaux, les entrailles sorties, et l'ondulation de leurs ventres s'abaissant par degrés. Puis tout fut immobile.

La nuit allait venir; et derrière le bois, dans les intervalles des branches, le ciel était rouge comme une nappe de sang.

Julien s'adossa contre un arbre. Il contemplait d'un oeil béant l'énormité du massacre, ne comprenant pas comment il avait pu le faire.

De l'autre côté du vallon, sur le bord de la forêt, il aperçut un cerf, une biche et son faon.

Le cerf, qui était noir et monstrueux de taille, portait seize andouillers avec une barbe blanche. La biche, blonde comme les feuilles mortes, broutait le gazon; et le faon, tacheté, sans l'interrompre dans sa marche, lui tétait la mamelle.

L'arbalète encore une fois ronfla. Le faon, tout de suite, fut tué. Alors sa mère, en regardant le ciel, brama d'une voix profonde, déchirante, humaine. Julien, exaspéré, d'un coup en plein poitrail l'étendit par terre.

Le grand cerf l'avait vu, fit un bond. Julien lui envoya

close together and warming one another with their breath which could be seen steaming in the fog.

The perspective of such a slaughter choked him with pleasure for a few minutes. Then he dismounted, rolled up his sleeves and began to shoot.

At the whistle of the first arrow, all the stags turned their heads at once. Some openings were made in their mass. Plaintive cries rose up and a great stir shook the herd.

The brim of the valley was too high to climb. They leapt about in the enclosure, trying to escape. Julian kept aiming and shooting, and his arrows fell like shafts of rain in a storm. The maddened stags fought, reared, and climbed over each other. Their bodies with their entangled antlers made a broad hillock which collapsed as it moved about.

At last they died, stretched out on the sand, frothing at the nostrils, their entrails coming out, and the heaving of their bellies slowly diminishing. Then all was motionless.

Night was approaching. Behind the woods, in the interspaces of the branches, the sky was red like a cloth of blood.

Julian leaned against a tree. With staring eyes he looked at the vastness of the massacre, and did not understand how he could have done it.

On the other side of the valley, on the edge of the forest, he saw a stag, a hind and its fawn.

The stag, which was black and huge in size, carried antlers of sixteen tines and a white beard. The hind, of a dull yellow like dead leaves, was grazing, and the spotted fawn, without hindering her walk, was suckling her udder.

Once more the crossbow hummed. The fawn was killed at once. Then its mother, raising her head toward the sky, belled with a deep, heart-rending, human cry. Exasperated, Julian, with one shot full in the breast, stretched her out on the ground.

The large stag had seen this and made one bound.

sa dernière flèche. Elle l'atteignit au front, et y resta plantée.

Le grand cerf n'eut pas l'air de la sentir; en enjambant par-dessus les morts, il avançait toujours, allait fondre sur lui, l'éventrer; et Julien reculait dans une épouvante indicible. Le prodigieux animal s'arrêta; et les yeux flamboyants, solennel comme un patriarche et comme un justicier, pendant qu'une cloche au loin tintait, il répéta trois fois:

— Maudit! maudit! maudit! Un jour, coeur féroce, tu assassineras ton père et ta mère!

Il plia les genoux, ferma doucement ses paupières, et mourut.

Julien fut stupéfait, puis accablé d'une fatigue soudaine; et un dégoût, une tristesse immense l'envahit. Le front dans les deux mains, il pleura pendant longtemps.

Son cheval était perdu; ses chiens l'avaient abandonné; la solitude qui l'enveloppait lui sembla toute menaçante de périls indéfinis. Alors, poussé par un effroi, il prit sa course à travers la campagne, choisit au hasard un sentier, et se trouva presque immédiatement à la porte du château.

La nuit, il ne dormit pas. Sous le vacillement de la lampe suspendue, il revoyait toujours le grand cerf noir. Sa prédiction l'obsédait; il se débattait contre elle. "Non! non! non! je ne peux pas les tuer!" puis, il songeait: "Si je le voulais, pourtant? . . ." et il avait peur que le diable ne lui en inspirât l'envie.

Durant trois mois, sa mère en angoisse pria au chevet de son lit, et son père, en gémissant, marchait continuellement dans les couloirs. Il manda les maîtres mires les plus fameux, lesquels ordonnèrent des quantités de drogues. Le mal de Julien, disaient-ils, avait pour cause un vent funeste, ou un désir d'amour. Mais le jeune homme, à toutes les questions, secouait la tête.

Les forces lui revinrent; et on le promenait dans la cour, le vieux moine et le bon seigneur le soutenant chacun par un bras.

Julian shot his last arrow at him. It pierced him in the forehead and stuck fast there.

The large stag did not seem to feel it. Stepping over the dead bodies, it kept coming, and was going to charge and disembowel him. Julian drew back in unspeakable fear. The monstrous animal stopped. With his eyes flaming, as solemn as a patriarch and a judge, he repeated three times, while a bell tolled far off:

"A curse on you! A curse on you! A curse on you! One day, ferocious heart, you will murder your father and your mother!"

His knees bent, he gently closed his eyes, and died.

Julian was stupefied and then crushed by a sudden fatigue. Disgust and an immense sadness overcame him. His head in his two hands, he wept for a long time.

His horse was lost, his dogs had abandoned him, and the solitude which surrounded him seemed to threaten him with vague perils. Impelled by fright, he made his way across the countryside, chose a path at random, and found himself almost immediately at the gate of the castle.

That night he did not sleep. In the flickering of the hanging lamp he kept seeing the large black stag. Its prophecy obsessed him. He fought against it. "No, no, no, it is impossible for me to kill them!" Then he thought, "And yet, what if I wished to . . . ?" And he feared that the devil might inspire him with this desire.

For three months his anguished mother prayed by his bedside, and his father with groans walked back and forth in the corridors. He sent for the most famous master physicians who prescribed quantities of drugs. They said that the malady of Julian had been caused by some deadly wind or by a love-desire. But the young man, at every question, shook his head.

His strength came back, and he was taken for walks in the courtyard, the old monk and the good lord supporting him on either side.

Quand il fut rétabli complètement, il s'obstina à ne point chasser.

Son père, le voulant réjouir, lui fit cadeau d'une grande épée sarrasine.

Elle était au haut d'un pilier, dans une panoplie. Pour l'atteindre, il fallut une échelle. Julien y monta. L'épée trop lourde lui échappa des doigts, et en tombant frôla le bon seigneur de si près que sa houppelande en fut coupée; Julien crut avoir tué son pére, et s'évanouit.

Dès lors, il redouta les armes. L'aspect d'un fer nu le faisait pâlir. Cette faiblesse était une désolation pour sa famille.

Enfin le vieux moine, au nom de Dieu, de l'honneur et des ancêtres, lui commanda de reprendre ses exercices de gentilhomme.

Les écuyers, tous les jours, s'amusaient au maniement de la javeline. Julien y excella bien vite. Il envoyait la sienne dans le goulot des bouteilles, cassait les dents des girouettes, frappant à cent pas les clous des portes.

Un soir d'été, à l'heure où la brume rend les choses indistinctes, étant sous la treille du jardin, il aperçut tout au fond deux ailes blanches qui voletaient à la hauteur de l'espalier. Il ne douta pas que ce ne fût une cicogne; et il lança son javelot.

Un cri déchirant partit.

C'était sa mère, dont le bonnet à longues barbes restait cloué contre le mur.

Julien s'enfuit du château, et ne reparut plus.

II

Il s'engagea dans une troupe d'aventuriers qui passaient.

Il connut la faim, la soif, les fièvres et la vermine. Il s'accoutuma au fracas des mêlées, à l'aspect des moribonds.

Le vent tanna sa peau. Ses membres se durcirent par le contact des armures; et comme il était très fort, courageux, tempérant, avisé, il obtint sans peine le commandement d'une compagnie.

Au début des batailles, il enlevait ses soldats d'un grand geste de son épée. Avec une corde à noeuds, il grimpait

When he had completely recovered, he stubbornly refused to hunt.

His father, wanting to cheer him, made him a present of a large Saracen sword.

It was at the top of a pillar, in a trophy-stand. To reach it, a ladder was necessary. Julian climbed up. The sword was so heavy that it slipped from his fingers and as it fell, it grazed the good lord so close that it cut his greatcoat. Julian thought he had killed his father and fainted.

From then on, he dreaded weapons. The sight of a bare blade made him turn pale. This weakness was a sorrow for his family.

Finally the old monk, in the name of God, of his honor and his ancestors, ordered him to resume his exercises of a noble.

Every day the squires amused themselves by practising with the javelin. Very soon Julian excelled in this. He could hurl his into the neck of bottles, or break off the teeth of weather-vanes, or hit the nails on doors at a hundred paces.

One summer evening, at the hour when the fog makes things indistinct, he was under the vine-arbor of the garden and saw at the end of it two white wings fluttering at the same height as the espalier. He thought beyond doubt it was a stork, and threw his javelin.

A piercing cry rang out.

It was his mother whose bonnet with long flaps was nailed to the wall.

Julian fled from the castle and was not seen there again.

II

He joined up with a troop of adventurers who happened to pass by. He knew hunger, thirst, fever and vermin. He grew accustomed to the din of fights, and to the sight of dying men.

The wind tanned his skin. His limbs hardened through contact with armor; and as he was very strong, courageous, temperate and prudent, he received without difficulty the command of a company.

At the beginning of the battles, he would urge on his

aux murs des citadelles, la nuit, balancé par l'ouragan, pendant que les flammèches du feu grégeois se collaient à sa cuirasse, et que la résine bouillante et le plomb fondu ruisselaient des créneaux. Souvent le heurt d'une pierre fracassa son bouclier. Des ponts trop chargés d'hommes croulèrent sous lui. En tournant sa masse d'armes, il se débarrassa de quatorze cavaliers. Il défit, en champ clos, tous ceux qui se proposèrent. Plus de vingt fois, on le crut mort.

Grâce à la faveur divine, il en réchappa toujours; car il protégeait les gens d'église, les orphelins, les veuves, et principalement les vieillards. Quand il en voyait un marchant devant lui, il criait pour connaître sa figure, comme s'il avait eu peur de le tuer par méprise.

Des esclaves en fuite, des manants révoltés, des bâtards sans fortune, toutes sortes d'intrépides affluèrent sous son drapeau, et il se composa une armée.

Elle grossit. Il devint fameux. On le recherchait.

Tour à tour, il secourut le Dauphin de France et le roi d'Angleterre, les templiers de Jérusalem, le suréna des Parthes, le négus d'Abyssinie, et l'empereur de Calicut. Il combattit des Scandinaves recouverts d'écailles de poisson, des nègres munis de rondaches en cuir d'hippopotame et montés sur des ânes rouges, des Indiens couleur d'or et brandissant par-dessus leurs diadèmes de larges sabres, plus clairs que des miroirs. Il vainquit les Troglodytes et les Anthropophages. Il traversa des régions si torrides que sous l'ardeur du soleil les chevelures s'allumaient d'elles-mêmes, comme des flambeaux; et d'autres qui étaient si glaciales que les bras, se détachant du corps, tombaient par terre; et des pays où il y avait tant de brouillards que l'on marchait environné de fantômes.

Des républiques en embarras le consultèrent. Aux entrevues d'ambassadeurs, il obtenait des conditions inespérées. Si un monarque se conduisait trop mal, il arrivait tout à coup, et lui faisait des remontrances. Il affranchit des peuples. Il délivra des reines enfermées dans des tours. C'est lui, et pas un autre, qui assomma la guivre de Milan et le dragon d'Oberbirbach.

soldiers with a flourish of his sword. With a knotted rope he scaled the walls of citadels, at night, swinging with the wind, while sparks of Greek fire stuck to his cuirass, and boiling resin and molten lead poured from the battlements. Often a stone would strike and shatter his shield. Bridges overladen with men collapsed under him. By swinging his mace, he got rid of fourteen horsemen. In the lists, he overcame all his challengers. More than twenty times he was believed dead.

Thanks to divine favor, he always recovered, because he protected churchmen, orphans, widows, and most of all, old men. When he saw one walking in front of him, he called out to see his face, as if he were afraid of killing him by mistake.

Runaway slaves, peasants in revolt, bastards without fortune, all kinds of daring men crowded under this banner, and he formed an army of his own.

It grew large. He became famous. He was sought after.

In turn, he helped the French Dauphin and the King of England, the Templars of Jerusalem, the Surena of the Parthians, the Negus of Abyssinia, and the Emperor of Calicut. He fought Scandinavians covered with fish-scales, Negroes equipped with round shields of hippopotamus hide and mounted on red asses, gold-colored Indians brandishing over their diadems broadswords brighter than mirrors. He conquered the Troglodytes and the Anthropophagi. He crossed lands so torrid that under the burning sun the hair on the head caught fire of itself, like a torch. And other regions were so glacial that the arms snapped from the body and fell to the ground. And still other countries where there was so much fog that you walked surrounded by ghosts.

Republics in distress consulted him. When he interviewed ambassadors, he obtained unhoped-for terms. If a monarch behaved too badly, Julian appeared suddenly and admonished him. He liberated peoples. He freed queens locked in towers. It was he, and no other, who slew the viper of Milan and the dragon of Oberbirbach.

LA LÉGENDE DE SAINT JULIEN L'HOSPITALIER

Or, l'empereur d'Occitanie, ayant triomphé des Musulmans espagnols, s'était joint par concubinage à la soeur du calife de Cordoue; et il en conservait une fille, qu'il avait élevée chrétiennement. Mais le calife, faisant mine de vouloir se convertir, vint lui rendre visite, accompagné d'une escorte nombreuse, massacra toute sa garnison, et le plongea dans un cul de basse-fosse, où il le traitait durement, afin d'en extirper des trésors.

Julien accourut à son aide, détruisit l'armée des infidèles, assiégea la ville, tua le calife, coupa sa tête, et la jeta comme une boule par-dessus les remparts. Puis il tira l'empereur de sa prison, et le fit remonter sur son trône, en présence de toute sa cour.

L'empereur, pour un tel service, lui présenta dans des corbeilles beaucoup d'argent; Julien n'en voulut pas. Croyant qu'il en désirait davantage, il lui offrit les trois quarts de ses richesses; nouveau refus; puis de partager son royaume; Julien le remercia; et l'empereur en pleurait de dépit, ne sachant de quelle manière témoigner sa reconnaissance, quand il se frappa le front, dit un mot à l'oreille d'un courtisan; les rideaux d'une tapisserie se relevèrent, et une jeune fille parut.

Ses grands yeux noirs brillaient comme deux lampes très douces. Un sourire charmant écartait ses lèvres. Les anneaux de sa chevelure s'accrochaient aux pierreries de sa robe entr'ouverte; et, sous la transparence de sa tunique, on devinait la jeunesse de son corps. Elle était toute mignonne et potelée, avec la taille fine.

Julien fut ébloui d'amour, d'autant plus qu'il avait mené jusqu'alors une vie très chaste.

Donc il reçut en mariage la fille de l'empereur, avec un château qu'elle tenait de sa mère; et, les noces étant terminées, on se quitta, après des politesses infinies de part et d'autre.

C'était un palais de marbre blanc, bâti à la moresque, sur un promontoire, dans un bois d'orangers. Des terrasses de fleurs descendaient jusqu'au bord d'un golfe, où des coquilles roses craquaient sous les pas. Derrière le château,

Now, the Emperor of Occitania, having triumphed over the Spanish Moslems, had taken as concubine the sister of the Caliph of Cordova. By her he had a daughter whom he had brought up as a Christian. But the Caliph, pretending he wanted to be converted, came to visit him, accompanied by a numerous escort, and massacred his entire garrison. He threw the Emperor into a dungeon underground where he treated him harshly in order to extort treasures from him.

Julian hastened to his aid, destroyed the army of the Infidels, besieged the city, killed the Caliph, cut off his head, and threw it like a ball over the ramparts. Then he released the Emperor from prison and set him back on his throne, in the presence of his entire court.

For such a service, the Emperor presented him with a great deal of money in baskets. Julian wanted none of it. Believing that he desired more, he offered him three quarters of his wealth. He was refused again. Then he offered to share his kingdom and Julian declined. The Emperor wept through vexation, not knowing how to express his gratitude, when suddenly he tapped his forehead, and said some words in a courtier's ear. The curtains of a tapestry lifted and a young girl appeared.

Her large black eyes shone like two very gentle lamps. Her lips parted in a charming smile. The ringlets of her hair caught in the jewels of her half-opened dress, and under the transparency of her tunic the youthfulness of her body could be guessed. She had a slim figure and was entrancing and soft.

Julian was dazzled with love, all the more so because he had lived until then very chastely.

So, he took the Emperor's daughter in marriage, and a castle which she received from her mother. When the wedding was over, the two families separated after endless courtesies on both sides.

It was a palace of white marble, built in the Moorish style, on a promontory, in a grove of orange trees. Terraces of flowers sloped down to the edge of a bay, where pink shells

s'étendait une forêt ayant le dessin d'un éventail. Le ciel continuellement était bleu, et les arbres se penchaient tour à tour sous la brise de la mer et le vent des montagnes, qui fermaient au loin l'horizon.

Les chambres, pleines de crépuscule, se trouvaient éclairées par les incrustations des murailles. De hautes colonnettes, minces comme des roseaux, supportaient la voûte des coupoles, décorées de reliefs imitant les stalactites des grottes.

Il y avait des jets d'eau dans les salles, des mosaïques dans les cours, des cloisons festonnées, mille délicatesses d'architecture, et partout un tel silence que l'on entendait le frôlement d'une écharpe ou l'écho d'un soupir.

Julien ne faisait plus la guerre. Il se reposait, entouré d'un peuple tranquille; et chaque jour, une foule passait devant lui, avec des génuflexions et des baisemains à l'orientale.

Vêtu de pourpre, il restait accoudé dans l'embrasure d'une fenêtre, en se rappelant ses chasses d'autrefois; et il aurait voulu courir sur le désert après les gazelles et les autruches, être caché dans les bambous à l'affût des léopards, traverser des forêts pleines de rhinocéros, atteindre au sommet des monts les plus inaccessibles pour viser mieux les aigles, et sur les glaçons de la mer combattre les ours blancs.

Quelquefois, dans un rêve, il se voyait comme notre père Adam au milieu du Paradis, entre toutes les bêtes; en allongeant le bras, il les faisait mourir; ou bien, elles défilaient, deux à deux, par rang de taille, depuis les éléphants et les lions jusqu'aux hermines et aux canards, comme le jour qu'elles entrèrent dans l'arche de Noé. A l'ombre d'une caverne, il dardait sur elles des javelots infaillibles; il en survenait d'autres; cela n'en finissait pas; et il se réveillait en roulant des yeux farouches.

Des princes de ses amis l'invitèrent à chasser. Il s'y refusa toujours, croyant, par cette sorte de pénitence, détourner son malheur; car il lui semblait que du meurtre des animaux dépendait le sort de ses parents. Mais il souffrait de ne pas les voir, et son autre envie devenait insupportable.

crunched underfoot. Behind the castle, a forest spread in the shape of a fan. The sky was continually blue, and the trees bent by turns under the sea breeze and the wind from the mountains which enclosed the horizon far off.

The bedrooms, full of twilight, were lighted from inlays in the walls. High columns, as slender as reeds, supported the vault of the cupolas, decorated with bas-reliefs imitating stalactites in caves.

There were fountains in the large rooms, mosaics in the courtyards, festooned partitions, numberless delicacies of architecture, and everywhere such silence that you heard the rustle of a scarf or the echo of a sigh.

Julian no longer waged war. He rested, in the midst of a quiet people. Each day a crowd passed in front of him with genuflections and hand-kissing in the Oriental style.

Dressed in purple, he remained leaning on his elbows in the embrasure of a window, recalling the hunts he used to go on. He would have liked to race over the desert after gazelles and ostriches, hide in the bamboo to wait for leopards, go through forests full of rhinoceroses, climb to the summit of the most inaccessible mountains in order to take better aim at eagles, and fight white bears on ice floes.

Sometimes, in a dream, he saw himself as our father Adam in the middle of Paradise, among all the animals. By stretching out his arm, he had them die. Or they would file by, two by two, according to size, from elephants and lions to ermines and ducks, as on the day when they entered Noah's Ark. In the dark of a cavern, he hurled on them infallible javelins. Others appeared, and there was no end to them. He woke up rolling his wild eyes.

Some princes among his friends invited him to hunt. He always refused, believing that by this kind of penance, he would turn aside his misfortune, for it seemed to him that the fate of his parents depended upon the slaughter of animals. But he was grieved at not seeing them, and his other desire became unbearable.

Sa femme, pour le récréer, fit venir des jongleurs et des danseuses.

Elle se promenait avec lui, en litière ouverte, dans la campagne; d'autres fois, étendus sur le bord d'une chaloupe, ils regardaient les poissons vagabonder dans l'eau, claire comme le ciel. Souvent elle lui jetait des fleurs au visage; accroupie devant ses pieds, elle tirait des airs d'une mandoline à trois cordes; puis, lui posant sur l'épaule ses deux mains jointes, disait d'une voix timide:

— Qu'avez-vous donc, cher seigneur?

Il ne répondait pas, ou éclatait en sanglots; enfin, un jour, il avoua son horrible pensée.

Elle la combattit, en raisonnant très bien: son père et sa mère, probablement, étaient morts; si jamais il les revoyait, par quel hasard, dans quel but, arriverait-il à cette abomination? Donc, sa crainte n'avait pas de cause, et il devait se remettre à chasser.

Julien souriait en l'écoutant, mais ne se décidait pas à satisfaire son désir.

Un soir du mois d'août qu'ils étaient dans leur chambre, elle venait de se coucher et il s'agenouillait pour sa prière quand il entendit le jappement d'un renard, puis des pas légers sous la fenêtre; et il entrevit dans l'ombre comme des apparences d'animaux. La tentation était trop forte. Il décrocha son carquois.

Elle parut surprise.

— C'est pour obéir! dit-il: au lever du soleil, je serai revenu.

Cependant elle redoutait une aventure funeste.

Il la rassura, puis sortit, étonné de l'inconséquence de son humeur.

Peu de temps après, un page vint annoncer que deux inconnus, à défaut du seigneur absent, réclamaient tout de suite la seigneuresse.

Et bientôt entrèrent dans la chambre un vieil homme et une vieille femme, courbés, poudreux, en habits de toile, et s'appuyant chacun sur un bâton.

Ils s'enhardirent et déclarèrent qu'ils apportaient à Julien des nouvelles de ses parents.

His wife had jugglers and dancing-girls come to amuse him.

She traveled with him, in an open litter, throughout the countryside. On other occasions, lying over the edge of a shallop they would watch fish swimming aimlessly in water as clear as the sky. Often she threw flowers in his face, or crouching at his feet she drew melodies from a three-stringed mandolin. Then, placing her two clasped hands on his shoulders, said timidly:

"What troubles you, dear lord?"

He did not answer, or burst into sobs. At last, one day he confessed his horrible thought.

She fought it with good arguments. His father and mother were probably dead. If ever he did see them again, by what chance or for what reason, would he perform that abomination? So, his fears had no cause and he should take up hunting again.

Julian smiled as he listened to her, but did not decide to fulfil his desire.

One evening in the month of August when they were in their room, she had just gone to bed and he was kneeling for his prayers when he heard the yapping of a fox and then light steps under the window. In the shadows he caught a glimpse of something like the forms of animals. The temptation was too strong. He took down his quiver.

She showed surprise.

"It is to obey you!" he said. "I shall be back at sunrise."

Yet she feared a fatal adventure.

He reassured her and then left, surprised at the inconsistency of her mood.

Shortly afterwards, a page came to announce that two strangers were insisting upon seeing the wife of the lord immediately, since the lord was absent.

Soon there came into the room an old man and an old woman, bent over, covered with dust, dressed in rough cloth and each leaning on a staff.

They took courage and declared they were bringing Julian news of his parents.

Elle se pencha pour les entendre.

Mais, s'étant concertés du regard, ils lui demandèrent s'il les aimait toujours, s'il parlait d'eux quelquefois.

— Oh oui! dit-elle.

Alors, ils s'écrièrent:

— Eh bien! c'est nous!

Et ils s'assirent, étant fort las et recrus de fatigue.

Rien n'assurait à la jeune femme que son époux fût leur fils.

Ils en donnèrent la preuve, en décrivant des signes particuliers qu'il avait sur la peau.

Elle sauta hors sa couche, appela son page, et on leur servit un repas.

Bien qu'ils eussent grand'faim, ils ne pouvaient guère manger; et elle observait à l'écart le tremblement de leurs mains osseuses, en prenant les gobelets.

Ils firent mille questions sur Julien. Elle répondit à chacune, mais eut soin de taire l'idée funèbre qui les concernait.

Ne le voyant pas revenir, ils étaient partis de leur château; et ils marchaient depuis plusieurs années, sur de vagues indications, sans perdre l'espoir. Il avait fallu tant d'argent au péage des fleuves et dans les hôtelleries, pour les droits des princes et les exigences des voleurs, que le fond de leur bourse était vide, et qu'ils mendiaient maintenant. Qu'importe, puisque bientôt ils embrasseraient leur fils? Ils exaltaient son bonheur d'avoir une femme aussi gentille, et ne se lassaient point de la contempler et de la baiser.

La richesse de l'appartement les étonnait beaucoup; et le vieux, ayant examiné les murs, demanda pourquoi s'y trouvait le blason de l'empereur d'Occitanie.

Elle répliqua:

— C'est mon père!

Alors il tressaillit, se rappelant la prédiction du Bohême; et la vieille songeait à la parole de l'Ermite. Sans doute la gloire de son fils n'était que l'aurore des splendeurs éternelles; et tous les deux restaient béants, sous la lumière du candélabre qui éclairait la table.

She leaned over in order to hear them.

But first, exchanging glances of agreement, they asked her if he still loved them and if he ever spoke of them.

"Oh, yes!" she said.

Then they cried:

"We are his parents!"

And they sat down, being very weary and exhausted with fatigue.

There was nothing to assure the young wife that her husband was their son.

They gave proof of this by describing some particular marks he had on his body.

She leapt from her bed, called her page and had food served to them.

Although they were very hungry, they could hardly eat; and, off to one side, she watched the trembling of their bony hands as they took the goblets.

They asked countless questions about Julian. She answered each one, but was careful to conceal the deadly idea in which they were concerned.

When he did not return home, they had left their castle and had been walking for several years, on vague clues, without losing hope. So much money had been needed for river-tolls and for hostelries, for the taxes of princes and the demands of thieves, that the bottom of their purse was empty and now they begged. But this was of no consequence, since they would soon embrace their son. They extolled his happiness at having such a pretty wife, and did not grow weary of looking at her and kissing her.

The richness of the apartment astonished them, and the old man, examining the walls, asked why the coat-of-arms of the Emperor of Occitania was on them.

She replied:

"He is my father!"

At that he trembled, remembering the prophecy of the Gypsy, and the old woman thought of the hermit's words. Her son's glory doubtless was only the dawn of eternal splendor. Both of them sat open-mouthed, under the light of the candelabrum on the table.

Ils avaient dû être très beaux dans leur jeunesse. La mère avait encore tous ses cheveux, dont les bandeaux fins, pareils à des plaques de neige, pendaient jusqu'au bas de ses joues; et le père, avec sa taille haute et sa grande barbe, ressemblait à une statue d'église.

La femme de Julien les engagea à ne pas l'attendre. Elle les coucha elle-même dans son lit, puis ferma la croisée; ils s'endormirent. Le jour allait paraître, et derrière le vitrail, les petits oiseaux commençaient à chanter.

Julien avait traversé le parc; et il marchait dans la forêt d'un pas nerveux, jouissant de la mollesse du gazon et de la douceur de l'air.

Les ombres des arbres s'étendaient sur la mousse. Quelquefois la lune faisait des taches blanches dans les clairières, et il hésitait à s'avancer, croyant apercevoir une flaque d'eau, ou bien la surface des mares tranquilles se confondait avec la couleur de l'herbe. C'était partout un grand silence; et il ne découvrait aucune des bêtes qui, peu de minutes auparavant, erraient à l'entour de son château.

Le bois s'épaissit, l'obscurité devint profonde. Des bouffées de vent chaud passaient, pleines de senteurs amollissantes. Il enfonçait dans des tas de feuilles mortes, et il s'appuya contre un chêne pour haleter un peu.

Tout à coup, derrière son dos, bondit une masse plus noire, un sanglier. Julien n'eut que le temps de saisir son arc, et il s'en affligea comme d'un malheur.

Puis, étant sorti du bois, il aperçut un loup qui filait le long d'une haie.

Julien lui envoya une flèche. Le loup s'arrêta, tourna la tête pour le voir et reprit sa course. Il trottait en gardant toujours la même distance, s'arrêtait de temps à autre, et, sitôt qu'il était visé, recommençait à fuir.

Julien parcourut de cette manière une plaine interminable, puis des monticules de sable, et enfin il se trouva sur un plateau dominant un grand espace de pays. Des pierres plates étaient clairsemées entre des caveaux en ruines. On trébuchait sur des ossements de morts; de place

They must have been very handsome in their youth. The mother still had all her hair and its fine plaits, like drifts of snow, hung to the bottom of her cheeks. The father, with his tall figure and long beard, resembled a church statue.

Julian's wife urged them not to wait for him. She herself put them into her own bed, and then closed the casement window. They fell asleep. The day was about to dawn and on the other side of the stained-glass window, small birds were beginning to sing.

Julian had crossed the park and he walked with a nervous stride in the forest enjoying the softness of the grass and the mildness of the air.

Shadows from the trees spread over the moss. At times the moon made white spots in the glades, and he hesitated to continue, thinking he saw a pool of water, or the surface of the still ponds merged with the color of the grass. A deep silence was everywhere. He found not one of the beasts which a few minutes earlier were wandering around his castle.

The wood thickened and the darkness grew more dark. Puffs of warm wind passed by, full of enervating smells. He sank into piles of dead leaves, and he leaned against an oak in order to catch his breath.

Suddenly, behind his back, a blacker mass leapt out. It was a wild boar. Julian had only time enough to seize his bow, and he was grieved at this as if by a misfortune.

Then, after leaving the woods, he saw a wolf trotting along a hedge.

Julian shot an arrow at it. The wolf stopped, turned its head to look at him, and went on again. As it trotted on, it always kept the same distance, stopped from time to time, and as soon as it was aimed at, began again to run.

In this manner, Julian covered an endless plain, then some small sand-hills, and finally came out on a plateau which looked over a large expanse of country. Flat stones were scattered about between ruined burial vaults. You stumbled over bones of dead men. In some places worm-

en place, des croix vermoulues se penchaient d'un air lamentable. Mais des formes remuèrent dans l'ombre indécise des tombeaux; et il en surgit des hyènes, tout effarées, pantelantes. En faisant claquer leurs ongles sur les dalles, elles vinrent à lui et le flairaient avec un bâillement qui découvrait leurs gencives. Il dégaina son sabre. Elles partirent à la fois dans toutes les directions, et, continuant leur galop boiteux et précipité, se perdirent au loin sous un flot de poussière.

Une heure après, il rencontra dans un ravin un taureau furieux, les cornes en avant, et qui grattait le sable avec son pied. Julien lui pointa sa lance sous les fanons. Elle éclata, comme si l'animal eût été de bronze; il ferma les yeux, attendant sa mort. Quand il les rouvrit, le taureau avait disparu.

Alors son âme s'affaissa de honte. Un pouvoir supérieur détruisait sa force; et pour s'en retourner chez lui, il rentra dans la forêt.

Elle était embarrassée de lianes; et il les coupait avec son sabre quand une fouine glissa brusquement entre ses jambes, une panthère fit un bond par-dessus son épaule, un serpent monta en spirale autour d'un frêne.

Il y avait dans son feuillage un choucas monstrueux, qui regardait Julien; et, çà et là, parurent entre les branches quantité de larges étincelles, comme si le firmament eût fait pleuvoir dans la forêt toutes ses étoiles. C'étaient des yeux d'animaux, des chats sauvages, des écureuils, des hiboux, des perroquets, des singes.

Julien darda contre eux ses flèches; les flèches, avec leurs plumes, se posaient sur les feuilles comme des papillons blancs. Il leur jeta des pierres; les pierres, sans rien toucher, retombaient. Il se maudit, aurait voulu se battre, hurla des imprécations, étouffait de rage.

Et tous les animaux qu'il avait poursuivis se représentèrent, faisant autour de lui un cercle étroit. Les uns étaient assis sur leur croupe, les autres dressés de toute leur taille. Il restait au milieu, glacé de terreur, incapable du moindre mouvement. Par un effort suprême de sa volonté, il fit un pas; ceux qui perchaient sur les arbres ouvrirent leurs ailes,

eaten crosses leaned over in a mournful way. But forms stirred in the indistinct shadows of the tombs. Hyenas, terrified and panting, rose out of them. With their nails clattering on the paving-stones, they came up to him and sniffed at him, showing their gums as they yawned. He unsheathed his sword. They went off at once in every direction, and continuing their limping precipitous gallop, they disappeared in a distant cloud of dust.

One hour later, in a ravine he came upon a mad bull, its horns lowered and pawing the sand with its foot. Julian thrust his lance under its dew-lap. The weapon was shattered as if the animal had been of bronze. He closed his eyes, expecting his death. When he opened them again, the bull had disappeared.

Then his soul sank with shame. A superior power was destroying his strength. In order to return home, he went back into the forest.

It was tangled with creepers. He was cutting them with his sword when a marten slipped abruptly between his legs. A panther made a bound over his shoulder and a serpent coiled its way up an ash tree.

A monstrous jackdaw in the foliage was looking at Julian. Here and there, between the branches appeared quantities of large sparks, as if the firmament had showered all of its stars into the forest. They were eyes of animals, wildcats, squirrels, owls, parrots and monkeys.

Julian shot his arrows at them, and the arrows with their feathers alighted on the leaves like white butterflies. He threw stones at them, and the stones, without touching anything, fell to the ground. He cursed himself, wanted to fight, shouted imprecations, and choked with rage.

And all the animals he had hunted appeared again forming around him a narrow circle. Some sat on their haunches and others were fully erect. He stayed in the middle, frozen with horror, incapable of the slightest movement. Through a supreme effort of his will, he took one step. The ones perched on trees opened their wings, those

ceux qui foulaient le sol déplacèrent leurs membres; et tous l'accompagnaient.

Les hyènes marchaient devant lui, le loup et le sanglier par derrière. Le taureau, à sa droite, balançait la tête; et, à sa gauche, le serpent ondulait dans les herbes, tandis que la panthère, bombant son dos, avançait à pas de velours et à grandes enjambées. Il allait le plus lentement possible pour ne pas les irriter; et il voyait sortir de la profondeur des buissons des porcs-épics, des renards, des vipères, des chacals et des ours.

Julien se mit à courir; ils coururent. Le serpent sifflait, les bêtes puantes bavaient. Le sanglier lui frottait les talons avec ses défenses, le loup l'intérieur des mains avec les poils de son museau. Les singes le pinçaient en grimaçant, la fouine se roulait sur ses pieds. Un ours, d'un revers de patte, lui enleva son chapeau; et la panthère, dédaigneusement, laissa tomber une flèche qu'elle portait à sa gueule.

Une ironie perçait dans leurs allures sournoises. Tout en l'observant du coin de leurs prunelles, ils semblaient méditer un plan de vengeance; et, assourdi par le bourdonnement des insectes, battu par des queues d'oiseau, suffoqué par des haleines, il marchait les bras tendus et les paupières closes comme un aveugle, sans même avoir la force de crier "Grâce!"

Le chant d'un coq vibra dans l'air. D'autres y répondirent; c'était le jour; et il reconnut, au-delà des orangers, le faîte de son palais.

Puis, au bord d'un champ, il vit, à trois pas d'intervalle, des perdrix rouges qui voletaient dans les chaumes. Il dégrafa son manteau, et l'abattit sur elles comme un filet. Quand il les eut découvertes, il n'en trouva qu'une seule, et morte depuis longtemps, pourrie.

Cette déception l'exaspéra plus que toutes les autres. Sa soif de carnage le reprenait; les bêtes manquant, il aurait voulu massacrer des hommes.

Il gravit les trois terrasses, enfonça la porte d'un coup de poing; mais, au bas de l'escalier, le souvenir de sa chère

treading the ground stretched their limbs, and all went with him.

The hyenas walked in front of him, the wolf and the boar behind. The bull, on his right, swayed its head, and on his left, the serpent wound through the grass, while the panther, arching its back, advanced with long velvet-footed strides. He went as slowly as possible in order not to irritate them. He saw coming out from the dark of the bushes porcupines, foxes, vipers, jackals and bears.

Julian began to run, and they ran. The serpent hissed, the stinking beasts slavered. The boar rubbed Julian's heels with his tusks, the wolf the inside of his hands with the hairs of its snout. The monkeys pinched him and made faces. The marten rolled over his feet. A bear, with a back-handed swipe of its paw, knocked off his hat, and the panther scornfully dropped an arrow which it had been holding in its mouth.

An irony was apparent in their sly movements. While watching him from the corner of their eyes, they seemed to be meditating a plan of revenge. Deafened by the buzzing of insects, lashed by the tails of birds, suffocated by all the breathing around him, he walked with his arms stretched out and his eyes closed like a blind man, without even having the strength to cry for mercy.

The crow of a cock rang through the air. Others answered it. It was day and he recognized, beyond the orange trees, the ridge of his palace roof.

Then, at the edge of a field he saw, three paces off, some red-legged partridge fluttering in the stubble. He unfastened his cloak and cast it over them like a net. When he uncovered them, he found only one, dead for a long time and rotten.

This disappointment exasperated him more than all the others. His thirst for slaughter seized him again. Since there were no animals, he would willingly massacre humans.

He climbed the three terraces, broke open the door with a blow of his fist, but at the bottom of the staircase, the

femme détendit son coeur. Elle dormait sans doute, et il allait la surprendre.

Ayant retiré ses sandales, il tourna doucement la serrure, et entra.

Les vitraux garnis de plomb obscurcissaient la pâleur de l'aube. Julien se prit les pieds dans des vêtements, par terre; un peu plus loin, il heurta une crédence encore chargée de vaisselle. "Sans doute, elle aura mangé," se dit-il; et il avançait vers le lit, perdu dans les ténèbres au fond de la chambre. Quand il fut au bord, afin d'embrasser sa femme, il se pencha sur l'oreiller où les deux têtes reposaient l'une près de l'autre. Alors il sentit contre sa bouche l'impression d'une barbe.

Il se recula, croyant devenir fou; mais il revint près du lit, et ses doigts, en palpant, rencontrèrent des cheveux qui étaient très longs. Pour se convaincre de son erreur, il repassa lentement sa main sur l'oreiller. C'était bien une barbe, cette fois, et un homme! un homme couché avec sa femme!

Eclatant d'une colère démesurée, il bondit sur eux à coups de poignard; et il trépignait, écumait, avec des hurlements de bête fauve. Puis il s'arrêta. Les morts, percés au coeur, n'avaient pas même bougé. Il écoutait attentivement leurs deux râles presque égaux, et, à mesure qu'ils s'affaiblissaient, un autre, tout au loin, les continuait. Incertaine d'abord, cette voix plaintive longuement poussée se rapprochait, s'enfla, devint cruelle; et il reconnut, terrifié, le bramement du grand cerf noir.

Et comme il se retournait, il crut voir dans l'encadrure de la porte, le fantôme de sa femme, une lumière à la main.

Le tapage du meurtre l'avait attirée. D'un large coup d'oeil elle comprit tout et, s'enfuyant d'horreur, laissa tomber son flambeau.

Il le ramassa.

Son père et sa mère étaient devant lui, étendus sur le dos avec un trou dans la poitrine; et leurs visages, d'une majestueuse douceur, avaient l'air de garder comme un

thought of his dear wife softened his heart. She was doubtless sleeping and he would surprise her.

Taking off his sandals, he gently turned the lock and went in.

The pallor of the dawn was darkened as it came through the leaded stained-glass windows. Julian's feet caught in some clothes on the floor, and a bit farther on, he knocked against a buffet still laden with dishes. "She must have been eating," he said to himself, and he moved toward the bed which was lost in the darkness at the end of the room. When he reached the edge of the bed, in order to kiss his wife, he leaned over the pillow where the two heads were lying one close to the other. Then against his mouth he felt the touch of a beard.

He drew back, believing that he was losing his mind. But he came back close to the bed, and as his fingers felt about, they touched very long hair. To convince himself of his error, he again slowly passed his hand over the pillow. It was really a beard this time and a man! A man in bed with his wife!

Overcome with unbounded rage, he leaped on them and struck with his dagger. He stamped and foamed, with roars of a wild beast. Then he stopped. The dead, pierced to the heart, had not even moved. He listened closely to their death-rattles which were almost the same, and as they grew feebler, another groan from far off took them up. At first indistinct, this plaintive long-drawn voice came closer, swelled and became cruel. Terrified, he recognized the belling of the large black stag.

As he turned around, he thought he saw, in the frame of the door, his wife's ghost, with a light in her hand.

She had been drawn there by the din of the murder. In one wide glance she understood everything, and fleeing in horror, dropped her torch.

He picked it up.

Before him his mother and father were lying on their backs, with a hole in their breasts. Their faces, of a majestic gentleness, seemed to be keeping an eternal secret. Splashes

secret éternel. Des éclaboussures et des flaques de sang s'étalaient au milieu de leur peau blanche, sur les draps du lit, par terre, le long d'un christ d'ivoire suspendu dans l'alcôve. Le reflet écarlate du vitrail, alors frappé par le soleil, éclairait ces taches rouges, et en jetait de plus nombreuses dans tout l'appartement. Julien marcha vers les deux morts en se disant, en voulant croire, que cela n'était pas possible, qu'il s'était trompé, qu'il y a parfois des ressemblances inexplicables. Enfin, il se baissa légèrement pour voir de tout près le vieillard; et il aperçut, entre ses paupières mal fermées, une prunelle éteinte qui le brûla comme du feu. Puis il se porta de l'autre côté de la couche, occupé par l'autre corps, dont les cheveux blancs masquaient une partie de la figure. Julien lui passa les doigts sous ses bandeaux, leva sa tête; et il la regardait, en la tenant au bout de son bras roidi, pendant que de l'autre main il s'éclairait avec le flambeau. Des gouttes, suintant du matelas, tombaient une à une sur le plancher.

A la fin du jour, il se présenta devant sa femme; et, d'une voix différente de la sienne, il lui commanda premièrement de ne pas lui répondre, de ne pas l'approcher, de ne plus même le regarder, et qu'elle eût à suivre, sous peine de damnation, tous ses ordres qui étaient irrévocables.

Les funérailles seraient faites selon des instructions qu'il avait laissées par écrit, sur un prie-Dieu, dans la chambre des morts. Il lui abandonnait son palais, ses vassaux, tous ses biens, sans même retenir les vêtements de son corps, et ses sandales, que l'on trouverait au haut de l'escalier.

Elle avait obéi à la volonté de Dieu, en occasionnant son crime, et devait prier pour son âme, puisque désormais il n'existait plus.

On enterra les morts avec magnificence, dans l'église d'un monastère à trois journées du château. Un moine en cagoule rabattue suivit le cortège, loin de tous les autres, sans que personne osât lui parler.

Il resta pendant la messe, à plat ventre au milieu du portail, les bras en croix, et le front dans la poussière.

Après l'ensevelissement, on le vit prendre le chemin qui

and pools of blood spread over their white skin, over the sheets of the bed, on the floor, and over an ivory crucifix hanging in the alcove. The scarlet reflection from the stained-glass window, which the sun was striking, lit up the red patches and cast many others throughout the apartment. Julian walked toward the two dead figures, saying to himself, and wanting to believe, that this was not possible, that he was mistaken, that at times there are inexplicable resemblances. Finally he bent down slightly to look at the old man close to, and he saw, between the partly closed eyelids, a glazed eyeball which burned him like fire. Then he went to the other side of the bed, where the other body lay, whose white hair covered a part of her face. Julian passed his fingers under the plaits and raised the head. He looked at it as he held it at arm's length in one hand, while in his other hand he held up a torch for light. Drops, oozing from the mattress, fell one by one on the floor.

At the end of the day, he presented himself before his wife. In a voice not his own, he first ordered her not to answer him, not to approach him, not even to look at him, and to follow, under pain of damnation, all his instructions, which were irrevocable.

The funeral was carried out according to the directions he had left in writing, on a prie-Dieu, in the chamber of the dead. He left to her his palace, his vassals, all his possessions, without even retaining the clothes of his body and his sandals which would be found at the head of the stairs.

She had obeyed the will of God in causing his crime, and she was to pray for his soul because henceforth he did not exist.

The dead were buried with great pomp, in the church of a monastery three days' journey from the castle. A monk, with his hood pulled down, followed the procession, far from all the others, and no one dared to speak to him.

During the mass, he remained flat on his stomach, in the middle of the portal, his arms like a cross and his forehead in the dust.

After the burial, they saw him take the road which led

menait aux montagnes. Il se retourna plusieurs fois, et finit par disparaître.

III

Il s'en alla, mendiant sa vie par le monde.

Il tendait sa main aux cavaliers sur les routes, avec des génuflexions s'approchait des moissonneurs, ou restait immobile devant la barrière des cours; et son visage était si triste que jamais on ne lui refusait l'aumône.

Par esprit d'humilité, il racontait son histoire; alors tous s'enfuyaient, en faisant des signes de croix. Dans les villages où il avait déjà passé, sitôt qu'il était reconnu, on fermait les portes, on lui criait des menaces, on lui jetait des pierres. Les plus charitables posaient une écuelle sur le bord de leur fenêtre, puis fermaient l'auvent pour ne pas l'apercevoir.

Repoussé de partout, il évita les hommes; et il se nourrit de racines, de plantes, de fruits perdus, et de coquillages qu'il cherchait le long des grèves.

Quelquefois, au tournant d'une côte, il voyait sous ses yeux une confusion de toits pressés, avec des flèches de pierre, des ponts, des tours, des rues noires s'entre-croisant, et d'où montait jusqu'à lui un bourdonnement continuel.

Le besoin de se mêler à l'existence des autres le faisait descendre à la ville. Mais l'air bestial des figures, le tapage des métiers, l'indifférence des propos glaçaient son coeur. Les jours de fête, quand le bourdon des cathédrales mettait en joie dès l'aurore le peuple entier, il regardait les habitants sortir le leurs maisons, puis les danses sur les places, les fontaines de cervoise dans les carrefours, les tentures de damas devant le logis des princes, et, le soir venu, par le vitrage du rez-de-chaussée, les longues tables de famille où des aïeux tenaient des petits enfants sur leurs genoux; des sanglots l'étouffaient, et il s'en retournait vers la campagne.

Il contemplait avec des élancements d'amour les poulains dans les herbages, les oiseaux dans leurs nids, les insectes sur les fleurs; tous, à son approche, couraient plus loin, se cachaient, effarés, s'envolaient bien vite.

to the mountains. He turned to look back several times, and finally disappeared.

III

He went off, begging his way through the world.

He held out his hand to horsemen on the roads, and approached harvesters with genuflections, or remained motionless before the gate of courtyards. His face was so sad that he was never refused alms.

In a spirit of humility, he would tell his story. Then all would flee from him, as they made the sign of the cross. In villages which he had already passed through, as soon as he was recognized, people would shut their doors, threaten him with words, and throw stones at him. The most charitable placed a bowl on their window-sill, then closed the shutters so as not to see him.

Being repulsed everywhere, he avoided men. He lived on roots, plants, spoiled fruit and shellfish which he found along the beaches.

Sometimes, at the turn of a hillside, he saw down below a jumble of crowded roofs, with stone spires, bridges, towers, dark streets criss-crossing, from which a continuous hum rose up to him.

The need to mingle with other beings made him go down into the town. But the brutish expressions on the faces, the uproar of the crafts, the emptiness of the words froze his heart. On feast days, when the ringing of the cathedral bells made everyone joyful from daybreak, he watched the inhabitants leave their houses, and the dancing on the squares, the barley-beer jugs at the crossroads, the damask hangings in front of the houses of princes; and when evening came, he watched through the windows of the ground floor the long family tables where grandparents held small children on their knees. Sobs would choke him and he would go back toward the country.

With feelings of love he watched colts in the pasture, birds in their nests, insects on the flowers. But all, as he drew near, would run off, or hide in terror or quickly fly away.

Il rechercha les solitudes. Mais le vent apportait à son oreille comme des râles d'agonie; les larmes de la rosée tombant par terre lui rappelaient d'autres gouttes d'un poids plus lourd. Le soleil, tous les soirs, étalait du sang dans les nuages; et chaque nuit, en rêve, son parricide recommençait.

Il se fit un cilice avec des pointes de fer. Il monta sur les deux genoux toutes les collines ayant une chapelle à leur sommet. Mais l'impitoyable pensée obscurcissait la splendeur des tabernacles, le torturait à travers les macérations de la pénitence.

Il ne se révoltait pas contre Dieu qui lui avait infligé cette action, et pourtant se désespérait de l'avoir pu commettre.

Sa propre personne lui faisait tellement horreur qu'espérant s'en délivrer il l'aventura dans des périls. Il sauva des paralytiques des incendies, des enfants du fond des gouffres. L'abîme le rejetait, les flammes l'épargnaient.

Le temps n'apaisa pas sa souffrance. Elle devenait intolérable. Il résolut de mourir.

Et un jour qu'il se trouvait au bord d'une fontaine, comme il se penchait par-dessus pour juger de la profondeur de l'eau, il vit paraître en face de lui un vieillard tout décharné, à barbe blanche et d'un aspect si lamentable qu'il lui fut impossible de retenir ses pleurs. L'autre, aussi, pleurait. Sans reconnaître son image, Julien se rappelait confusément une figure ressemblant à celle-là. Il poussa un cri; c'était son père; et il ne pensa plus à se tuer.

Ainsi, portant le poids de son souvenir, il parcourut beaucoup de pays; et il arriva près d'un fleuve dont la traversée était dangereuse, à cause de sa violence et parce qu'il y avait sur les rives une grande étendue de vase. Personne depuis longtemps n'osait plus le passer.

Une vieille barque, enfouie à l'arrière, dressait sa proue dans les roseaux. Julien en l'examinant découvrit une paire d'avirons; et l'idée lui vint d'employer son existence au service des autres.

Il commença par établir sur la berge une manière de

He sought solitary places. But the wind brought to his ears sounds like the death-rattle. The drops of dew falling to the ground reminded him of other drops of heavier weight. Every evening the sun spread blood over the clouds, and every night, in his dreams, his parricide began over again.

He made himself a hair shirt with iron spikes. On his knees he climbed every hill which had a chapel at the top. But his pitiless thought darkened the splendor of the tabernacles, and tortured him throughout the maceration of his penance.

He did not revolt against God who had inflicted this action on him, and yet he was in despair through having been able to commit it.

His own person filled him with such horror that, hoping for release from it, he risked his life in dangers. He saved paralytics from fires and children from the bottom of chasms. The abyss threw him back and the flames spared him.

Time did not relieve his suffering. It grew intolerable. He resolved to die.

One day when he was on the brink of a fountain and leaning over in order to judge the depths of the water, he saw appear opposite him an emaciated old man, with a white beard and so sorrowful a look that he could not hold back his weeping. The other also was weeping. Without recognizing his image, Julian vaguely remembered a face which resembled that one. He uttered a cry. It was his father. He thought no more of killing himself.

Thus, bearing the weight of his memory, he traveled through many countries. He came to a river which was dangerous to cross because of its violence and because there was on its banks a large stretch of mud. For a long time no one had dared cross it.

An old boat, whose stern was embedded, raised its prow among the reeds. On examining it, Julian discovered a pair of oars, and the thought came to him to spend his life in the service of others.

He began by constructing on the banks a kind of road-

chaussée qui permettait de descendre jusqu'au chenal; et il se brisait les ongles à remuer les pierres énormes, les appuyait contre son ventre pour les transporter, glissait dans la vase, y enfonçait, manqua périr plusieurs fois.

Ensuite, il répara le bateau avec des épaves de navires, et il se fit une cahute avec de la terre glaise et des troncs d'arbres.

Le passage étant connu, les voyageurs se présentèrent. Ils l'appelaient de l'autre bord, en agitant des drapeaux; Julien bien vite sautait dans sa barque. Elle était très lourde; et on la surchargeait par toutes sortes de bagages et de fardeaux, sans compter les bêtes de somme, qui, ruant de peur, augmentaient l'encombrement. Il ne demandait rien pour sa peine; quelques-uns lui donnaient des restes de victuailles qu'ils tiraient de leur bissac ou les habits trop usés dont ils ne voulaient plus. Des brutaux vociféraient des blasphèmes. Julien les reprenait avec douceur; et ils ripostaient par des injures. Il se contentait de les bénir.

Une petite table, un escabeau, un lit de feuilles mortes et trois coupes d'argile, voilà tout ce qu'était son mobilier. Deux trous dans la muraille servaient de fenêtres. D'un côté, s'étendaient à perte de vue des plaines stériles ayant sur leur surface de pâles étangs, ça et là; et le grand fleuve, devant lui, roulait ses flots verdâtres. Au printemps, la terre humide avait une odeur de pourriture. Puis, un vent désordonné soulevait la poussière en tourbillons. Elle entrait partout, embourbait l'eau, craquait sous les gencives. Un peu plus tard, c'était des nuages de moustiques, dont la susurration et les piqûres ne s'arrêtaient ni jour ni nuit. Ensuite, survenaient d'atroces gelées qui donnaient aux choses la rigidité de la pierre, et inspiraient un besoin fou de manger de la viande.

Des mois s'écoulaient sans que Julien vît personne. Souvent il fermait les yeux, tâchant, par la mémoire, de revenir dans sa jeunesse; et la cour d'un château apparaissait avec des lévriers sur un perron, des valets dans la salle d'armes, et, sous un berceau de pampres, un adolescent à cheveux blonds entre un vieillard couvert de fourrures et une dame à grand hennin; tout à coup, les deux cadavres

way which would permit people to reach the channel. He broke his nails in moving gigantic stones, and pressed them against his stomach in order to carry them, slipped in the mud, sank into it, and almost perished several times.

Then he repaired the boat with pieces of ship wreckage and made a hut for himself with clay and tree-trunks.

Since the crossing was known, travelers appeared. They called to him from the other bank, by waving flags. Quickly Julian jumped into his barge. It was very heavy, and they would overweigh it with all kinds of baggage and bundles, not to mention the beasts of burden which increased the crowding as they kicked in fear. He asked nothing for his work. Some would give him the remains of food which they pulled out of their wallets or worn-out clothes they no longer wanted. The roughest of them shouted blasphemies. Julian reproved them gently and they answered with words of abuse. He was content to bless them.

His only furniture was a small table, a stool, a bed of dry leaves and three clay cups. Two holes in the wall served as windows. On one side barren plains stretched out as far as the eye could see, dotted here and there with pale ponds. In front of him, the great river rolled forth its greenish waves. In the spring, the damp earth had a smell of decay. Then, a riotous wind raised up the dust in whirling clouds. It came in everywhere, muddied the water, and made a crunching sound under the gums. A little later, there were swarms of mosquitoes, which did not stop buzzing and stinging day or night. Then, terrible frosts would come which gave to everything the rigidity of stone, and aroused a mad need to eat meat.

Months passed when Julian saw no one. He often closed his eyes and tried in his memory to return to his youth. The courtyard of the castle would appear with greyhounds on the steps, page boys in the armory, and, under a vine arbor, a blond-haired adolescent between an old man dressed in furs and a lady wearing a large coif. Suddenly, the two corpses were there. He threw himself flat on his stomach,

étaient là. Il se jetait à plat ventre sur son lit, et répétait en pleurant:

— Ah! pauvre père! pauvre mère! pauvre mère!

Et tombait dans un assoupissement où les visions funèbres continuaient.

Une nuit qu'il dormait, il crut entendre quelqu'un l'appeler. Il tendit l'oreille et ne distingua que le mugissement des flots.

Mais la même voix reprit:

— Julien!

Elle venait de l'autre bord, ce qui lui parut extraordinaire, vu la largeur du fleuve.

Une troisième fois on appela:

— Julien!

Et cette voix haute avait l'intonation d'une cloche d'église.

Ayant allumé sa lanterne, il sortit de la cahute. Un ouragan furieux emplissait la nuit. Les ténèbres étaient profondes, et çà et là déchirées par la blancheur des vagues qui bondissaient.

Après une minute d'hésitation, Julien dénoua l'amarre. L'eau, tout de suite, devint tranquille, la barque glissa dessus et toucha l'autre berge, où un homme attendait.

Il était enveloppé d'une toile en lambeaux, la figure pareille à un masque de plâtre et les deux yeux plus rouges que des charbons. En approchant de lui la lanterne, Julien s'aperçut qu'une lèpre hideuse le recouvrait; cependant, il avait dans son attitude comme une majesté de roi.

Dès qu'il entra dans la barque, elle enfonça prodigieusement, écrasée par son poids; une secousse la remonta; et Julien se mit à ramer.

A chaque coup d'aviron, le ressac des flots la soulevait par l'avant. L'eau, plus noire que de l'encre, courait avec furie des deux côtés du bordage. Elle creusait des abîmes, elle faisait des montagnes, et la chaloupe sautait dessus, puis redescendait dans des profondeurs où elle tournoyait, ballottée par le vent.

Julien penchait son corps, dépliait les bras, et, s'arc-boutant des pieds, se renversait avec une torsion de la taille, pour avoir plus de force. La grêle cinglait ses mains, la

on his bed, and repeated through his tears:

"Ah! poor father! poor mother! poor mother!"

And fell into a drowsiness where funereal visions continued.

One night when he was sleeping, he thought he heard someone calling him. He listened and could only make out the roar of the waves.

But the same voice called out again:

"Julian!"

It came from the other bank, which seemed extraordinary to him, considering the breadth of the river.

A third time someone called:

"Julian!"

And that loud voice had the resonance of a church bell.

He lit his lantern and went out of the hut. A furious hurricane filled the night. There was total darkness, pierced here and there by the whiteness of the leaping waves.

After a moment's hesitation, Julian untied the painter. Instantly the water became calm. The barge glided over it and reached the other bank where a man was waiting.

He was wrapped in a tattered cloth. His face was like a plaster mask and his two eyes were redder than coals. As he brought the lantern close to him, Julian saw that he was covered with a hideous leprosy; yet his bearing had the majesty of a king.

As soon as he entered the barge, it sank prodigiously, overwhelmed by his weight. It rose again with a shake, and Julian began to row.

At each stroke of the oar, the backwash of the waves raised its bow. Blacker than ink, the water raced furiously on both sides of the planking. It hollowed out chasms and made mountains. The shallop leaped over them, then went down again into the depths where it whirled, tossed about by the wind.

Julian bent his body, stretched out his arms, and propping himself with his feet, swung back with a twist of his waist, in order to get more power. The hail lashed his

pluie coulait dans son dos, la violence de l'air l'étouffait, il s'arrêta. Alors le bateau fut emporté à la dérive. Mais, comprenant qu'il s'agissait d'une chose considérable, d'un ordre auquel il ne fallait pas désobéir, il reprit ses avirons; et le claquement des tolets coupait la clameur de la tempête.

La petite lanterne brûlait devant lui. Des oiseaux, en voletant, la cachaient par intervalles. Mais toujours il apercevait les prunelles du Lépreux qui se tenait debout à l'arrière, immobile comme une colonne.

Et cela dura longtemps, très longtemps.

Quand ils furent arrivés dans la cahute, Julien ferma la porte; et il le vit siégeant sur l'escabeau. L'espèce de linceul qui le recouvrait était tombé jusqu'à ses hanches; et ses épaules, sa poitrine, ses bras maigres disparaissaient sous des plaques de pustules écailleuses. Des rides énormes labouraient son front. Tel qu'un squelette, il avait un trou à la place du nez, et ses lèvres bleuâtres dégageaient une haleine épaisse comme un brouillard, et nauséabonde.

— J'ai faim! dit-il.

Julien lui donna ce qu'il possédait: un vieux quartier de lard et les croûtes d'un pain noir.

Quand il les eut dévorés, la table, l'écuelle et le manche du couteau portaient les mêmes taches que l'on voyait sur son corps.

Ensuite, il dit:

— J'ai soif!

Julien alla chercher sa cruche; et, comme il la prenait, il en sortit un arôme qui dilata son coeur et ses narines! C'était du vin; quelle trouvaille! mais le Lépreux avança le bras, et d'un trait vida la cruche.

Puis il dit:

— J'ai froid!

Julien avec sa chandelle enflamma un paquet de fougères, au milieu de la cabane.

Le Lépreux vint s'y chauffer; et, accroupi sur les talons, il tremblait de tous ses membres, s'affaiblissait; ses yeux ne brillaient plus, ses ulcères coulaient et, d'une voix presque éteinte, il murmura:

hands, the rain rolled down his back, the fierceness of the wind stifled him and he stopped. Then the boat was set adrift. But, feeling that something momentous was at stake, an order which he should not disobey, he took up his oars again. The banging of the tholes cut through the uproar of the storm.

The small lantern burned in front of him. Birds as they fluttered about hid it from time to time. But he could always see the eyeballs of the Leper who stood at the stern, motionless as a pillar.

That lasted a long time, a very long time.

When they came to the hut, Julian shut the door. He saw the Leper sitting on the stool. The kind of shroud which covered him had fallen to his hips. His shoulders, his chest and his thin arms were hidden under a coating of scaly pustules. Immense wrinkles furrowed his brow. Like a skeleton, he had a hole in place of a nose, and his bluish lips exhaled a breath as thick as fog and nauseous.

"I am hungry!" he said.

Julian gave him what he had, an old gammon of bacon and the crusts of a loaf of black bread.

When he had devoured them, the table, the bowl and knife handle bore the same spots that were seen on his body.

Next, he said:

"I am thirsty."

Julian went to get his pitcher, and as he took it, it gave forth an aroma which dilated heart and nostrils! It was wine—what luck! But the Leper put out his arm and emptied the whole pitcher at one draught.

Then he said:

"I am cold!"

With his candle Julian lighted a pile of fern in the middle of the hut.

The Leper drew near to warm himself. Crouching on his heels, he trembled in every limb and grew weaker. His eyes no longer shone, his ulcers ran, and in an almost lifeless voice, he murmured:

— Ton lit!

Julien l'aida doucement à s'y traîner, et même étendit sur lui, pour le couvrir, la toile de son bateau.

Le Lépreux gémissait. Les coins de sa bouche découvraient ses dents, un râle accéléré lui secouait la poitrine, et son ventre, à chacune de ses aspirations, se creusait jusqu'aux vertèbres.

Puis il ferma les paupières.

— C'est comme de la glace dans mes os! Viens près de moi!

Et Julien, écartant la toile, se coucha sur les feuilles mortes, près de lui, côte à côte.

Le Lépreux tourna la tête.

— Déshabille-toi, pour que j'aie la chaleur de ton corps!

Julien ôta ses vêtements; puis, nu comme au jour de sa naissance, se replaça dans le lit; et il sentait contre sa cuisse la peau du Lépreux, plus froide qu'un serpent, et rude comme une lime.

Il tâchait de l'encourager; et l'autre répondait, en haletant:

— Ah! je vais mourir! . . . Rapproche-toi, réchauffe-moi! Pas avec les mains! non! toute ta personne.

Julien s'étala dessus complètement, bouche contre bouche, poitrine contre poitrine.

Alors le Lépreux l'étreignit, et ses yeux tout à coup prirent une clarté d'étoiles; ses cheveux s'allongèrent comme les rais du soleil; le souffle de ses narines avait la douceur des roses; un nuage d'encens s'éleva du foyer, les flots chantaient. Cependant une abondance de délices, une joie surhumaine descendait comme une inondation dans l'âme de Julien, pâmé; et celui dont les bras le serraient toujours, grandissait, grandissait, touchant de sa tête et de ses pieds les deux murs de la cabane. Le toit s'envola, le firmament se déployait; et Julien monta vers les espaces bleus, face à face avec Notre-Seigneur Jésus, qui l'emportait dans le ciel.

Et voilà l'histoire de saint Julien l'Hospitalier, telle à peu près qu'on la trouve, sur un vitrail d'église, dans mon pays.

"Your bed!"

Julian helped him gently to drag himself to it and even spread over him, to cover him, the sail from his boat.

The Leper groaned. His teeth showed at the corners of his mouth, a faster rattle shook his chest, and his stomach at each breath was hollowed to his backbone.

Then he closed his eyelids.
"It is like ice in my bones! Come close to me!"

And Julian, lifting the sail, lay down on the dry leaves, near him, side by side.

The Leper turned his head.

"Undress, so that I can have the warmth of your body!"

Julian took off his clothes; then, naked as on the day of his birth, got back into the bed. And he felt against his thigh the Leper's skin, colder than a serpent and rough as a file.

He tried to give him courage, and the other answered panting:

"Ah! I am dying! . . . Come closer, warm me! Not with your hands! no! with your whole body."

Julian stretched out completely over him, mouth to mouth, chest to chest.

Then the Leper clasped him and his eyes suddenly took on the light of the stars. His hair became as long as the rays of the sun. The breath of his nostrils was as sweet as roses. A cloud of incense rose up from the hearth and the waves sang. Meanwhile an abundance of happiness, a superhuman joy came down like a flood into Julian's soul as it swooned. The one whose arms still clasped him, grew and grew until he touched with his head and his feet the two walls of the hut. The roof flew off, the firmament unrolled, and Julian ascended toward the blue spaces, face to face with Our Lord Jesus, who carried him to heaven.

And that is the story of St. Julian the Hospitaler, more or less as you find it, on a stained-glass window of a church in my town.

Charles Baudelaire

(1821–1867)

Long before the publication of *Les Fleurs du Mal,* Baudelaire had been looked upon in Paris as a dandy, a mystifier, and, even more than that, a poet who wrote about vermin, rotting bodies, assassins and worms. Two years before the book, in 1855, eighteen of his most remarkable poems were published in *La Revue des Deux Mondes,* and called forth violent and vituperative attacks. At the poet's death, in 1867, the accounts stressed sensational details in his life, his eccentricities, his diabolism, his dandyism. It is true that Baudelaire, as long as he could afford it, lived the role of dandy in the Hôtel Lauzun, on the Ile-Saint-Louis, that he often shocked the French bourgeoisie with his immorality and cynicism, that he cultivated an attitude toward satanism and the Gothic tale or *roman noir.*

But today, thanks to the accessibility of all of his writings, we know that far more important than the exterior dandyism of his appearance and behavior was the "inner dandyism" of his spirit, his feelings of horror and ecstasy. Baudelaire is the first "modern poet," not because of his behavior and dress, but because of his awareness of disorder in the world and in himself. He defined modern art by its secrecy, its spirituality, its aspiration toward the infinite. He was among the first to define romanticism as a way of feeling (*une manière de sentir*). The examples of Delacroix, Poe and Wagner confirmed the intuitions of Baudelaire con-

cerning the modern form of melancholy and nostalgia. In his search for beauty through the "forest of symbols" where every element is hieroglyph, he practiced the art of symbolism instinctively, long before it reached its consecration in theory and manifesto.

Le Spleen de Paris is a collection of prose poems or miniature stories which created a new literary form in France. It is a brief passage in prose, an extract from life or the imagination to which Baudelaire gives a brilliance of its own. Each of these prose poems is self-sufficient and forms a whole by itself. Baudelaire the moralist is present in *Le Vieux Saltimbanque,* where he established an analogy between the old clown and the aging man of letters who has survived the moment of his fame. *La Corde* emphasizes a cruel irony in its depiction of a scene in Paris. Baudelaire's deep feeling of sympathy for the poor, his sense of charity and pity for the humble are clearly stated in *Le Joujou du Pauvre.* These three selections are "prose poems" in one sense, but in a deeper sense they might be called apologues or fables presenting a moral truth.

LE SPLEEN DE PARIS [1]
(trois poèmes en prose)
par Charles Baudelaire

LE VIEUX SALTIMBANQUE [2]

Partout s'étalait, se répandait, s'ébaudissait le peuple en vacances. C'était une de ces solennités sur lesquelles, pendant un long temps, comptent les saltimbanques, les faiseurs de tours, les montreurs d'animaux et les boutiquiers ambulants, pour compenser les mauvais temps de l'année.

En ces jours-là il me semble que le peuple oublie tout, la douleur et le travail; il devient pareil aux enfants. Pour les petits c'est un jour de congé, c'est l'horreur de l'école renvoyée à vingt-quatre heures. Pour les grands c'est un armistice conclu avec les puissances malfaisantes de la vie, un répit dans la contention et la lutte universelle.

L'homme du monde lui-même et l'homme occupé de travaux spirituels échappent difficilement à l'influence de ce jubilé populaire. Ils absorbent, sans le vouloir, leur part de cette atmosphère d'insouciance. Pour moi, je ne manque jamais, en vrai Parisien, de passer la revue de toutes les baraques qui se pavanent à ces époques solennelles.

Elles se faisaient, en vérité, une concurrence formidable: elles piaillaient, beuglaient, hurlaient. C'était un mélange de cris, de détonations de cuivre et d'explosions de fusées. Les queues-rouges et les Jocrisses [3] convulsaient les traits de leurs visages basanés, racornis par le vent, la pluie et le soleil; ils lançaient, avec l'aplomb des comédiens sûrs de leurs effets, des bons mots et des plaisanteries d'un comique solide et lourd, comme celui de Molière.[4] Les Hercules,

SPLEEN OF PARIS
(Three Poems in Prose)
by Charles Baudelaire

THE OLD CLOWN

THE PEOPLE on vacation sprawled everywhere, spread out and rollicked. It was one of the feast days on which, long in advance, clowns, mountebanks, animal trainers and peddlers rely to make up for the bad seasons of the year.

On those days it seems to me the people forget everything, suffering and work, and behave like children. For the young, it is a holiday, the horror of school dismissed for twenty-four hours. For adults, it is an armistice signed with the malevolent powers of life, a respite in universal disputes and struggles.

Even the man of the world and the man occupied with spiritual labors do not easily escape the influence of this popular festivity. Without wishing to, they absorb their part of the carefree atmosphere. As for me, in my role of true Parisian, I never fail to inspect all the booths which are proudly displayed at those solemn times.

They were in truth carrying on a formidable rivalry—squealing, bellowing and shouting. It was a mingling of cries and detonations from the brass and rocket explosions. The red-tailed devils and the fools twisted the features of their faces tanned and toughened by wind, rain and sun. With the self-possession of actors sure of their effect, they yelled out witticisms and jokes of a solid heavy humor like Molière's. The muscle men, proud of the size of their

fiers de l'énormité de leurs membres, sans front et sans crâne, comme les orangs-outangs, se prélassaient majestueusement sous les maillots lavés la veille pour la circonstance. Les danseuses, belles comme des fées ou des princesses, sautaient et cabriolaient sous le feu des lanternes qui remplissaient leurs jupes d'étincelles.

Tout n'était que lumière, poussière, cris, joie, tumulte; les uns dépensaient, les autres gagnaient, les uns et les autres également joyeux. Les enfants se suspendaient aux jupons de leurs mères pour obtenir quelque bâton de sucre, ou montaient sur les épaules de leurs pères pour mieux voir un escamoteur éblouissant comme un dieu. Et partout circulait, dominant tous les parfums, une odeur de friture qui était comme l'encens de cette fête.

Au bout, à l'extrême bout de la rangée de baraques, comme si, honteux, il s'était exilé lui-même de toutes ces splendeurs, je vis un pauvre saltimbanque, voûté, caduc, décrépit, une ruine d'homme, adossé contre un des poteaux de sa cahute; une cahute plus misérable que celle du sauvage le plus abruti, et dont deux bouts de chandelles, coulants et fumants, éclairaient trop bien encore la détresse.

Partout la joie, le gain, la débauche; partout la certitude du pain pour les lendemains; partout l'explosion frénétique de la vitalité. Ici la misère absolue, la misère affublée, pour comble d'horreur, de haillons comiques, où la nécessité, bien plus que l'art, avait introduit le contraste. Il ne riait pas, le misérable! Il ne pleurait pas. Il ne dansait pas, il ne gesticulait pas, il ne criait pas; il ne chantait aucune chanson, ni gaie, ni lamentable, il n'implorait pas. Il était muet et immobile. Il avait renoncé, il avait abdiqué. Sa destinée était faite.

Mais quel regard profond, inoubliable, il promenait sur la foule et les lumières, dont le flot mouvant s'arrêtait à quelques pas de sa répulsive misère! Je sentis ma gorge serrée par la main terrible de l'hystérie, et il me sembla que mes regards étaient offusqués par ces larmes rebelles qui ne veulent pas tomber.

Que faire? A quoi bon demander à l'infortuné quelle

limbs, without brow or cranium, resembling orang-outangs, strutted majestic and solemn dressed in their tights which had been washed the day before for the occasion. Dancers, as beautiful as fairies or princesses, jumped and capered in the flame of lanterns which made their skirts sparkle.

It was all light, dust, cries, happiness, uproar. Some were spending money and others earning it, but all were equally joyful. Children were pulling on the skirts of their mothers to get a stick of candy, or climbing up on the shoulders of their fathers to have a better view of a magician as dazzling as a god. And everywhere, dominating all perfumes, there spread a smell of frying which was the incense for this feast.

At the end, at the extreme end of the row of booths—as if, in shame, he had exiled himself from all this splendor—I saw a poor clown, bent over, frail, decrepit, a man ruined, leaning with his back against one of the poles of his hut. This hut was more wretched than that of the lowest savage. Its poverty was lit up by two ends of candles that were melting and smoking.

Everywhere joy, profit and dissoluteness; everywhere the assurance of bread for tomorrow; everywhere the frenzied explosion of vigor. But here absolute poverty, poverty bedecked, as a crowning horror, with comic rags where need, much more than art, had introduced contrast. The wretch did not laugh! He did not weep or dance or gesticulate or shout. He sang neither a gay nor a sad song. He did not supplicate. He was mute and motionless. He had given up. He had abdicated. His destiny was over.

But he was looking in a deep unforgettable way at the crowd and the lights, whose moving mass stopped a few paces off from his repulsive dereliction. I felt my throat tighten under the terrible hand of anguish, and it seemed to me that my eyes were clouded by those rebellious tears which will not fall.

What could I do? Was there any point in asking the

curiosité, quelle merveille il avait à montrer dans ces ténèbres puantes, derrière son rideau déchiqueté? En vérité, je n'osais; et dût la raison de ma timidité vous faire rire, j'avouerai que je craignais de l'humilier. Enfin, je venais de me résoudre à déposer en passant quelque argent sur une de ses planches, espérant qu'il devinerait mon intention, quand un grand reflux du peuple, causé par je ne sais quel trouble, m'entraîna loin de lui.

Et, m'en retournant, obsédé par cette vision, je cherchai à analyser ma soudaine douleur, et je me dis: Je viens de voir l'image du vieil homme de lettres qui a survécu à la génération dont il fut le brillant amuseur; du vieux poète sans amis, sans famille, sans enfants, dégradé par sa misère et par l'ingratitude publique, et dans la baraque de qui le monde oublieux ne veut plus entrer!

unfortunate man what curiosity, what marvel he had to show in the stinking darkness behind his torn curtain? Truth to tell, I did not dare ask. And even if you laugh at the reason for my timidity, I will confess that I feared humiliating him. In short, I had just made up my mind to leave some money on one of his boards as I passed by, hoping he would guess my intention, when a great surge of people, caused by some trouble or other, dragged me far away from him.

As I turned around, obsessed by that vision, I tried to analyze my sudden sorrow, and said to myself: I have just seen the image of the old man of letters who has survived the generation for whom he was the brilliant entertainer; the image of the old poet without friends or family or children, degraded by his poverty and the ingratitude of his public, and standing at the booth which the forgetful world no longer has any desire to enter.

LE JOUJOU DU PAUVRE [5]

Je veux donner l'idée d'un divertissement innocent. Il y a si peu d'amusements qui ne soient pas coupables!

Quand vous sortirez le matin avec l'intention décidée de flâner sur les grandes routes, remplissez vos poches de petites inventions à un sol, — tel que le polichinelle plat, mû par un seul fil, les forgerons qui battent l'enclume, le cavalier et son cheval dont la queue est un sifflet, — et le long des cabarets, au pied des arbres, faites-en hommage aux enfants inconnus et pauvres que vous rencontrerez. Vous verrez leurs yeux s'agrandir démesurément. D'abord ils n'oseront pas prendre; ils douteront de leur bonheur. Puis leurs mains agripperont vivement le cadeau, et ils s'enfuiront comme font les chats qui vont manger loin de vous le morceau que vous leur avez donné, ayant appris à se défier de l'homme.

Sur une route, derrière la grille d'un vaste jardin, au bout duquel apparaissait la blancheur d'un joli château frappé par le soleil, se tenait un enfant beau et frais, habillé de ces vêtements de campagne si pleins de coquetterie.

Le luxe, l'insouciance et le spectacle habituel de la richesse rendent ces enfants-là si jolis, qu'on les croirait faits d'une autre pâte que les enfants de la médiocrité ou de la pauvreté.

A côté de lui, gisait sur l'herbe un joujou splendide, aussi frais que son maître, verni, doré, vêtu d'une robe pourpre, et couvert de plumets et de verroteries. Mais l'enfant ne

THE POOR BOY'S TOY

I want to convey the idea of an innocent diversion. There are so few pastimes which are not blameworthy. When you leave the house in the morning with the firm intention of strolling along the main streets, fill your pockets with those inexpensive small inventions, such as the flat jumping jack manipulated by a single string, blacksmiths striking the anvil, the rider with a horse whose tail is a whistle,—and offer them to the neglected and poor children you meet in front of restaurants where they stand by a tree. You will see their eyes grow immoderately big. At first they won't dare take anything. They won't believe in their good luck. Then their hands will grab the present avidly, and they will run off like cats who go far away from you to eat the piece of food you gave them. These children have learned to distrust man.

On a road, behind the iron gate of a large garden at the end of which you could see the whiteness of an attractive castle lit up by the sun, there was a beautiful fresh-complexioned child, dressed in those country clothes which have so much fastidiousness.

Luxury, freedom from care, and the habitual display of wealth make those children so charming that you could believe them made from a different substance than the children of an undistinguished or poor class.

Beside him on the grass lay a magnificent toy, as beautiful as its master, varnished, gilded, clothed in a purple robe, and covered with plumes and beads. But the child

s'occupait pas de son joujou préféré, et voici ce qu'il regardait:

De l'autre côté de la grille, sur la route, entre les chardons et les orties, il y avait un autre enfant, sale, chétif, fuligineux, un de ces marmots-parias dont un oeil impartial découvrirait la beauté, si, comme l'oeil du connaisseur devine une peinture idéale sous un vernis de carrossier, il le nettoyait de la répugnante patine de la misère.

A travers ces barreaux symboliques séparant deux mondes, la grande route et le château, l'enfant pauvre montrait à l'enfant riche son propre joujou, que celui-ci examinait avidement comme un objet rare et inconnu. Or, ce joujou, que le petit souillon agaçait, agitait et secouait dans une boîte grillée, c'était un rat vivant! Les parents, par économie sans doute, avaient tiré le joujou de la vie elle-même.

Et les deux enfants se riaient l'un à l'autre fraternellement, avec des dents d'une *égale* blancheur.

was paying no attention to his favorite toy. This is what he was looking at:

On the other side of the iron gate, on the road, in the midst of thistles and nettles, there was another child, dirty, frail, sooty, one of those child-waifs whose beauty an impartial eye might discover if, as the eye of a connoisseur guesses the ideal painting under a body varnish, it cleaned the child of the repulsive patina of poverty.

Through the symbolic bars separating two worlds, the main road and the castle, the poor child was showing his own toy to the rich child who was greedily examining it as if it were a rare and strange object. Now, this toy which the small ragamuffin was irritating by shaking a wire box back and forth, was a live rat! His parents, for economy's sake doubtless, had gotten the toy from life itself.

As the two children laughed fraternally at one another, they showed teeth of a *similar* whiteness.

LA CORDE [6]

(A Édouard Manet[7])

"LES ILLUSIONS — me disait mon ami — sont aussi innombrables, peut-être, que les rapports des hommes entre eux, ou des hommes avec les choses. Et quand l'illusion disparaît, c'est-à-dire quand nous voyons l'être ou le fait tel qu'il existe en dehors de nous, nous éprouvons un bizarre sentiment, compliqué moitié de regret pour le fantôme disparu, moitié de surprise agréable devant la nouveauté, devant le fait réel. S'il existe un phénomène évident, trivial, toujours semblable, et d'une nature à laquelle il soit impossible de se tromper, c'est l'amour maternel. Il est aussi difficile de supposer une mère sans amour maternel qu'une lumière sans chaleur; n'est-il donc pas parfaitement légitime d'attribuer à l'amour maternel toutes les actions et les paroles d'une mère, relatives à son enfant? Et cependant, écoutez cette petite histoire, où j'ai été singulièrement mystifié par l'illusion la plus naturelle.

"Ma profession de peintre me pousse à regarder attentivement les visages, les physionomies qui s'offrent dans ma route, et vous savez quelle jouissance nous tirons de cette faculté qui rend à nos yeux la vie plus vivante et plus significative que pour les autres hommes. Dans le quartier reculé que j'habite, et où de vastes espaces gazonnés séparent encore les bâtiments, j'observai souvent un enfant dont la physionomie ardente et espiègle, plus que toutes les autres, me séduisit tout d'abord. Il a posé plus d'une fois pour moi, et je l'ai transformé tantôt en petit bohémien,

THE ROPE

(to Edouard Manet)

My friend used to say to me, "Illusions are as numerous perhaps as relationships among men or between them and things. And when the illusion disappears, that is to say, when we see the being or the fact such as it exists outside of us, we experience a strange feeling, complicated partly by regret for the vanished phantom, partly by a pleasant surprise before the new, before the real fact. If there exists a phenomenon evident, banal, always the same, and of such a nature that no mistake is possible, it is maternal love. It is as difficult to suppose a mother without maternal love as a light without heat. Is it not perfectly legitimate, therefore, to attribute to maternal love all the actions and words of a mother which relate to her child? And yet, listen to this little story, in which I was unusually mystified by the most natural illusion.

"My profession of a painter impels me to look attentively at faces and facial expressions which I encounter on my way. You know what pleasure we derive from this faculty which for our eyes makes life more vivid and meaningful than for other men. In the distant neighborhood where I live, and where large spaces covered with grass still separate the buildings, I often noticed a boy whose fiery and mischievous expression appealed to me at first more than all the others. More than once he modeled for me. At times I made a gypsy out of him, at other times an

tantôt en Amour mythologique. Je lui ai fait porter le violon du vagabond, la Couronne d'Épines et les Clous de la Passion, et la Torche d'Éros. Je pris enfin à la drôlerie de ce gamin un plaisir si vif, que je priai un jour ses parents, de pauvres gens, de vouloir bien me le céder, promettant de bien l'habiller, de lui donner quelque argent et de ne pas lui imposer d'autre peine que de nettoyer mes pinceaux et de faire mes commissions. Cet enfant, débarbouillé, devint charmant, et la vie qu'il menait chez moi lui semblait un paradis, comparativement à celle qu'il aurait subie dans le taudis paternel. Seulement je dois dire que ce petit bonhomme m'étonna quelquefois par des crises singulières de tristesse précoce, et qu'il manifesta bientôt un goût immodéré pour le sucre et les liqueurs; si bien qu'un jour où je constatai que, malgré mes nombreux avertissements, il avait encore commis un nouveau larcin de ce genre, je le menaçai de le renvoyer à ses parents. Puis je sortis, et mes affaires me retinrent assez longtemps hors de chez moi.

"Quels ne furent pas mon horreur et mon étonnement quand, rentrant à la maison, le premier objet qui frappa mon regard fut mon petit bonhomme, l'espiègle compagnon de ma vie, pendu au panneau de cette armoire! Ses pieds touchaient presque le plancher; une chaise, qu'il avait sans doute repoussée du pied, était renversée à côté de lui; sa tête était penchée convulsivement sur une épaule; son visage, boursouflé, et ses yeux, tout grands ouverts avec une fixité effrayante, me causèrent d'abord l'illusion de la vie. Le dépendre n'était pas une besogne aussi facile que vous pouvez le croire. Il était déjà fort raide, et j'avais une répugnance inexplicable à le faire brusquement tomber sur le sol. Il fallait le soutenir tout entier avec un bras, et, avec la main de l'autre bras, couper la corde. Mais cela fait, tout n'était pas fini; le petit monstre s'était servi d'une ficelle fort mince qui était entrée profondément dans les chairs, et il fallait maintenant, avec de minces ciseaux, chercher la corde entre les deux bourrelets de l'enflure, pour lui dégager le cou.

"J'ai négligé de vous dire que j'avais vivement appelé

angel, and still at other times a mythological Cupid. I made him carry the vagabond's violin, the Crown of Thorns and the Nails of the Passion, and the torch of Love. I took such keen pleasure in the comic manner of this boy that one day I begged his parents, who were poor people, to let me have him, and I promised to clothe him well, to give him some money and not to impose on him any other work save that of cleaning. my brushes and running my errands. This child, cleaned up, became a charming creature, and the life he led with me seemed to him a paradise compared to what he would have had to undergo in his father's hovel. Yet I must say that this little fellow amazed me at times by strange fits of precocious sadness, and that he soon showed an immoderate liking for sugar and liqueurs. To such an extent, that one day when I saw he had again committed, in spite of my many warnings, a new theft of this nature, I threatened to send him back to his parents. Then I left, and my business kept me away from home for quite some time.

"Imagine my horror and astonishment when, on entering the house, the first thing I saw was that little fellow, the mischievous companion of my life, hanging from the closet door! His feet almost touched the floor. A chair, which he must have pushed aside with his foot, was overturned beside him. His head was twisted over one shoulder. His swollen face and his eyes wide open with a terrifying gaze, made me believe first that he was alive. To get him down was not as easy a job as you may think. He was already very stiff, and I had an inexplicable repugnance at the thought of dropping him abruptly to the ground. I had to hold up his entire body with one arm, and with the hand of my other arm, cut the rope. But all was not over when that was done. The little monster had used a very thin string, which had cut deeply into the flesh, and I had to pry with narrow scissors between the two rings of swollen flesh, in order to release his neck.

"I neglected to tell you that I had called loudly for help.

au secours; mais tous mes voisins avaient refusé de me venir en aide, fidèles en cela aux habitudes de l'homme civilisé, qui ne veut jamais, je ne sais pourquoi, se mêler des affaires d'un pendu. Enfin vint un médecin qui déclara que l'enfant était mort depuis plusieurs heures. Quand, plus tard, nous eûmes à le déshabiller pour l'ensevelissement, la rigidité cadavérique était telle, que, désespérant de fléchir les membres, nous dûmes lacérer et couper les vêtements pour les lui enlever.

"Le commissaire, à qui, naturellement, je dus déclarer l'accident, me regarda de travers, et me dit: 'Voilà qui est louche!' mû sans doute par un désir invétéré et une habitude d'état de faire peur, à tout hasard, aux innocents comme aux coupables.

"Restait une tâche suprême à accomplir, dont la seule pensée me causait une angoisse terrible: il fallait avertir les parents. Mes pieds refusaient de m'y conduire. Enfin j'eus ce courage. Mais, à mon grand étonnement, la mère fut impassible, pas une larme ne suinta du coin de son oeil. J'attribuai cette étrangeté à l'horreur même qu'elle devait éprouver, et je me souvins de la sentence connue: 'Les douleurs les plus terribles sont les douleurs muettes.' Quant au père, il se contenta de dire d'un air moitié abruti, moitié rêveur: 'Après tout, cela vaut peut-être mieux ainsi; il aurait toujours mal fini!'

"Cependant le corps était étendu sur mon divan, et, assisté d'une servante, je m'occupais des derniers préparatifs, quand la mère entra dans mon atelier. Elle voulait, disait-elle, voir le cadavre de son fils. Je ne pouvais pas, en vérité, l'empêcher de s'enivrer de son malheur et lui refuser cette suprême et sombre consolation. Ensuite elle me pria de lui montrer l'endroit où son petit s'était pendu. 'Oh! non! madame,' — lui répondis-je, 'cela vous ferait mal.' Et comme involontairement mes yeux se tournaient vers la funèbre armoire, je m'aperçus, avec un dégoût mêlé d'horreur et de colère, que le clou était resté fiché dans la paroi, avec un long bout de corde qui traînait encore. Je m'élançai vivement pour arracher ces derniers vestiges du malheur, et comme j'allais les lancer au dehors par la fenêtre ouverte,

But my neighbors had all refused to come to my aid. In that, they were faithful to the custom of civilized man who—I don't know why—never wants to get mixed up with the business of a hanged man. At last a doctor came and declared that the child had been dead for several hours. Later when we had to undress him for the burial, the rigidity of the corpse was such that renouncing hope of bending the limbs, we had to slash and cut his clothes in order to take them off.

"The police inspector to whom naturally I had to report the accident, looked at me quizzically and said: 'There's something fishy about this!' impelled doubtless by some innate desire and habit of frightening—on the off-chance—the innocent as well as the guilty.

"One supreme task remained to be done and the thought of it alone caused me terrible anguish: I had to inform the parents. My legs refused to take me there. At last I summoned courage. But, to my amazement, the mother showed no emotion and not a tear trickled from the corner of her eye. I attributed this strange behavior to the horror she must have been feeling, and I remembered the well-known saying, 'The deepest suffering is mute.' As for the father, he merely said, half stupefied, half dreaming: 'After all, it is perhaps better that way, he would have come to a bad end anyhow!'

"In the meantime, the body lay stretched out on my couch, and, helped by a maid, I was busy with the final details, when the mother came into my studio. She said she wanted to see the body of her son. I could not, in truth, prevent her from enjoying emotionally her grief and refuse this supreme and sad consolation. Then she begged me to show her the place where her child had hanged himself. 'Oh! no, Madame,' I replied, 'that would upset you.' And as my eyes involuntarily turned toward the sinister closet, I saw, with a feeling of disgust mixed with horror and anger, that the nail had remained planted in the panel, and a long piece of rope was still dangling from it. Quickly I went over to tear off those last vestiges of the catastrophe, and was about to throw them out of the window when

la pauvre femme saisit mon bras et me dit d'une voix irrésistible: 'Oh! monsieur! laissez-moi cela! je vous en prie! je vous en supplie!' Son désespoir l'avait, sans doute, me parut-il, tellement affolée, qu'elle s'éprenait de tendresse maintenant pour ce qui avait servi d'instrument à la mort de son fils, et le voulait garder comme une horrible et chère relique. — Et elle s'empara du clou et de la ficelle.

"Enfin! enfin! tout était accompli. Il ne restait plus qu'à me remettre au travail, plus vivement encore que d'habitude, pour chasser peu à peu ce petit cadavre qui hantait les replis de mon cerveau, et dont le fantôme me fatiguait de ses grands yeux fixes. Mais le lendemain je reçus un paquet de lettres: les unes, des locataires de ma maison, quelques autres des maisons voisines; l'une, du premier étage; l'autre, du second; l'autre, du troisième, et ainsi de suite, les unes en style demi-plaisant, comme cherchant à déguiser sous un apparent badinage la sincérité de la demande; les autres, lourdement effrontées et sans orthographe, mais toutes tendant au même but, c'est-à-dire à obtenir de moi un morceau de la funeste et béatifique corde. Parmi les signataires il y avait, je dois le dire, plus de femmes que d'hommes; mais tous, croyez-le bien, n'appartenaient pas à la classe infime et vulgaire. J'ai gardé ces lettres.

"Et alors, soudainement, une lueur se fit dans mon cerveau, et je compris pourquoi la mère tenait tant à m'arracher[8] la ficelle et par quel commerce elle entendait se consoler."

the poor woman seized my arm and said to me in an irresistible tone of voice, 'Oh! Monsieur! give me that, I beg you, I implore you!' It seemed to me that her despair had doubtless so bewildered her that now she had feelings of tenderness for what had served as an instrument of death for her son, and wanted to keep it as a horrible and precious relic. She seized the nail and the string.

"At last! at last! it was all over! Nothing remained for me to do except to resume my work, more avidly than usual, to drive out gradually that little corpse which haunted the recesses of my mind and whose ghost wore me out with his wide staring eyes. But the next day I received a bundle of letters. Some were from tenants of my house, others from nearby houses. One from the second floor, another from the third, another from the fourth, and so on; some in a half-joking style, as trying to disguise under an obvious banter the sincerity of the request, others grossly insolent and misspelled, but all concerned with the same purpose, namely to obtain from me a piece of the fatal and beatific rope. I must say that among the signers there were more women than men, but they all, believe me, did not belong to the lowest and commonest class. I have kept those letters.

"And then suddenly a light dawned on me, and I understood why the mother was so bent on snatching the string from me and by what kind of trade she intended to be consoled."

Guy de Maupassant

(1850–1893)

A NATIVE NORMAN, brought up at Étretat, de Maupassant held a modest position in the Ministère de l'Instruction Publique in Paris. Flaubert, his godfather and literary guide, invited him to his famous Sunday gatherings where he met such writers as Daudet, Heredia, Huysmans, Zola and especially the Russian novelist Turgenev.

In 1880, his story *Boule de Suif,* made de Maupassant famous. During the next ten years he published two hundred stories, six novels, three plays, books of travel and a book of verse, and numerous newspaper articles. Despite an appearance of good health and energy, he suffered from an incurable sexual disease during the second half of his life and died of general paralysis in a mental hospital in 1893.

In accord with Flaubert's literary belief, de Maupassant maintained a classic quality of aloofness in his writing. The role of *conteur,* of observer and story teller, was never abandoned for that of moralist. His extensive knowledge of Normandy inspired many of his stories. His travels in Corsica, North Africa and Italy inspired others. He described the world of bureaucracy and the *petit monde bourgeois* with an astonishing fidelity. His work also comprises stories of hallucinations and troubled states of being.

Guy de Maupassant never reveals any strong philosophy of his own, and usually paints a credible world in which

men and women are analyzed in terms of their dominant passions. His best *contes* are dramas in miniature in which his imagination is held under control. In his very precise accurate study of the object under consideration, de Maupassant offers a pure expression of naturalism, a talent which is strong rather than delicate or subtle.

The very brief story *Menuet* was first published in *Le Gaulois* in 1882, and then appeared in the collection *Contes de Bécasse* of 1883.

MENUET

par Guy de Maupassant

Les grands malheurs ne m'attristent guère, dit Jean Bridelle, un vieux garçon qui passait pour sceptique. J'ai vu la guerre de bien près; j'enjambais les corps sans apitoiement. Les fortes brutalités de la nature ou des hommes peuvent nous faire pousser des cris d'horreur ou d'indignation, mais ne nous donnent point ce pincement au coeur, ce frisson qui vous passe dans le dos à la vue de certaines petites choses navrantes.

La plus violente douleur qu'on puisse éprouver, certes, est la perte d'un enfant pour une mère, et la perte de la mère pour un homme. Cela est violent, terrible, cela bouleverse et déchire; mais on guérit de ces catastrophes comme des larges blessures saignantes. Or, certaines rencontres, certaines choses entr'aperçues, devinées, certains chagrins secrets, certaines perfidies du sort, qui remuent en nous tout un monde douloureux de pensées, qui entr'ouvrent devant nous brusquement la porte mystérieuse des souffrances morales, compliquées, incurables, d'autant plus profondes qu'elles semblent bénignes, d'autant plus cuisantes qu'elles semblent presque insaisissables, d'autant plus tenaces qu'elles semblent factices, nous laissent à l'âme comme une traînée de tristesse, un goût d'amertume, une sensation de désenchantement dont nous sommes longtemps à nous débarrasser.[1]

J'ai toujours devant les yeux deux ou trois choses que

MINUET

by Guy de Maupassant

GREAT CATASTROPHES barely sadden me, said Jean Bridelle, a bachelor who was looked upon as a skeptic. I have seen war at close range. Without feelings of compassion I stepped over bodies. The harsh brutalities of nature or men can make us utter cries of horror or indignation, but do not give us that wrenching of the heart, that shudder which crosses your back when you observe certain small distressing scenes.

Certainly, the most violent grief that can be felt is, for a mother, the loss of her child, and, for a man, the loss of his mother. That is violent and terrible. It overwhelms and rends a man. But you recover from those catastrophes as from wide bleeding wounds. Now, certain meetings, certain things half perceived, or guessed, certain secret sorrows, certain treacheries of fate which stir up in us an entire world of painful thoughts, which abruptly open up before us the mysterious portal of complex incurable moral sufferings, all the more profound because they seem benign, all the more burning because they seem intangible, all the more tenacious because they seem artificial, leave in our soul an aftermath of sadness, a bitter taste, the sensation of disenchantment from which it takes a long time to be free.

Before my eyes there are still two or three things which

d'autres n'eussent point remarquées assurément, et qui sont entrées en moi comme de longues et minces piqûres inguérissables.

Vous ne comprendriez peut-être pas l'émotion qui m'est restée de ces rapides impressions. Je ne vous en dirai qu'une. Elle est très vieille, mais vive comme d'hier. Il se peut que mon imagination seule ait fait les frais [2] de mon attendrissement.

J'ai cinquante ans. J'étais jeune alors et j'étudiais le droit. Un peu triste, un peu rêveur, imprégné d'une philosophie mélancolique, je n'aimais guère les cafés bruyants, les camarades braillards, ni les filles stupides. Je me levais tôt; et une de mes plus chères voluptés était de me promener seul, vers huit heures du matin, dans la pépinière [3] du Luxembourg.[4]

Vous ne l'avez pas connue, vous autres, cette pépinière? C'était comme un jardin oublié de l'autre siècle, un jardin joli comme un doux sourire de vieille. Des haies touffues séparaient les allées étroites et régulières, allées calmes entre deux murs de feuillage taillés avec méthode. Les grands ciseaux [5] du jardinier alignaient sans relâche [6] ces cloisons de branches; et, de place en place, on rencontrait des parterres de fleurs, des plates-bandes de petits arbres rangés comme des collégiens en promenade, des sociétés de rosiers magnifiques ou des régiments d'arbres à fruits.

Tout un coin de ce ravissant bosquet était habité par les abeilles. Leurs maisons de paille, savamment espacées sur des planches, ouvraient au soleil leurs portes grandes comme l'entrée d'un dé à coudre; et on rencontrait tout le long des chemins les mouches bourdonnantes et dorées, vraies maîtresses de ce lieu pacifique, vraies promeneuses de ces tranquilles allées en corridors.[7]

Je venais là presque tous les matins. Je m'asseyais sur un banc et je lisais. Parfois je laissais retomber le livre sur mes genoux pour rêver, pour écouter autour de moi vivre Paris, et jouir du repos infini de ces charmilles à la mode ancienne.

Mais je m'aperçus bientôt que je n'étais pas seul à fréquenter ce lieu dès l'ouverture des barrières, et je rencon-

others would certainly not have noticed, which have entered into me like long thin incurable stings.

You would perhaps not understand the emotion which has remained in me from those rapid impressions. I will tell you only one. It is very old, but alive as of yesterday. It is possible that my imagination alone is responsible for my emotion.

I am fifty. I was young then and was studying law. A bit sad, something of a dreamer, imbued with a melancholy philosophy, I had very little taste for noisy cafés, brawling friends or stupid girls. I used to rise early, and one of my most cherished pleasures was to walk alone, about eight in the morning, in the plant nursery of the Luxembourg.

Perhaps you never knew that nursery. It was like a forgotten garden of another century, a garden as pretty as the sweet smile of an old lady. Bushy hedges separated the narrow regular lanes, quiet lanes between two walls of foliage systematically trimmed. The large shears of the gardener constantly kept in alignment those walls of branches. Here and there, you came upon flower beds, borders of small trees drawn up in rows like schoolboys out for a walk, companies of magnificent rosebushes or regiments of fruit trees.

An entire corner of that delightful grove was inhabited by bees. Their straw houses, skillfully spaced on planks, opened to the sun their doors as large as the opening of a thimble. Along the paths you met buzzing golden honey bees, the real mistresses of that peaceful place, the real promenaders of those criss-crossing lanes.

I came there almost every morning. I sat down on a bench and read. At times I would let my book fall on my knees in order to dream and listen to Paris living all about me and enjoy the infinite peacefulness of those old-fashioned groves.

But I soon realized that I was not the only one to frequent that place as soon as the gates were opened; and on

trais parfois, nez à nez, au coin d'un massif, un étrange petit vieillard.

Il portait des souliers à boucles d'argent, une culotte à pont,[8] une redingote tabac d'Espagne,[9] une dentelle en guise de cravate et un invraisemblable chapeau gris à grands bords et à grands poils, qui faisait penser au déluge.

Il était maigre, fort maigre, anguleux, grimaçant et souriant. Ses yeux vifs palpitaient, s'agitaient sous un mouvement continu des paupières; et il avait toujours à la main une superbe canne à pommeau d'or qui devait être pour lui quelque souvenir magnifique.

Ce bonhomme m'étonna d'abord, puis m'intéressa outre mesure. Et je le guettais à travers les murs de feuilles, je le suivais de loin, m'arrêtant au détour des bosquets pour n'être point vu.

Et voilà qu'un matin, comme il se croyait bien seul, il se mit à [10] faire des mouvements singuliers: quelques petits bonds d'abord, puis une révérence; puis il battit, de sa jambe grêle, un entrechat [11] encore alerte, puis il commença à pivoter galamment, sautillant, se trémoussant d'une façon drôle, souriant comme devant un public, faisant des grâces, arrondissant les bras, tortillant son pauvre corps de marionnette, adressant dans le vide de légers saluts attendrissants et ridicules. Il dansait!

Je demeurais pétrifié d'étonnement, me demandant lequel des deux était fou, lui, ou moi.

Mais il s'arrêta soudain, s'avança comme font les acteurs sur la scène, puis s'inclina en reculant avec des sourires gracieux et des baisers de comédienne qu'il jetait de sa main tremblante aux deux rangées d'arbres taillés.

Et il reprit avec gravité sa promenade.

A partir de ce jour,[12] je ne le perdis plus de vue; et, chaque matin, il recommençait son exercice invraisemblable.

Une envie folle me prit de lui parler. Je me risquai, et, l'ayant salué, je lui dis:

— Il fait bien bon aujourd'hui, monsieur.

Il s'inclina.

occasion I met face to face, at the corner of a clump of bushes, a strange little old man.

He wore shoes with silver buckles, old-fashioned full-fall trousers, a snuff-colored frock coat, a ruff for a necktie, and—believe it or not—a gray hat with a large brim and long nap which made you think of Noah and his ark.

He was thin, very thin, angular, smirking and smiling. His bright eyes snapped and were restless beneath continually moving eyelids. He always held in his hand a magnificent gold-headed cane which must have been for him a splendid remembrance.

At first this fellow surprised me and then interested me beyond measure. I used to watch for him through the walls of leaves and would follow him at a distance, stopping at the corner of the groves in order not to be seen.

And then, one morning, when he thought he was quite alone, he began to make strange movements: a few small leaps first, then a bow. Then with his slim legs he performed a still sprightly *entrechat,* and began to whirl gallantly, jumping, flapping in a comic way, smiling as if in front of an audience, preening himself, rounding his arms, twisting his poor, puppet-like body, directing into the void slight touching ridiculous bows. He was dancing!

I remained petrified with amazement, wondering which of us was insane, he or I.

But he stopped suddenly, moved forward as actors do on the stage, then bowed and stepped back with the gracious smiles and kisses of an actress which he threw with his trembling hand to the two rows of trimmed trees.

And gravely he resumed his walk.

From that day on, I did not lose sight of him. Each morning he began his improbable exercise all over again.

I had a mad desire to speak to him. I ran the risk, and bowing to him, said:

"The weather is fine today, sir."

He bowed.

— Oui, monsieur, c'est un vrai temps de jadis.

Huit jours après, nous étions amis et je connus son histoire. Il avait été maître de danse à l'Opéra,[13] du temps du roi Louis XV. Sa belle canne était un cadeau du comte de Clermont.[14] Et, quand on lui parlait de danse, il ne s'arrêtait plus de bavarder.

Or, voilà qu'un jour il me confia:

— J'ai épousé la Castris,[15] monsieur. Je vous présenterai si vous voulez, mais elle ne vient ici que sur le tantôt. Ce jardin, voyez-vous, c'est notre plaisir et notre vie. C'est tout ce qui nous reste d'autrefois. Il nous semble que nous ne pourrions plus exister si nous ne l'avions point. Cela est vieux et distingué, n'est-ce pas? Je crois y respirer un air qui n'a point changé depuis ma jeunesse. Ma femme et moi, nous y passons toutes nos après-midi. Mais, moi, j'y viens dès le matin, car je me lève de bonne heure.

Dès que j'eus fini de déjeuner, je retournai au Luxembourg, et bientôt j'aperçus mon ami qui donnait le bras avec cérémonie à une toute vieille petite femme vêtue de noir, et à qui je fus présenté. C'était la Castris, la grande danseuse aimée des princes, aimée du roi, aimée de tout ce siècle galant qui semble avoir laissé dans le monde une odeur d'amour.

Nous nous assîmes sur un banc de pierre. C'était au mois de mai. Un parfum de fleurs voltigeait dans les allées proprettes; un bon soleil glissait entre les feuilles et semait sur nous de larges gouttes de lumière. La robe noire de la Castris semblait toute mouillée de clarté.

Le jardin était vide. On entendait au loin rouler des fiacres.

— Expliquez-moi donc, dis-je au vieux danseur, ce que c'était que le menuet?[16]

Il tressaillit.

—Le menuet, monsieur, c'est la reine des danses, et la danse des Reines, entendez-vous? Depuis qu'il n'y a plus de Rois, il n'y a plus de menuet.

Et il commença, en style pompeux, un long éloge dithyrambique auquel je ne compris rien. Je voulus me faire

"Yes, sir, it is like the days of old."

A week later, we were friends and I knew his story. He had been dancing master at the Opéra, at the time of Louis XV. His beautiful cane was a gift from the Count of Clermont. And when you spoke about dancing, he could never stop talking.

Then, one day he confided in me:

"I married La Castris, monsieur. I will introduce you if you wish, but she only comes here in the afternoon. You see, this garden is our pleasure and our life. It is all that we have from other days. We have the feeling that we would no longer be able to exist if we did not have it. It is old and distinguished, isn't it? I think the air I breathe here has not changed since my youth. My wife and I spend all our afternoons here. But I come in the morning, because I rise early."

As soon as I had finished lunch, I returned to the Luxembourg, and soon I saw my friend who ceremoniously gave his arm to a small very old lady dressed in black, and to whom I was introduced. She was La Castris, the great dancer loved by princes and by the king and by the entire gallant century which seems to have left in the world an odor of love.

We sat down on a bench. It was the month of May. Perfume from the flowers floated in the neat lanes. A strong sun glided between the leaves and scattered over us large drops of light. The black dress of La Castris seemed all moist with light.

The garden was empty. You heard in the distance the wheels of cabs.

"Now explain to me," I said to the old dancer, "what the minuet was."

He shuddered.

"The minuet, monsieur, is the queen of dances, and the dance of queens. Do you understand? Since there are no more kings, there is no more minuet."

And he began, in a pompous style, a long dithyrambic eulogy which I did not understand. I tried to have the

décrire les pas, tous les mouvements, les poses. Il s'embrouillait, s'exaspérant de son impuissance, nerveux et désolé.

Et soudain, se tournant vers son antique compagne, toujours silencieuse et grave:
— Elise, veux-tu, dis, veux-tu, tu seras bien gentille, veux-tu que nous montrions à monsieur ce que c'était?

Elle tourna ses yeux inquiets de tous les côtés, puis se leva sans dire un mot et vint se placer en face de lui.
Alors je vis une chose inoubliable.
Ils allaient et venaient avec des simagrées enfantines, se souriaient, se balançaient, s'inclinaient, sautillaient pareils à deux vieilles poupées qu'aurait fait danser une mécanique ancienne, un peu brisée, construite jadis par un ouvrier fort habile, suivant la manière de son temps.
Et je les regardais, le coeur troublé de sensations extraordinaires, l'âme émue d'une indicible mélancolie. Il me semblait voir une apparition lamentable et comique, l'ombre démodée d'un siècle. J'avais envie de rire et besoin de pleurer.
Tout à coup ils s'arrêtèrent, ils avaient terminé les figures de la danse. Pendant quelques secondes ils restèrent debout l'un devant l'autre, grimaçant d'une façon surprenante; puis ils s'embrassèrent en sanglotant.
Je partais, trois jours après, pour la province. Je ne les ai point revus. Quand je revins à Paris, deux ans plus tard, on avait détruit la pépinière. Que sont-ils devenus sans le cher jardin d'autrefois, avec ses chemins en labyrinthe, son odeur du passé et les détours gracieux des charmilles?

Sont-ils morts? Errent-ils par les rues modernes comme des exilés sans espoir? Dansent-ils, spectres falots, un menuet fantastique entre les cyprès d'un cimetière, le long des sentiers bordés de tombes, au clair de lune?
Leur souvenir me hante, m'obsède, me torture, demeure en moi comme une blessure. Pourquoi? Je n'en sais rien.
Vous trouverez cela ridicule, sans doute?

steps, all the movements and the positions described to me. He became confused, exasperated with his inability to explain, nervous and disconsolate.

Suddenly he turned toward his ancient companion, who had been silent and serious.

"Elise, are you willing, are you willing,—it would be good of you—are you willing that we show this gentleman what it was?"

She looked anxiously in every direction, then got up without saying a word and took her place opposite him.

Then I saw something unforgettable.

They went back and forth with childish affectation, smiled at one another, swayed, bowed, hopped like two old dolls made to dance by an old mechanism, a bit broken, built long ago by a very skillful workman according to the fashion of the times.

And I watched them, my heart troubled by extraordinary sensations, my soul moved by indescribable melancholy. It seemed to me I was looking at a mournful and comic apparition, the out-of-fashion ghosts of an epoch. I wanted to laugh and felt like crying.

Suddenly they stopped. They had ended the movements of the dance. For a few seconds they remained standing, each facing the other, smirking in a surprising way. Then, sobbing, they embraced.

Three days afterward I left for the country. I did not see them again. When I came back to Paris, two years later, the plant nursery had been demolished. What became of them without the beloved garden of the past, and its maze of paths, its smell of other years, and the graceful curves of the groves?

Are they dead? Do they wander through modern streets like exiles without hope? Like quaint ghosts, do they dance a fantastic minuet among the cypresses of a cemetery, along paths bordered with tombs, in the moonlight?

My memory of them haunts and obsesses me, tortures me and remains in me like a wound. Why? I do not know.

Doubtless you will find all this ridiculous.

Paul Claudel

(1868–1955)

Despite the high praise of some critics who have called
him the greatest genius in the West today, Paul Claudel's
place in literature and in Catholic thought is still vigor-
ously disputed. In his middle eighties, at the time of his
death, in February 1955, Claudel appeared as belligerent
as ever, having maintained to the end not only his full
powers as writer but also his violent temper and his ani-
mosities. His detractors are still legion; his admirers come
from many varying quarters and differ widely in their
religious, political and aesthetic beliefs. Only since the
Second World War has there been a marked effort to define
his position in contemporary literature.

As a writer, in his plays, poems, essays, stories and
apologetics, Claudel never made concessions to his public.
The Catholic world in France and outside of France has
been slow to accept him. His attitude toward the world of
letters, and even toward the world in general, has seemed
hostile and almost vindictive. His implacable seriousness
discouraged any sense of humor.

And yet Paul Claudel participated gladly in every aspect
of the Catholic revival in France: in art, philosophy and
liturgy. By virtue of his strength, his consistent seriousness,
and the proportions of his work, he towered above his contemporaries. As he remained outside all literary coteries,
his presence was felt by its sheer spiritual weight. Like

every Christian, he was simultaneously optimistic and pessimistic. He appears today as a kind of patriarch contemplating our planet in its evil and chaos.

Always guided by his Catholicism, he created and recreated, interpreted and modified an endless number of myths and ideas. Man was for him at all times equally flesh and spirit, expressing in his duality the mystery of the Incarnation. Men in all parts of the world, in the remotest districts and in the metropolitan centers, are all ceaselessly sharing in the same existence and forever experiencing the drama of an identical destiny.

In his acceptance of the world—which was not pantheistic, but the expression of his striving for unity— Claudel remained always a dedicated son of the Church. Without reservation or explanation, he never missed an opportunity to declare the faith which, far from being an aesthetic, or, for that matter, any sort of "attitude," represented for him the one truth. For scholarship, the notebook, the case history furnish, according to him, a very small amount of knowledge about man, by comparison with what the mystics have bequeathed us.

Mort de Judas was first published in a volume of prose selections, *Figures et Paraboles,* in 1936. In this monologue, spoken by Judas as he hangs himself, Claudel analyzes traits of the disciple which would explain his betrayal of Christ and his suicide. Many episodes in the life of Christ are hence referred to in a distorted way. The piece is a good example of Claudel's violence of language, of the dramatic intensity of his writing, of his very personal method of Biblical exegesis and interpretation.

MORT DE JUDAS

par Paul Claudel

Judas autem laqueo se suspendit.[1]

ON NE peut vraiment pas dire que chez moi ç'ait été ce que les gens appellent un feu de paille.[2] Ni un enthousiasme puéril qui m'ait entraîné, ni un sentiment que je ne vois guère moyen de qualifier autrement que de "sentimental." C'était quelque chose d'absolument sérieux, un intérêt profond. Je voulais en avoir le coeur net,[3] je voulais savoir où Il allait. De son côté, quand Il m'a appelé, je suis bien forcé de supposer que distinctement Il savait ce qu'Il faisait. Pour Le suivre sans hésiter j'ai sacrifié ma famille, mes amis, ma fortune, ma position. Il y a toujours eu chez moi une espèce de curiosité scientifique ou psychologique, appelez ça comme vous voudrez, et en même temps un goût d'aventure et de spéculation. Toutes ces histoires de perle inestimable, de domaines mystérieux on ne sait où qui rapportent cent pour un, de Royaume imminent dont les charges nous seront distribuées, il faut avouer que tout cela était de nature à enflammer dans le coeur d'un jeune homme les plus nobles ambitions. J'ai mordu à l'hameçon. D'ailleurs je ne suis pas le seul à m'être laissé prendre. Il y avait tous ces bons râcleurs de poissons. Mais d'autre part je voyais des personnalités abondantes et considérées comme Lazare,[4] des femmes du monde, des autorités en Israël comme Joseph [5] et Nicodème,[6] se prosterner à Ses pieds. On ne sait jamais. Après tout, depuis que les Romains sont

DEATH OF JUDAS

by Paul Claudel

Judas autem laqueo se suspendit

Y‌OU CAN'T really say that with me it was what people call
a flash in the pan. Nor a childish enthusiasm which fasci-
nated me, nor a sentiment which I find no way of describing otherwise than as "sentimental." It was something absolutely serious, a deep interest. I wanted to get to the bottom
of it, I wanted to know what He was up to. As for Him,
when He called me, I am forced to suppose that He knew
distinctly what He was doing. In order to follow Him I
sacrificed without hesitation my family, my friends, my
wealth and position. There has always been in me a kind
of scientific or psychological curiosity, call it what you will,
and at the same time a taste for adventure and speculation.
All those stories of a pearl of great value, of mysterious
property somewhere or other which yields one hundred to
one, of a Kingdom at hand whose custody will be given
to us, I have to confess that all of that was of such a nature
as to ignite in the heart of a young man the noblest ambitions. I took the bait in my mouth. Moreover I wasn't
the only one to let myself be caught. There were all those
fine fish scrapers. And besides I saw many wealthy and
important personalities like Lazarus, society women, au-
thorities in Israel like Joseph and Nicodemus prostrating
themselves at His feet. You can never tell. After all, since
the Romans came, you could say we have seen every type

arrivés, on peut dire que l'on en a vu de toutes les couleurs.[7]
Moi, j'ai voulu savoir au juste ce qu'il en était et suivre la
chose de bout en bout.

J'ose dire que parmi les Douze c'était moi de beaucoup
le plus instruit et le plus distingué. J'étais un crédit pour la
troupe. Évidemment, il y avait Simon Pierre,[8] on n'aurait
pas eu le coeur de le chasser ou de lui refuser la première
place. Il n'y avait qu'à regarder ses bons yeux de chien
affectueux, et cette grimace d'enfant qui va pleurer quand
on lui adressait des reproches, ça lui arrivait plus souvent
qu'à son tour. Moi, j'ai toujours été correct. J'avais mon
service, il n'y avait pas à m'en demander plus. Autrement
c'est le désordre. On appréciait tout de même mon jugement,
mes manières, ma connaissance du monde et des Écritures,
mon savoir-faire avec les clients. J'ai été un des premiers à
passer Apôtre, un de ceux à qui on a passé une corde autour
du cou, ce que vous appelez maintenant une étole.

J'étais ce que l'on appelle *un bon administrateur*, c'était
là ma spécialité. Évidemment, c'est plus distingué de ne
pas toucher à l'argent: il faut tout de même qu'il y ait
quelqu'un qui s'en occupe et que ce ne soit pas le plus
manchot. On ne peut pas vivre éternellement en se remplis-
sant les poches des épis qui vous tombent sous la main. Les
propriétaires finissent par vous regarder d'un drôle d'air.
Nous étions toujours au moins treize à table, sans parler de
l'imprévu. Pour tenir la bourse il fallait un homme qui sût
tout ce que l'on peut tirer d'un denier d'argent. Nourrir
treize personnes avec un denier d'argent, c'est presque aussi
difficile que d'en alimenter 5,000 avec deux petits poissons.
(On me l'a dit, je ne l'ai pas vu.) Le soir tout de même
quand on avait fini de considérer les lys des champs on
était heureux de trouver la soupe prête.

Que d'histoires on m'a faites parce que de temps en
temps je faisais un petit virement à mon compte personnel!
Erat enim latro.[9] C'est bientôt dit. Etais-je un Apôtre, oui
ou non? n'avais-je pas à tenir mon rang? C'était l'intérêt
général que je n'eusse pas l'air d'un mendiant. Et d'ailleurs
n'est-il pas écrit au Livre du *Deutéronome* (XXV, 4): *Tu*

possible. Well, I wanted to know exactly what it was about and see it through.

I might say that among the Twelve, I was by far the most cultivated and the most refined. I was a credit to the group. Of course, there was Simon Peter and no one would have had the heart to send him away or to refuse him first place. You had only to look at his good eyes of an affectionate dog, and that face of a child who is going to cry when you scold him. That happened to him more often than he deserved. I always kept to the rules. I had my duties and no one asked me to do any more. Otherwise there would have been disorder. All the same, they were appreciative of my judgment, my manners, my knowledge of the world and of Holy Scripture, my tact with clients. I was one of the first to be promoted Apostle, one of those around whose neck they placed a rope, and which now you call a stole.

I was what you call *a good administrator*. That was my specialty. Obviously, it is more noble not to touch money. But someone has to take care of it and he had better not be one-armed. You can't live forever by filling your pockets with the ears of grain which fall into your hands. The owners end by looking at you suspiciously. There were always at least thirteen of us at table, without counting the unexpected caller. To hold the purse you needed a man who could draw the maximum from a silver farthing. To feed thirteen people on a silver farthing is almost as hard as to feed 5000 with two small fishes. (I was told about that, and did not see it.) In the evening, just the same, when we were finished with looking at the lilies of the field, we were delighted to find the soup ready.

The complaints about me they made because from time to time I transferred a small sum to my personal account! *Erat enim latro.* It's easily said. Was I an Apostle or wasn't I? Didn't I have to keep my position? It was in the interest of all, for me not to look like a beggar. And moreover, isn't it written in the Book of Deuteronomy (25:4): *Thou*

ne lieras pas la bouche du boeuf triturant? Quand je courais de droite et de gauche, que je rappelais leurs promesses aux souscripteurs appesantis, que je préparais les logements, que j'embaumais les chefs de synagogues pour préparer la lecture du Samedi (il faut voir si c'était commode!), quand je faisais toute cette besogne de procureur sans un mot d'appréciation ou de remerciement, qu'en dites-vous? Triturais-je ou ne triturais-je pas? moi, j'ai le ferme sentiment que je triturais.

N'en parlons plus.

Ça ne fait rien, je suis content d'avoir vu tout ça. Vous me demandez si j'ai vu des miracles. Bien sûr que j'en ai vu. Nous ne faisions que ça. C'était notre spécialité. Les gens ne seraient pas venus à nous si nous n'avions pas fait de miracles. Les premières fois il faut avouer que ça fait impression, mais c'est étonnant comme on s'y habitue. J'ai vu les camarades qui bâillaient ou qui regardaient le chat sur un mur pendant que des files de paralytiques se levaient au commandement. J'ai fait des miracles moi-même tout comme les autres. C'est curieux. Mais je me permets de vous le demander en toute sincérité, qu'est-ce que ça prouve? Un fait est un fait et un raisonnement est un raisonnement. Cela m'agaçait quelquefois. Par exemple on savait que l'éternelle question du sabbat allait être remise sur le tapis.[10] Les gens de la synagogue m'avaient expliqué leur ligne d'argumentation, moi-même je m'étais permis de leur donner quelques petits conseils, c'était passionnant. Eh bien! à peine avait-on ouvert la séance qu'à point nommé,[11] au moment le plus crucial, se présentait quelque cul-de-jatte qu'on remettait immédiatement sur les pieds, et adieu la discussion! Je ne trouve pas ça loyal. Au beau milieu des débats les plus intéressants, on entendait un bruit sur le toit, les tuiles commençaient à nous dégringoler sur la tête, c'est un mort qu'il fallait ressusciter *hic et nunc!* [12] Dans ces conditions il n'y a plus de discussion possible! C'est trop facile! ou du moins . . . Enfin vous comprenez ce que je veux dire.

Au premier abord, tous ces malades qu'on guérit, ces aveugles qui voient clair, c'est magnifique! Mais moi qui

shalt not muzzle the ox when he treadeth the grain. When
I ran to the right and to the left, when I reminded the
burdened subscribers of their promises, when I prepared
the lodgings, when I perfumed the heads of the synagogues
in order to prepare for the Saturday reading (this was no
easy job!), when I did all that solicitor's work, without a
word of appreciation or thanks, what do you say about
that? Was I treading the grain or not? I have the strong
conviction that I was treading it.

Let us speak no further of this.

It makes no difference—I am pleased to have seen all
that. You ask me if I saw any miracles. Of course I saw
some. That was all we did. It was our specialty. People
would not have come to us if we hadn't performed miracles.
I must confess that the first times you are impressed, but
it is astonishing how you become accustomed to them. I
saw friends yawn or watch a cat on a wall while rows of
paralytics stood up when told to. I too performed miracles
like everyone else. It is curious. But I take the liberty of
asking you in all sincerity, what does that prove? A fact
is a fact, and an argument is an argument. It irritated me
at times. For example, we knew that the eternal question
of the Sabbath was going to be taken up again. The synagogue people had explained to me their line of argumentation, and I had taken the liberty of giving them some bits
of advice. It was exciting. Well, they had scarcely begun
the meeting when in the nick of time, at the most crucial
moment, some cripple appeared, who was immediately put
back on his feet, and there was no more discussion! That
doesn't seem fair to me. Right in the middle of the most
interesting discussion, we would hear a noise on the roof,
and tiles would begin to fall on our heads. It was a dead
man who had to be brought back to life *hic et nunc!* Discussion is not possible under those conditions! It is too
easy! or at least . . . Well, you understand what I mean.

At the very beginning, it was magnificent—all the sick
who were cured and the blind who saw! But I who stayed

restais en arrière, si vous croyez que ça allait tout seul dans les familles! J'ai vu des scènes impayables. Ces estropiés, on en avait pris l'habitude, et voilà qu'ils réclamaient leur place! Un paralytique qu'on a remis sur ses pieds, vous n'avez pas idée de ce que c'est! c'est un lion déchaîné! Tous ces morts qu'on avait découpés en petits morceaux, les voilà, recousus, qui redemandent leur substance. Si l'on n'est plus sûr même de la mort, il n'y a plus de société, il n'y a plus rien! C'est le trouble, c'est le désordre partout. Quand notre troupe arrivait dans un village, je regardais les gens du coin de l'oeil, il y en avait qui faisaient une drôle de figure.

Et les démoniaques! il y en avait qui n'étaient pas du tout contents d'être débarrassés de leur démon: ils en avaient pris l'habitude, ils y tenaient autant qu'une petite sous-préfecture tient à sa garnison, — et qui faisaient tous leurs efforts pour le ravaler. C'était à se tordre!

Tout mon malheur est qu'à aucun moment je n'ai pu perdre mes facultés de contrôle et de critique. Je suis comme ça. Les gens de Carioth sont comme ça. Une espèce de gros bon sens. Quand j'entends dire qu'il faut tendre la joue gauche, et payer aussi cher pour une heure de travail que pour dix, et haïr son père et sa mère, et laisser les morts ensevelir leurs morts, et maudire son figuier parce qu'il ne produit pas des abricots au mois de mars, et ne pas lever un cil sur une jolie femme, et ce défi continuel au sens commun, à la nature et à l'équité, évidemment je fais la part de l'éloquence et de l'exagération, mais je n'aime pas ça, je suis froissé. Il y a en moi un appétit de logique, ou si vous aimez mieux une espèce de sentiment moyen, qui n'est pas satisfait. Un instinct de la mesure. Nous sommes tous comme ça dans la cité de Carioth. En trois ans je n'ai pas entendu l'ombre d'une discussion raisonnable. Toujours des textes et encore des textes, ou des miracles, ça, c'est la grande ressource! — ou des petites histoires qui ont leur charme, je suis le premier à le reconnaître, mais qui sont entièrement à côté. Par exemple on voudrait causer un peu d'homme à homme, et tout de suite

behind the lines could tell you that all was not well in the families! I saw priceless scenes. People had grown accustomed to the crippled and there they were asking for their places back! You can't imagine what a paralytic, who has been put back on his feet, is like! He is a raging lion! All those dead who had been cut up into small pieces, when they are sewn up again, ask for their substance back. If we are no longer even sure of death, there is no more society, there is nothing left! Trouble and disorder will be everywhere. When our little band came to a village, I would watch the people out of the corner of my eye, and some of them looked strange.

And the demoniacs! Some of them were not at all pleased to be rid of their demons. They had grown used to them. They had become attached to them as a small sub-prefecture becomes attached to its garrison,—and made strenuous efforts to swallow them again. You would be convulsed with laughter!

My whole trouble was that at no point was I able to lose my administrative and critical faculties. That is the way I am. People from Carioth are like that. A kind of sturdy common sense. When I hear it said that you have to offer the left cheek, and pay as high for one hour's work as for ten, and hate your father and mother, and let the dead bury their dead, and curse your figtree because it doesn't produce apricots in the month of March, and not look once at a pretty woman, and that continual defiance of common sense, of nature and justice,—obviously I take into consideration the rhetoric and exaggeration of all that, but I don't like it, it rubs me the wrong way. There is in me a liking for logic, or, if you prefer, a middle-class feeling which is not satisfied. An instinct for moderation. We are all like this in the city of Carioth. In three years I haven't heard the trace of a reasonable discussion. Always texts, and still more texts, or miracles,—they were a great help! or little stories that had their charm, I am the first to acknowledge this, but which were completely beside the mark. For example, if you wanted to talk a bit man to man, right away what was put before you? *Before*

qu'est-ce qu'on vous met dans la main? *Avant qu'Abraham ne fût Je Suis.*[13] Voilà des choses qui vous tombent du ciel,[14] si je peux dire! qui vous cassent bras et jambes.[15] Comment s'étonner que cela vous fasse un peu grincer des dents?

Et tant qu'aux petites histoires, elles ne sont pas toutes originales, il y en a que j'avais lues par-ci par-là, et puis à force de les entendre débiter, j'avais fini par les connaître par coeur. Dès que ça commençait j'aurais pu aller jusqu'au bout sans points ni virgules, les yeux fermés et la langue dans le coin de la joue. C'était toujours le même répertoire. Tout cela entremêlé d'injures atroces et des insinuations les plus malveillantes. Par exemple cette histoire de Lazare et de Dives que je n'ai jamais entendu raconter, et souvent à la table de Simon lui-même, sans un véritable embarras. Je ne savais où me fourrer!

C'est pour en revenir aux Pharisiens et pour vous expliquer leur situation. Il ne faut pas trop leur en vouloir.[16] On les avait mis au pied du mur. Ou Lui, ou nous. Sa peau ou la nôtre. S'Il a raison, c'est nous qui avons tort. Si on Lui laisse dire ainsi ouvertement qu'Il est le Messie, c'est qu'Il L'est. Et s'Il est le Messie, alors nous, qu'est-ce que nous sommes? qu'est-ce que nous faisons dans le paysage? Il n'y a pas à sortir de là!

C'est pourquoi, possédant cette équité naturelle que j'ai dite, et voulant connaître l'autre côté des choses, je me suis mis à fréquenter les Pharisiens, en qui j'ai trouvé, je dois le dire, des gens parfaitement polis et bien élevés. A la fin j'ai eu gravement à me plaindre d'eux, mais cela ne m'empêchera pas de leur rendre justice. L'intérêt national, l'ordre public, la tradition, le bon sens, l'équité, la modération, étaient de leur côté. On trouve qu'ils ont pris des mesures un peu extrêmes, mais comme Caïphe,[17] qui était grand-prêtre cette année-là, nous le faisait remarquer avec autorité: *Il est expédient qu'un homme meure pour le peuple.*[18] Il n'y a rien à répondre à ça. Parmi eux il y avait un esprit remarquable, originaire de la région de Gaza,[19] si je ne me trompe. C'est lui qui m'a ouvert les yeux, ou plutôt, si je peux dire, qui m'a rendu le cou flexible, me permettant de regarder de différents côtés, car aupara-

Abraham was born, I am. They were like words coming as a Godsend, if I can say that! bowling you over. Little wonder that it made you grind your teeth a bit!

And as for the little stories, they aren't all original; some of them I have read in this place and that, and then hearing them recited, I had come to know them by heart. As soon as one began, I could have continued to the end without periods and commas, my eyes closed and my tongue in the corner of my cheek. It was always the same repertory. All of it interspersed with terrible insults and the most spiteful insinuations. For example, that story of Lazarus and the Rich Man, which I could never hear told, and often at Simon's table, without being really embarrassed. I wanted to hide myself!

But to return now to the Pharisees and explain their situation to you. You shouldn't be too much against them. They had been backed against the wall. It was between Him or us. His skin or ours. If He was right, we were wrong. If we let Him say thus openly that He is the Messiah, then He is. And if He is the Messiah, then what are we? What are we doing in the scene? There is no getting around that!

That is why, having this natural sense of justice I have mentioned, and wanting to know the other side of things, I began to frequent Pharisees whom I have found to be— I have to say it—perfectly polite and well-behaved people. At the end, I had serious reason for complaining about them, but this will not keep me from doing justice to them. National interest, public order, tradition, common sense, justice, moderation were on their side. People consider that they took rather extreme measures, but as Caiaphas, who was the high-priest that year, pointed out to us with authority: *It is expedient for you that one man should die for the people.* There is no answer to that. Among them there was a remarkable fellow, a native of the region of Gaza, if I am not mistaken. He it was who opened my eyes, or rather, if I can say this, who made my neck flexible, allowing me to look in different directions; for previously

vant j'étais comme les gens de mon peuple, j'avais la nuque raide, je ne regardais ni à droite ni à gauche ni en arrière, je ne voyais pas plus loin que le bout de mon nez. (Et je dois dire que pour cette nuque raide, j'ai suivi un traitement radical! Ha! Ha! Ne faites pas attention. C'est une petite plaisanterie.) Quand il a appris que j'étais un disciple de Qui-Vous-Savez, croyez-vous qu'il se soit moqué de moi? Il m'a félicité au contraire. Il y a des choses excellentes, m'a-t-il dit, dans l'enseignement de Qui-Vous-Savez. Je l'écoute souvent avec plaisir. Moi-même dans cette inspiration j'ai composé un petit recueil intitulé: *Cantiques pour le mois de Nizan* qui a mérité l'admiration de Nicodème. Mais il faut voir les choses de plus haut. Il faut dominer les questions. Enrichissez-vous! voilà ma devise. Développez-vous dans le sens que vous indique votre démon intérieur. Qu'il y ait toujours place pour quelque chose dans les soutes insatiables de votre esprit. Achevez votre statue. Quant à moi, païen avec les païens, je suis chrétien avec les chrétiens et chamelier avec les enfants d'Ismaël. Impossible de me distinguer de l'article authentique.* Par exemple nul plus que moi n'admire l'héroïque obstination des Macchabées.[20] C'est même le poème épique que j'ai écrit à ce sujet qui m'a valu l'entrée du Sanhédrin.[21] Et cependant cette civilisation grecque à laquelle ils s'opposaient, quelle tentation! que de belles choses! pourquoi la rejeter si brutalement? Il y avait des raisons nationales, je le sais! mais combien davantage, je vous le dis tout bas, m'est sympathique l'attitude raisonnable et éclairée d'un véritable clerc, d'un digne prélat, comme celui dont une histoire partiale a travesti les intentions: le grand prêtre Jason! Et cette belle statue de Jupiter par Polyclète,[22] comment nous consoler de l'avoir perdue, grâce au zèle farouche de ce Matathias! [23] — Ainsi parlait le grand homme et il me semblait que littéralement il m'expliquait à moi-même. Je me développais à vue d'oeil sous ses paroles, je poussais des feuilles et des branches, ou, si vous aimez mieux, j'étais dans un trou, et il déployait devant mes yeux un panorama. C'est comme s'il m'avait porté avec lui sur le sommet du temple et m'avait montré

* Qu'il dit.

I was like others of my people, I held my neck stiff and looked neither to the right nor to the left nor behind me. I couldn't see farther than the end of my nose. (And I may say that for my stiff neck, I have undergone a radical treatment! Ha! ha! Pay no attention. Just a little joke.) When he learned that I was a disciple of You-Know-Who, do you think he made fun of me? On the contrary, he congratulated me. "There are some excellent things," he said to me, "in the teaching of You-Know-Who. I often listen to him with pleasure. Inspired by him, I composed a small collection called *Hymns for the month of Nisan,* which attracted the admiration of Nicodemus. But things should be seen from above. You must dominate all questions. Become rich! That is my motto. You must develop in the direction your inner demon points to. Always leave a place for something in the insatiable store-rooms of your mind. Complete your image. As for me, I am a pagan with pagans, I am a Christian with Christians; and I am a camel-driver with the children of Ishmael. You can't distinguish me from the authentic article.* For example, no one admires more than I do the heroic obstinacy of the Maccabees. In fact, the epic poem I wrote on that subject admitted me to the Sanhedrin. And yet what a temptation was that Greek civilization to which they were opposed! What beautiful things in it! And why did they reject it so brutally? There were nationalistic reasons, I know! But between you and me, I find infinitely more likable the reasonable enlightened attitude of a real cleric, of a worthy prelate, such as the high priest Jason whose intentions were travestied by a biased history. And how can we be consoled for having lost that beautiful statue of Jupiter by Polycletus, thanks to the wild zeal of that Mattathias!"—Thus spoke the great man and literally it seemed to me he was explaining me to myself. Under the flow of his words you could see me grow, I sprouted leaves and branches, or, if you prefer, I was in a hole, and he unfolded a panorama before my eyes. It was as if he had carried me with him to the roof of the temple and had shown me all the kingdoms

* So he says!

tous les royaumes de la terre en me disant: Ils sont à toi. Vous voulez savoir le nom de ce grand homme? Il est bien connu. Il s'appelle G . . .* Excusez-moi si je ne peux achever. J'ai un peu mal à la gorge. Sa mémoire est en vénération dans toutes les Universités. A ce nom sacré tous les professeurs sont saisis d'un tremblement et se prosternent la face contre terre.

Vous pensez bien que ce petit drame psychologique avait altéré mes relations avec les Onze. J'ai été victime d'actes odieux de la parte de ces grossiers. Mais sur l'incident qui a consommé la rupture je tiens à établir la vérité.

Depuis longtemps nous étions en relation avec une riche famille de Béthanie [25] à laquelle appartenait le fameux Lazare, et nous ne nous faisions pas faute de puiser dans leur trésorerie, tout cela en désordre, au jour le jour, sans vue de l'avenir. Je voulais régulariser. Mon idée était d'établir à Béthanie une espèce de base financière, d'organisation administrative sur laquelle nous pourrions nous appuyer. Je comptais spécialement pour cela sur Marie Madeleine. La fortune de Marthe et de Lazare consistait surtout, je m'en étais assuré, en hypothèques et biens fonciers difficiles à liquider. Marie Madeleine au contraire possédait une assez grosse somme en numéraire, bijoux, effets personnels, etc. Et dans un pays pauvre comme la Judée on va loin avec rien qu'un petit peu d'argent comptant. On a des occasions de placement. J'avais tout expliqué à cette personne, malgré le peu de sympathie que m'inspirait son passé d'immoralité. Je croyais que tout était arrangé.

Tout à coup la porte s'ouvre,—nous étions chez Simon le Lépreux—et à l'instant j'ai senti mes cheveux se dresser sur ma tête! je ne comprenais que trop ce qui allait se passer! Une de ces scènes théâtrales dont je n'ai jamais pu être le témoin sans me sentir tout le corps crispé par cette espèce de chair de poule qu'inflige une atroce inconvenance! Figurez-vous que cette dinde avait porté tout cet argent,—

---

* — Vous êtes un homme, Monsieur Goethe! [24]
— Hélas, non! ce n'était qu'un surhomme, c'est-à-dire un pauvre diable.

of the earth while saying to me: "They are yours." Do you want to know the name of this great man? He is well known. His name is G . . .* Excuse me for not being able to continue. My throat is a bit sore. The memory of this man is venerated in all universities. At his sacred name all professors begin to tremble and fall down on their faces.

You can well imagine that this small psychological drama had changed my relationship with the Eleven. I was the victim of odious actions by those coarse men. But I want very much to establish the truth concerning the incident which brought about the break.

For a long time we had been on terms with a rich family from Bethany to which the famous Lazarus belonged. We did not fail to draw on their treasury, in a disorderly fashion, from day to day, without consideration for the future. I wanted to put things in order. My idea was to establish in Bethany a kind of financial base, an administrative organization on which we could lean. For that, I was counting especially on Mary Magdalene. I found out that the fortune of Martha and Lazarus consisted primarily of mortgages and real estate difficult to sell off. On the other hand, Mary Magdalene owned quite a large sum in cash and jewels and personal effects. And in a poor country like Judea you go far with just a bit of ready money. There are chances for investment. I had explained everything to that person, despite my lack of liking for her because of the immorality of her past. I thought everything was arranged.

Suddenly the door opened—we were at the home of Simon the Leper—and I could feel at that moment the hair of my head standing up! I understood only too well what was going to happen! One of those theatrical scenes which, each time I have witnessed them, makes my whole body cringe with that form of gooseflesh brought on by some terrible indecency! Picture the situation:—the stupid

---

* — You are a man, Mr. Goethe!
— Alas, no! he was only a superman, namely a poor devil.

cet argent en somme qui n'était à elle et qu'elle m'avait promis,—au bazar, en se faisant indignement voler naturellement, pour acheter de la parfumerie! Il y en avait plein une petite fiole de terre blanche, je la vois encore! Là-dessus elle se met par terre à quatre pattes, trop heureuse de faire l'étalage de ses remarquables cheveux, et, brisant la fiole sur les pieds de l'Invité, elle répand tout notre capital!

C'était le bouquet!

Vous comprenez qu'après cela il n'y avait plus à hésiter. De la maison de Simon je ne fis qu'un saut jusqu'au Sanhédrin et la chose fut réglée en un tournemain. J'ose dire que tout fut arrangé de la manière la plus heureuse avec le minimum de violence et de scandale, la relation officielle en fait foi. J'étais au courant des aîtres [26] et je savais exactement le lieu et l'heure où nous trouverions les amis de notre maître assoupis.

Je me souviendrai toujours de ce moment. Quand on prend congé d'une personnalité distinguée à laquelle on a prodigué pendant trois ans des services aussi loyaux que gratuits, l'émotion est compréhensible. C'est donc dans les sentiments de la sympathie la plus sincère, mais avec en même temps cette satisfaction dans le coeur que procure la conscience du devoir accompli que je déposai sur Ses lèvres, à la manière orientale, un baiser respectueux. Je savais que je rendais à l'État, à la religion, à Lui-même, un service éminent,—aux dépens peut-être de mes intérêts et de ma réputation,—en L'empêchant désormais de troubler,—avec les meilleures intentions du monde!—les esprits faibles, de semer dans la population l'inquiétude, le mécontentement de ce qui existe et le goût de ce qui n'existe pas. Comment s'étonner après cela de cette larme honorable que fait sourdre, au coin de tout oeil bien né, le pressentiment, mêlé à l'approbation de notre démon intérieur, de l'incompréhension générale qui va nous envelopper?

Sur ce qui s'est passé ensuite je n'insiste pas. Pendant ces heures douloureuses rien ne m'a davantage affligé et scan-

woman had taken all that money—that money, in short, which was no longer hers and which she had promised me —to the bazaar where naturally she let herself be shamefully robbed buying perfume! A small phial of white clay, which I can still see, was full of it! Whereupon she sank to the floor on all fours, overjoyed at displaying her wonderful hair, and breaking the phial over the feet of the Guest, she spills our entire capital!

That was the last straw!

You can understand that after that there was no more hesitation on my part. In one leap from Simon's house I was at the Sanhedrin, and the matter was settled in the twinkling of an eye. I can say that everything was arranged in the most pleasant manner, with a minimum of violence and scandal. The official account testifies to this. I knew my way about the house, and I knew exactly the place and the time when we would find the friends of our Master dozing.

I shall always remember that moment. When you take leave of a distinguished personality to whom for three years you gave your services both loyal and gratuitous, your emotion is understandable. It was therefore with feelings of the most sincere friendliness, but at the same time with that heart-felt satisfaction which the awareness of a duty accomplished provides, that I placed on His lips, in the Oriental manner, a respectful kiss. I knew that I was rendering to the State, to religion and to Himself, an eminent service—at the expense perhaps of my interests and my reputation—in preventing Him henceforth from upsetting—with the best intentions in the world—weak minds, from spreading worry throughout the population, and dissatisfaction with what exists and a liking for what does not exist. After that, how can we be surprised at that honorable tear which wells up in the corner of any respectable eye because of the premonition, joining with the approval of our inner demon, of the general obtuseness which is going to envelop us?

On what took place then, I will not insist. During those painful hours, nothing depressed or shocked me more, I

dalisé, je l'avoue, que la lâcheté de mes ex-confrères, et surtout l'inqualifiable désertion de Simon Pierre. L'infortuné aurait dû cependant se souvenir de cette parole qu'il avait entendue si souvent: *Malheur à celui par qui le scandale arrive!* [27]

Mais moi-même ne suis-je pas la victime éclatante d'une trahison non moins odieuse? Après l'acte d'abnégation que j'avais accompli, et en dépit de certaines grimaces déjà surprises sur ces dures figures sacerdotales, je m'attendais de la part de mes conseillers à un accueil empressé et sympathique. Je me voyais déjà me rendant au Temple, un peu solitaire, mais accompagné de la considération générale, revêtu de cette grave auréole qui entoure les héros extrêmes du devoir et du sacrifice. Quelle erreur! Pour toute récompense on me jette avec mépris un peu d'argent comme à un mendiant! Trente deniers! Après cela il n'y avait plus qu'à tirer l'échelle! [28] C'est ce que j'ai fait.

— J'ai oublié de dire que la veille, pour me réconforter, j'étais allé rendre visite à mon excellent maître. Je le trouvai plein de sérénité et parvenu à cet état d'indifférence supérieure à quoi toute sa vie n'avait été qu'une longue préparation, je veux dire qu'il était mort. Il était couché tout nu sur son lit, entouré de morceaux de glace, de cette glace qui était son élément naturel comme l'eau l'est pour les poissons, et qui constituera, pour longtemps, espérons-le, le principal ingrédient de sa conservation.

.   .   .

De la position que j'occupe maintenant, on peut juger les choses, si j'ose dire, avec détachement. Dans le drame qui s'est joué le 14 du mois de Nizan entre le Golgotha [29] et la modeste dépression où j'ai couronné ma carrière, je comprends le rôle qui m'était départi. Comme l'a dit ce petit Pharisien [30] excité dont j'ai encouragé les débuts, *oportet haereses esse.*[31] Tant que le drame du Calvaire se développe, et il ne fait que commencer, l'Iscariote y jouera son rôle, à la tête d'une troupe nombreuse de successeurs et de partisans que son exemple continuera à guider. Tant qu'il y aura de bons esprits que rebute la Croix, cette espèce de charpente rudimentaire, brutalement arrêtée et re-

must confess, than the cowardice of my former colleagues, and especially the unspeakable desertion of Simon Peter. The unfortunate fellow should have remembered nevertheless that phrase he had heard so often: *Woe betide the man who is the cause of it.*

But am I not the glaring victim of a betrayal no less hateful? After the act of abnegation which I had performed, and in spite of certain wry expressions I had noticed on these hard, priestly faces, I expected from my advisers an enthusiastic and friendly reception. I could already see myself going to the temple, somewhat alone, but surrounded by the esteem of everyone, and over my head that solemn halo of the most illustrious heroes of duty and sacrifice. How mistaken I was! My own reward was some money scornfully thrown to me as to a beggar! Thirty pieces of silver! After that, there was nothing else to do save pull the ladder! That was what I did.

I forgot to say that the night before I went, for consolation, to pay a visit to my fine master. I found him full of serenity, having reached that state of superior indifference for which his entire life had been one long preparation. I mean,—he was dead. He was lying naked on his bed, surrounded by pieces of ice, of that ice which was his natural element, as water is for fish, and which will constitute for a long time, we hope, the principal ingredient of his preservation.

.   .   .

From the position which I now occupy, you can judge things, if I may say so, with detachment. In the drama which unfolded on the 14th of the month of Nisan between Golgotha and the slight valley where I crowned my career, I understand the role which was dealt out to me. In the words of that excited little Pharisee whose beginnings I encouraged: *oportet haereses esse.* As long as the drama of Calvary continues, and it is only beginning, Iscariot will play his role in it, at the head of a large crowd of successors and partisans who will continue to be guided by his example. As long as there are good spirits disheartened by the Cross, that species of rudimentary framework, brutally

tranchée dans toutes les directions, qui s'élève sur une montagne avec la netteté offensante d'une affirmation, il y aura une localité marécageuse où la pente du terrain entraînera naturellement les rêveurs. Là se dresse un arbre de qui le Douzième Apôtre a prouvé qu'il était bien injuste de le maudire sous prétexte qu'il ne porte point de fruits. Pour se rendre compte de l'exactitude de cette affirmation il n'y a qu'à lever les yeux sur ce branchage populeux. Avec la croix il y a juste deux directions sèchement indiquées, la gauche et la droite, oui ou non, le bien et le mal, le vrai et le faux. Ça suffit aux esprits simplistes. Mais l'arbre que nous autres colonisons, on n'a jamais fini d'en faire le tour. Ses branches indéfiniment ramifiées ouvrent dans toutes les directions les possibilités les plus attrayantes : philosophie, philologie, sociologie, théologie. C'est si touffu que l'on s'y perd. Le mieux est de choisir une branche pour s'y installer fortement et pour donner à cette lanière captieuse, mais un peu incertaine, et dont en somme on peut faire ce que l'on veut, que nous portons autour des reins, la rigidité désirable, par le bien simple procédé de nous la mettre au cou et de nous confier à elle. Quand j'errais sur les routes de Galilée, les malins me reprochaient quelquefois de tenir les cordons de ma bourse trop serrés. Les personnes malveillantes ne manqueront pas de voir là un présage. Car qu'est-ce qu'un avare, sinon l'homme qui essaye de garder pour lui seul ce qui lui appartient, tout ce qu'il a d'esprit et de souffle, ou, pour employer une expression un peu démodée, d'âme ? C'est assez naturel après tout. C'est dommage qu'en me fermant par le haut je me sois ouvert par le bas. D'un seul coup je me suis défait de ma triperie. Vidé comme un lapin ! *Sine affectione*,[32] ne manquerait pas de remarquer méchamment à ce propos le petit Pharisien mentionné ci-dessus. Tant pis ! quand on veut graduer pour l'Éternité il faut être prêt à faire quelque sacrifice au sentiment de la perpendiculaire. Maintenant retenu par un fil presque imperceptible, je peux dire qu'enfin je m'appartiens à moi-même. Je ne dépends plus que de mon propre poids, sans en perdre une once. D'une part aussi exact qu'un fil à plomb j'indique le centre de la terre.

arrested and curtailed in every direction, which rises up on a mountain with the offensive clarity of an affirmation, there will be a swampy place where the slope of the land will quite naturally entice dreamers. There rises up a tree concerning which the Twelfth Apostle proved that it was unfair to curse it on the pretext that it bore no fruit. To realize the accuracy of this affirmation you have only to raise your eyes to the populous branches. With the Cross there are just two directions baldly indicated, the left and the right, yes or no, good and evil, true and false. That is enough for over-simple minds. But you can never completely circle the tree which men like me colonize. Its endlessly ramified branches open up in all directions to the most attractive possibilities: philosophy, philology, sociology, theology. It is so thick that you lose your way in it. The best thing is to choose a branch in order to take a firm position on it and give to that captious rope, but which is somewhat uncertain, and with which in a word you can do what you want, which we wear around our loins, the desired rigidity by the very simple method of placing it around our neck and trusting ourself to it. When I used to wander along the roads of Galilee, spiteful men would sometimes reproach me for keeping the strings of my purse too tight. Malicious people will not fail to interpret that as an omen. For what is a miser, if not a man who tries to keep for himself alone what belongs to him, all that he has of spirit and breath, or, to use a rather old-fashioned expression, of soul? After all, that is quite natural. It is a pity that as I closed myself off from above, I opened myself down below. At one go, I lost my intestines. Eviscerated like a rabbit! *Sine affectione,* the little Pharisee mentioned above would not fail to say wickedly about this. It can't be helped! When we want to move into Eternity, we should be ready to make some sacrifice to the feeling of the perpendicular. Now held by an almost imperceptible thread, I can say that finally I belong to myself. No longer do I depend on anything save my own weight, without losing an ounce. On the one hand, as exact as a plumb-line, I point to the center of the earth. On the other hand,

D'autre part, grâce à ce trait en quelque sorte idéal qui me retient et me soutient, j'ai acquis de tous côtés autonomie et indépendance. A droite, à gauche, il n'y a plus d'obstacle, je suis libre, tout m'est ouvert, j'ai intégré cette position hautement philosophique qui est le suspens, je suis parfaitement en équilibre, je suis accessible à tous les vents. Personne n'estimera qu'enfin libéré du sol j'aie payé trop cher le privilège d'osciller. Que la jeunesse vienne donc à moi, qu'elle élève avec confiance son regard vers la maîtresse branche où ma dépouille éviscérée se conforme rigoureusement à toutes les lois scientifiques, et qu'elle trace sur la couverture de ses livres de classe cette naïve exclamation où se trahit mon sentiment de la propriété: *Aspice Judas pendu!* [33]

thanks to this somewhat ideal pulling which holds and sustains me, I have gained autonomy and independence in all directions. Neither on the right nor on the left are there any more obstacles. I am free. Everything is opened up before me. I have integrated the highly philosophical position which is suspense. I am in perfect equilibrium and accessible to every wind. No one will consider that, finally free of the ground, I have paid too dearly for the privilege of swinging. Therefore let young people come to me and look up confidently at the principal branch where my eviscerated remains rigorously conform to all scientific laws, and let them write on the cover of their class books this naive exclamation in which my feeling for ownership is revealed: *Aspice Judas pendu!*

André Gide

(1869–1951)

Le Retour de l'Enfant Prodigue was written between two important books of Gide, *L'Immoraliste* and *La Porte Étroite*. The moral and religious contradictions of the two longer works are present and synthesized in the short work. In his *Journal*, under March 16, 1907, Gide records that he completed *L'Enfant Prodigue* a few days before and that he had spent only two weeks in writing it. His Catholic friends, especially Francis Jammes, Charles-Louis Philippe and Paul Claudel, on reading the work, when it appeared in *Vers et Prose*, wrote letters of condemnation. But Gide held to this very personal interpretation of the parable and called it a work of "circumstance" in which he had put all his heart and reason. He dedicated the work to Arthur Fontaine, a friend who was deeply interested in religious questions.

No contemporary writer has appeared in so many different roles to so many different critics as André Gide. He has become the man in whom the modern world has taken on an exceptional and penetrating consciousness of its perils, its dreams, its destinies. In self-contradiction, Gide found a law and an abiding creed. He and Montaigne are the two French writers who practised a vocation of honesty, who were heroic in their willingness to reveal the contradictions of their nature.

Gide's life seems to have been guided and dominated by

the parable of the prodigal son, even if the parable usually appears in a revised and modified version. He was consciously fearful at all times of attaching himself, of allying himself with a center or a focus. He opposed Barrès and the doctrines of racial security, of sinking one's roots into the land of the native province. His mind was stirred and exhilarated best by search and curiosity. His *Immoralist* knows that the hardest of all goals is to remain free. Gide had a profound disliking for spiritual complacency, for anything that resembled spiritual assurance and comfort.

The entire work of Gide is the most calculated, among contemporary writings, to disturb the reader, to startle and excite him. It is addressed to our innate and often obscured tendencies toward revolt, dissatisfaction and desire. But the form of writing is so dextrously carried out, with such precision of vocabulary, such harmony and counterpoint of sentence structure and sentence variation, with such mastery of rhetorical resources, that the work, while stimulating thought in the reader, sets up in him at the same time an unusual voluptuousness in language. The writings of Gide are always the confluence of adventure and order: adventure of thought and experience; order of form and expression. Despite the tremendous debt younger writers, in France especially, owe to Gide, he represents a uniqueness: a temperament, a life, a fervor, which is perhaps no longer possible in our world. Gide may well have been the last instance of a certain kind of liberty, of leisure, of *largesse*.

LE RETOUR DE L'ENFANT PRODIGUE [1]
par André Gide

J'AI PEINT ICI, pour ma secrète joie, comme on faisait dans les anciens triptyques, la parabole [2] que Notre Seigneur Jésus-Christ nous conta. Laissant éparse et confondue la double inspiration qui m'anime, je ne cherche à prouver la victoire sur moi d'aucun dieu—ni la mienne. Peut-être cependant, si le lecteur exige de moi quelque piété, ne la chercherait-il pas en vain dans ma peinture, où, comme un donateur dans le coin de tableau, je me suis mis à genoux, faisant pendant au fils prodigue, à la fois comme lui souriant et le visage trempé de larmes.

L'ENFANT PRODIGUE

Lorsque, après une longue absence, fatigué de sa fantaisie et comme désépris de lui-même, l'enfant prodigue, du fond de ce dénuement qu'il cherchait, songe au visage de son père, à cette chambre point étroite où sa mère au-dessus de son lit se penchait, à ce jardin abreuvé d'eau courante, mais clos et d'où toujours il désirait s'évader, à l'économe frère aîné qu'il n'a jamais aimé, mais qui détient encore dans l'attente cette part de ses biens que, prodigue, il n'a pu dilapider—l'enfant s'avoue qu'il n'a pas trouvé le bonheur, ni même su prolonger bien longtemps cette ivresse qu'à

THE RETURN OF THE PRODIGAL SON

by André Gide

As was done in old triptychs, I have painted here, for my secret pleasure, the parable told to us by Our Lord Jesus Christ. Leaving scattered and indistinct the double inspiration which moves me, I have not tried to prove the victory of any god over me—or my victory. And yet, if the reader demands of me some expression of piety, he will not perhaps look for it in vain in my painting, where, like a donor in the corner of the picture, I am kneeling, a pendant to the prodigal son, smiling like him and also like him, my face soaked with tears.

THE PRODIGAL SON

When, after a long absence, tired of his fancies and as if fallen out of love with himself, the prodigal son, from the depths of that destitution he sought, thinks of his father's face; of that not too small room where his mother used to bend over his bed; of that garden, watered with a running stream, but enclosed and from which he had always wanted to escape; of his thrifty older brother whom he never loved, but who still holds, in the expectation of his return, that part of his fortune which, as a prodigal, he was not able to squander—the boy confesses to himself

défaut de bonheur [3] il cherchait.—Ah! pense-t-il, si mon père, d'abord irrité contre moi, m'a cru mort, peut-être, malgré mon péché, se réjouirait-il de me revoir; ah! revenant à lui bien humblement, le front bas et couvert de cendre, si, m'inclinant devant lui, lui disant: "Mon père, j'ai péché contre le ciel et contre toi," [4] que ferai-je si, de sa main me relevant, il me dit: "Entre dans la maison, mon fils?" . . . Et l'enfant déjà pieusement s'achemine.

Lorsque au défaut de la colline [5] il aperçoit enfin les toits fumants de la maison, c'est le soir; mais il attend les ombres de la nuit pour voiler un peu sa misère. Il entend au loin la voix de son père; ses genoux fléchissent; il tombe et couvre de ses mains son visage, car il a honte de sa honte, sachant qu'il est le fils légitime pourtant. Il a faim; il n'a plus, dans un pli de son manteau crevé, qu'une poignée de ces glands doux dont il faisait, pareil aux pourceaux qu'il gardait, sa nourriture. Il voit les apprêts du souper. Il distingue s'avancer sur le perron sa mère . . . il n'y tient plus, descend en courant la colline, s'avance dans la cour, aboyé par son chien qui ne le reconnaît pas. Il veut parler aux serviteurs, mais ceux-ci méfiants s'écartent, vont prévenir le maître; le voici.

Sans doute il attendait le fils prodigue, car il le reconnaît aussitôt. Ses bras s'ouvrent; l'enfant alors devant lui s'agenouille et, cachant son front d'un bras, crie à lui, levant vers le pardon sa main droite:

— Mon père! mon père, j'ai gravement péché contre le ciel et contre toi; je ne suis plus digne que tu m'appelles; mais du moins, comme un de tes serviteurs, le dernier, dans un coin de notre maison, laisse-moi vivre . . .

Le père le relève et le presse:

— Mon fils! que le jour où tu reviens à moi soit béni!— et sa joie, qui de son coeur déborde, pleure; il relève la tête de dessus le front de son fils qu'il baisait, se tourne vers les serviteurs:

THE RETURN OF THE PRODIGAL SON

that he did not find happiness, nor even succeed in prolonging very much that disorderly excitement which he sought in place of happiness. "Ah!" he thinks, "if my father, after first being angry with me, believed me dead, perhaps, in spite of my sins, he would rejoice at seeing me again. Ah, if I go back to him very humbly, my head bowed and covered with ashes, and if, bending down before him and saying to him: 'Father, I have sinned against heaven, and before you,' what shall I do if, raising me with his hand, he says, 'Come into the house, my son'?" And already the boy is piously on his way.

When from the top of the hill he sees at last the smoking roofs of the house, it is evening. But he waits for the shadows of night in order to veil somewhat his poverty. In the distance he hears his father's voice. His knees give way. He falls and covers his face with his hands because he is ashamed of his shame, and yet he knows that he is the lawful son. He is hungry. In a fold of his tattered cloak he has only one handful of those sweet acorns which were his food, as they were the food of the swine he herded. He sees the preparations for supper. He makes out his mother coming on to the doorstep. . . . He can hold back no longer. He runs down the hill and comes into the courtyard where his dog, failing to recognize him, barks. He tries to speak to the servants. But they are suspicious and move away in order to warn the master. Here he is!

Doubtless he was expecting his prodigal son, because he recognizes him immediately. He opens his arms. The boy then kneels before him, and hiding his forehead with one arm, he raises his right hand for pardon:

"Father! Father! I have gravely sinned against heaven and against you. I am not worthy to be called. But at least, like one of your servants, the humblest, let me live in a corner of our house."

The father raises him and embraces him.

"My son, blessed is this day when you come back to me!" And his joy weeps as it overflows his heart. He raises his head from his son's brow which he was kissing, and turns toward his servants:

LE RETOUR DE L'ENFANT PRODIGUE

— Apportez la plus belle robe; mettez des souliers à ses pieds, un anneau précieux à son doigt. Cherchez dans nos étables le veau le plus gras, tuez-le; préparez un festin de joie, car le fils que je disais mort est vivant.[6]

Et comme la nouvelle déjà se répand, il court; il ne veut pas laisser un autre dire:

— Mère, le fils que nous pleurions nous est rendu.

La joie de tous montant comme un cantique fait le fils aîné soucieux. S'assied-il à la table commune, c'est que le père en l'y invitant et en le pressant l'y contraint. Seul entre tous les convives, car jusqu'au moindre serviteur est convié, il montre un front courroucé: Au pécheur repenti, pourquoi plus d'honneur qu'à lui-même, qu'à lui qui n'a jamais péché? Il préfère à l'amour le bon ordre. S'il consent à paraître au festin, c'est que, faisant crédit à son frère, il peut lui prêter joie pour un soir; c'est aussi que son père et sa mère lui ont promis de morigéner le prodigue, demain, et que lui-même il s'apprête à le sermonner gravement.

Les torches fument vers le ciel. Le repas est fini. Les serviteurs ont desservi. A présent, dans la nuit où pas un souffle ne s'élève, la maison fatiguée, âme après âme, va s'endormir. Mais pourtant, dans la chambre à côté de celle du prodigue, je sais un enfant, son frère cadet, qui toute la nuit jusqu'à l'aube va chercher en vain le sommeil.

LA RÉPRIMANDE DU PÈRE

Mon Dieu, comme un enfant je m'agenouille devant vous aujourd'hui, le visage trempé de larmes. Si je me remémore et transcris ici votre pressante parabole, c'est que je sais quel était votre enfant prodigue; c'est qu'en lui je me vois; c'est que j'entends en moi, parfois, et répète en secret ces paroles que, du fond de sa grande détresse, vous lui faites crier:

— Combien de mercenaires de mon père ont chez lui le pain en abondance; et moi je meurs de faim!

"Bring forth the best robe. Put shoes on his feet, and a precious ring on his finger. Look in our stables for the fattest calf and kill it. Prepare a joyful feast, for my son whom I thought dead is alive."

And as the news spreads rapidly, he hastens. He does not want another to say:

"Mother, the son we wept for has returned to us."

Everyone's joy mounting up like a hymn troubles the older son. He sits down at the common table because his father invites him and urges him forcibly. Alone, among all the guests, for even the humblest servant is invited, he shows an angry expression. To the repentant sinner why is there more honor than to himself, who has never sinned? He esteems order more than love. If he consents to appear at the feast, it is because by giving credit to his brother, he can lend him joy for one evening. It is also because his father and mother have promised him to rebuke the prodigal tomorrow, and because he himself is preparing to admonish him seriously.

The torches send up their smoke toward heaven. The meal is over. The servants have cleared the tables. Now, in the night, when not a breath is stirring, soul after soul, in the weary house, goes to sleep. And yet, in the room next to the prodigal's, I know a boy, his younger brother, who throughout the night until dawn will try in vain to sleep.

THE FATHER'S REPRIMAND

Lord, like a child I kneel before You today, my face soaked with tears. If I remember and transcribe here your compelling parable, it is because I know who your prodigal child was. I see myself in him. At times I hear in myself and repeat in secret those words which, from the depth of his great distress, You have him cry:

"How many hirelings of my father have bread enough and to spare, and I perish with hunger!"

J'imagine l'étreinte du Père; à la chaleur d'un tel amour mon coeur fond. J'imagine une précédente détresse, même; ah! j'imagine tout ce qu'on veut. Je crois cela; je suis celui-là même dont le coeur bat quand, au défaut de la colline, il revoit les toits bleus de la maison qu'il a quittée. Qu'est-ce donc que j'attends pour m'élancer vers la demeure; pour entrer?—On m'attend. Je vois déjà le veau gras qu'on apprête . . . Arrêtez! ne dressez pas trop vite le festin!—Fils prodigue, je songe à toi; dis-moi d'abord ce que t'a dit le Père, le lendemain, après le festin du revoir. Ah! malgré que le fils aîné vous souffle, Père, puissé-je entendre votre voix, parfois, à travers ses paroles!

— Mon fils, pourquoi m'as tu quitté?
— Vous ai-je vraiment quitté? Père! n'êtes-vous pas partout? Jamais je n'ai cessé de vous aimer.
— N'ergotons pas. J'avais une maison qui t'enfermait. Elle était élevée pour toi. Pour que ton âme y puisse trouver un abri, un luxe digne d'elle, du confort, un emploi, des générations travaillèrent. Toi, l'héritier, le fils, pourquoi t'être évadé de la Maison?
— Parce que la Maison m'enfermait. La Maison, ce n'est pas Vous, mon Père.
— C'est moi qui l'ai construite, et pour toi.
— Ah! Vous n'avez pas dit cela, mais mon frère. Vous, vous avez construit toute la terre, et la Maison et ce qui n'est pas la Maison. La Maison, d'autres que vous l'ont construite; en votre nom, je sais, mais d'autres que vous.
— L'homme a besoin d'un toit sous lequel reposer sa tête. Orgueilleux! Penses-tu pouvoir dormir en plein vent?
— Y faut-il tant d'orgueil? de plus pauvres que moi l'ont bien fait.
— Ce sont les pauvres. Pauvre, tu ne l'es pas. Nul ne peut abdiquer sa richesse. Je t'avais fait riche entre tous.
— Mon Père, vous savez bien qu'en partant j'avais emporté tout ce que j'avais pu de mes richesses. Que m'importent les biens qu'on ne peut emporter avec soi?
— Toute cette fortune emportée, tu l'as dépensée follement.

THE RETURN OF THE PRODIGAL SON

I imagine the father's embrace, and in the warmth of such love my heart melts. I imagine an earlier distress, and even,—ah! I imagine all kinds of things. This I believe: I am the very one whose heart beats when, from the top of the hill, he sees again the blue roofs of the house he left. What keeps me then from running toward my home and going in?—I am expected. I can see the fatted calf they are preparing . . . Stop! Do not set up the feast too quickly!—Prodigal son, I am thinking of you. Tell me first what your Father said to you the next day, after the feast of welcome. Ah! even if the elder son prompts you, Father, let me hear your voice sometimes through his words!

"My son, why did you leave me?"

"Did I really leave you? Father, are you not everywhere? Never did I cease loving you."

"Let us not split hairs. I had a house which kept you in. It was built for you. Generations worked so that in it your soul could find shelter, luxury worthy of it, comfort and occupation. Why did you, the heir, the son, escape from the House?"

"Because the House shut me in. The House is not You, Father."

"It is I who built it, and for you."

"Ah! you did not say that, my brother did. You built the whole world, the House and what is not the House. The House was built by others. In your name, I know, but by others."

"Man needs a roof under which he can lay his head. Proud boy! Do you think you can sleep in the open?"

"Do you need pride to do that? Some poorer than I have done so."

"They are the poor. You are not poor. No one can give up his wealth. I had made you rich above all men."

"Father, you know that when I left, I took with me all the riches I could. What do I care about goods that cannot be carried away?"

"All that fortune you took away, you have spent recklessly."

— J'ai changé votre or en plaisirs, vos préceptes en fantaisie, ma chasteté en poésie, et mon austérité en désirs.

— Était-ce pour cela que tes parents économes s'employèrent à distiller en toi tant de vertu?

— Pour que je brûle d'une flamme plus belle, peut-être, une nouvelle ferveur m'allumant.

— Songe à cette pure flamme que vit Moïse, sur le buisson sacré: elle brillait mais sans consumer.

— J'ai connu l'amour qui consume.

— L'amour que je veux t'enseigner rafraîchit. Au bout de peu de temps, que t'est-il resté, fils prodigue?

— Le souvenir de ces plaisirs.

— Et le dénuement qui les suit.

— Dans ce dénuement, je me suis senti près de vous, Père.

— Fallait-il la misère pour te pousser à revenir à moi?

— Je ne sais; je ne sais. C'est dans l'aridité du désert que j'ai le mieux aimé ma soif.

— Ta misère te fit mieux sentir le prix des richesses.

— Non, pas cela! Ne m'entendez-vous pas, mon Père? Mon coeur, vidé de tout, s'emplit d'amour. Au prix de tous mes biens, j'avais acheté la ferveur.

— Étais-tu donc heureux loin de moi?

— Je ne me sentais pas loin de vous.

— Alors qu'est-ce qui t'a fait revenir? Parle.

— Je ne sais. Peut-être la paresse.

— La paresse, mon fils! Eh quoi! Ce ne fut pas l'amour?

— Père, je vous l'ai dit, je ne vous aimai jamais plus qu'au désert. Mais j'étais las, chaque matin, de poursuivre la subsistance. Dans la Maison, du moins, on mange bien.

— Oui, des serviteurs y pourvoient. Ainsi, ce qui t'a ramené, c'est la faim.

— Peut-être aussi la lâcheté, la maladie . . . A la longue cette hasardeuse nourriture m'affaiblit; car je me nourrissais de fruits sauvages, de sauterelles et de miel. Je supportais de plus en plus mal l'inconfort qui d'abord attisait ma ferveur. La nuit, quand j'avais froid, je songeais que mon lit était bien bordé chez mon Père; quand je jeûnais, je

"I changed your gold into pleasures, your precepts into fantasy, my chastity into poetry, and my austerity into desires."

"Was it for that your thrifty parents strove to instil into you so much virtue?"

"So that I should burn with a brighter flame perhaps, being kindled by a new fervor."

"Think of that pure flame Moses saw on the sacred bush. It shone, but without consuming."

"I have known love which consumes."

"The love which I want to teach you, refreshes. After a short time, what did you have left, prodigal son?"

"The memory of those pleasures."

"And the destitution which comes after them."

"In that destitution, I felt close to you, Father."

"Was poverty needed to drive you back to me?"

"I do not know. I do not know. It was in the dryness of the desert that I loved my thirst more."

"Your poverty made you feel more deeply the value of riches."

"No, not that! Can't you understand me, Father? My heart, emptied of everything, became filled with love. At the cost of all my goods, I bought fervor."

"Were you happy, then, far from me?"

"I did not feel far from you."

"Then, what made you come back? Tell me."

"I don't know. Laziness perhaps."

"Laziness, my son? What! Wasn't it love?"

"Father, I have told you. I never loved you better than in the desert. But each morning I was tired of looking for my subsistence. In the House, at least there is food to eat."

"Yes, servants look after that. So, what brought you back was hunger."

"Cowardice also perhaps, and sickness. . . . In the end, that food I was never sure of finding weakened me. Because I fed on wild fruit and locusts and honey. I grew less and less able to stand the discomfort which at first quickened my fervor. At night, when I was cold, I thought of my tucked-in bed in my father's house. When I fasted,

songeais que, chez mon Père, l'abondance des mets servis outrepassait toujours ma faim. J'ai fléchi; pour lutter plus longtemps, je ne me sentais plus assez courageux, assez fort, et cependant . . .

— Donc le veau gras d'hier t'a paru bon?

Le fils prodigue se jette en sanglotant le visage contre terre:

— Mon Père! mon Père! Le goût sauvage des glands doux demeure malgré tout dans ma bouche. Rien n'en saurait couvrir la saveur.

— Pauvre enfant!—reprend le Père qui le relève,—je t'ai parlé peut-être durement. Ton frère l'a voulu; ici c'est lui qui fait la loi. C'est lui qui m'a sommé de te dire: "Hors la Maison, point de salut pour toi." Mais écoute: C'est moi qui t'ai formé; ce qui est en toi, je le sais. Je sais ce qui te poussait sur les routes; je t'attendais au bout. Tu m'aurais appelé . . . j'étais là.

— Mon Père! j'aurais donc pu vous retrouver sans revenir? . . .

— Si tu t'es senti faible, tu as bien fait de revenir. Va maintenant; rentre dans la chambre que j'ai fait préparer pour toi. Assez pour aujourd'hui; repose-toi: demain tu pourras parler à ton frère.

LA RÉPRIMANDE DU FRÈRE AÎNÉ

L'enfant prodigue tâche d'abord de le prendre de haut.

— Mon grand frère, commence-t-il, nous ne nous ressemblons guère. Mon frère, nous ne nous ressemblons pas.

Le frère aîné:

— C'est ta faute.

— Pourquoi la mienne?

— Parce que moi je suis dans l'ordre; tout ce qui s'en distingue est fruit ou semence d'orgueil.

— Ne puis-je avoir de distinctif que des défauts?

— N'appelle qualité que ce qui te ramène à l'ordre et tout le reste, réduis-le.

I thought of my father's home where the abundance of food served always exceeded my hunger. I weakened; I didn't feel enough courage, enough strength to struggle much longer and yet. . ."

"So yesterday's fatted calf seemed good to you?"

The prodigal son throws himself down sobbing, with his face against the ground.

"Father! Father! The wild taste of sweet acorns is still in my mouth, in spite of everything. Nothing could blot out their savor."

"Poor child!" says the father as he raises him up. "I spoke to you perhaps too harshly. Your brother wanted me to. Here it is he who makes the law. It is he who charged me to say to you: 'Outside of the House, there is no salvation for you.' But listen. It was I who made you. I know what is in you. I know what sent you out on your wanderings. I was waiting for you at the end of the road. If you had called me . . . I was there."

"Father! might I then have found you without coming back?"

"If you felt weak, you did well to come back. Go now. Go back to the room I had prepared for you. Enough for today. Rest. Tomorrow you will speak with your brother."

THE ELDER BROTHER'S REPRIMAND

The prodigal son first tries to bluster.

"Big brother," he begins, "we aren't very much alike. Brother, we aren't alike at all."

The elder brother says:

"It's your fault."

"Why mine?"

"Because I live by order. Whatever differs from it is the fruit or the seed of pride."

"Am I different only in my faults?"

"Only call quality what brings you back to order, and curtail all the rest."

— C'est cette mutilation que je crains. Ceci aussi, que tu vas supprimer, vient du Père.

— Eh! non pas supprimer: réduire, t'ai-je dit.

— Je t'entends bien. C'est tout de même ainsi que j'avais réduit mes vertus.

— Et c'est aussi pourquoi maintenant je les retrouve. Il te les faut exagérer. Comprends-moi bien: ce n'est pas une diminution, c'est une exaltation de toi que je propose, où les plus divers, les plus insubordonnés éléments de ta chair et de ton esprit doivent symphoniquement concourir, où le pire de toi doit alimenter le meilleur, où le meilleur doit se soumettre à . . .

— C'est une exaltation aussi que je cherchais, que je trouvais dans le désert—et peut-être pas très différente de celle que tu me proposes.

— A vrai dire, c'est te l'imposer que je voudrais.

— Notre Père ne parlait pas si durement.

— Je sais ce que t'a dit le Père. C'est vague. Il ne s'explique plus très clairement; de sorte qu'on lui fait dire ce qu'on veut. Mais moi je connais bien sa pensée. Auprès des serviteurs j'en reste l'unique interprète et qui veut comprendre le Père doit m'écouter.

— Je l'entendais très aisément sans toi.

— Cela te semblait; mais tu comprenais mal. Il n'y a pas plusieurs façons de comprendre le Père; il n'y a pas plusieurs façons de l'écouter. Il n'y a pas plusieurs façons de l'aimer; afin que nous soyons unis dans son amour.

— Dans sa Maison.

— Cet amour y ramène; tu le vois bien, puisque te voici de retour. Dis-moi, maintenant: qu'est-ce qui te poussait à partir?

— Je sentais trop que la Maison n'est pas tout l'univers. Moi-même je ne suis pas tout entier dans celui que vous vouliez que je fusse. J'imaginais malgré moi d'autres cultures, d'autres terres, et des routes pour y courir, des routes non tracées; j'imaginais en moi l'être neuf que je sentais s'y élancer. Je m'évadai.

"It is that mutilation I fear. What you plan to suppress comes also from the Father."

"Not suppress—curtail, I said."

"I understand. All the same, that is how I curtailed my virtues."

"And that is also why now I still see them in you. You must exaggerate them. Understand me. It is not a diminution of yourself, but an exaltation I propose, in which the most diverse, the most unruly elements of your flesh and your spirit must join together harmoniously, in which the worst in you must nourish the best, in which the best must submit to . . ."

"It was exaltation which I also sought and found in the desert—and perhaps not very different from the one you propose to me."

"To tell the truth, I wanted to impose it on you."

"Our Father did not speak so harshly."

"I know what the Father said to you. It was vague. He no longer expresses himself very clearly, so that he can be made to say what one wants. But I understand his thought very well. With the servants, I am the one interpreter, and who wants to understand the Father must listen to me."

"I understand him quite easily without you."

"You thought you did. But you understood incorrectly. There are not several ways of understanding the Father. There are not several ways of listening to him. There are not several ways of loving him, so that we may be united in his love."

"In his House."

"This love brings one back here. You see this, for you have come back. Tell me now, what impelled you to leave?"

"I felt too clearly that the House is not the entire universe. I myself am not completely in the boy you wanted me to be. I could not help imagining other cultures, other lands, and roads by which to reach them, roads not yet traced. I imagined in myself the new being which I felt rushing down those roads. I ran away."

— Songe à ce qui serait advenu si j'avais comme toi délaissé la Maison du Père. Les serviteurs et les bandits auraient pillé tout notre bien.

— Peu m'importait alors, puisque j'entrevoyais d'autres biens . . .

— Que s'exagérait ton orgueil. Mon frère, l'indiscipline a été. De quel chaos l'homme est sorti, tu l'apprendras si tu ne le sais pas encore. Il en est mal sorti; de tout son poids naïf il y retombe dès que l'Esprit ne le soulève plus au-dessus. Ne l'apprends pas à tes dépens: les éléments bien ordonnés qui te composent n'attendent qu'un acquiescement, qu'un affaiblissement de ta part pour retourner à l'anarchie . . . Mais ce que tu ne sauras jamais, c'est la longueur de temps qu'il a fallu à l'homme pour élaborer l'homme. A présent que le modèle est obtenu, tenons-nous-y. "Tiens ferme ce que tu as," dit l'Esprit à l'Ange de l'Eglise, et il ajoute: "Afin que personne ne prenne ta couronne." [7] *Ce que tu as,* c'est ta couronne, c'est cette royauté sur les autres et sur toi-même. Ta couronne, l'usurpateur la guette; il est partout; il rôde autour de toi, en toi. *Tiens ferme,* mon frère! Tiens ferme.

— J'ai depuis trop longtemps lâché prise; je ne peux plus refermer ma main sur mon bien.

— Si, si; je t'aiderai. J'ai veillé sur ce bien durant ton absence.

— Et puis, cette parole de l'Esprit, je la connais; tu ne la citais pas tout entière.

— Il continue ainsi, en effet: "Celui qui vaincra, j'en ferai une colonne dans le temple de mon Dieu, et il n'en sortira plus." [8]

— "Il n'en sortira plus." C'est là précisément ce qui me fait peur.

— Si c'est pour son bonheur.

— Oh! j'entends bien. Mais dans ce temple, j'y étais . . .

— Tu t'es mal trouvé d'en sortir, puisque tu as voulu y rentrer.

— Je sais; je sais. Me voici de retour; j'en conviens.

— Quel bien peux-tu chercher ailleurs, qu'ici tu ne

"Think what could have happened if, like you, I had deserted our Father's House. Servants and thieves would have pillaged all our goods."

"That would not have mattered to me, since I was catching sight of other goods . . ."

"Which your pride exaggerated. My brother, indiscipline is over. You will learn, if you don't yet know it, out of what chaos man has emerged. He has just barely emerged. With all of his artless weight, he falls back into it as soon as the Spirit no longer supports him above it. Do not learn this at your own expense. The well-ordered elements which make up your being wait only for an acquiescence, a weakening on your part in order to return to anarchy . . . But what you will never know is the length of time it was needed for man to elaborate man. Now that we have the model, let us keep it. 'Hold that fast which thou hast,' says the Spirit to the Angel of the Church, and He adds, 'that no man take thy crown.' *That which thou hast* is your crown, that royalty over others and over yourself. The usurper lies in wait for your crown. He is everywhere. He prowls around you and in you. *Hold fast,* my brother! Hold fast."

"Too long ago I let go my hold. And now I cannot close my hand over my own wealth."

"Yes, you can. I will help you. I have watched over your wealth during your absence."

"And moreover, I know those words of the Spirit. You did not quote them all."

"You are right. It goes on: 'Him that overcometh will I make a pillar in the temple of my God, and he shall go no more out.' "

" 'And he shall go no more out.' That is precisely what terrifies me."

"If it is for his happiness."

"Oh! I understand. But I had been in that temple . . ."

"You found you were wrong to have left, since you wanted to return."

"I know, I know. I am back now. I agree."

"What good can you look for elsewhere, which here

trouves en abondance? ou mieux: C'est ici seulement que sont tes biens.

— Je sais que tu m'as gardé des richesses.

— Ceux de tes biens que tu n'as pas dilapidés, c'est-à-dire cette part qui nous est commune, à nous tous: les biens fonciers.

— Ne possédé-je donc plus rien en propre?

— Si; cette part spéciale de dons que notre Père consentira peut-être encore à t'accorder.

— C'est à cela seul que je tiens; je consens à ne posséder que cela.

— Orgueilleux! Tu ne seras pas consulté. Entre nous, cette part est chanceuse; je te conseille plutôt d'y renoncer. Cette part de dons personnels, c'est elle déjà qui fit ta perte; ce sont ces biens que tu dilapidas aussitôt.

— Les autres, je ne les pouvais pas emporter.

— Aussi vas-tu les retrouver intacts. Assez pour aujourd'hui. Entre dans le repos de la Maison.

— Cela va bien parce que je suis fatigué.

— Bénie soit ta fatigue, alors! A présent dors. Demain ta mère te parlera.

LA MÈRE

Prodigue enfant, dont l'esprit, aux propos de ton frère, regimbe encore, laisse à présent ton coeur parler. Qu'il t'est doux, à demi couché aux pieds de ta mère assise, le front caché dans ses genoux, de sentir sa caressante main incliner ta nuque rebelle!

— Pourquoi m'as-tu laissé si longtemps?

Et comme tu ne réponds que par des larmes:

— Pourquoi pleurer à présent, mon fils? Tu m'es rendu. Dans l'attente de toi j'ai versé toutes mes larmes.

— M'attendiez-vous encore?

— Jamais je n'ai cessé de t'espérer. Avant de m'endormir, chaque soir, je pensais: S'il revient cette nuit, saura-t-il

you do not find in abundance? Or better—here alone your wealth is to be found."

"I know that you kept my riches for me."

"The part of your fortune which you did not squander, namely that part which is common to all of us: the property."

"Then do I personally own nothing else?"

"Yes. That special allotment of gifts which perhaps our Father will still consent to grant you."

"That is all I want. I agree to own only that."

"How proud you are! You will not be consulted. Between you and me, that portion is risky. I would advise your giving it up. It was that allotment of personal gifts which already brought on your downfall. That was the wealth you squandered immediately."

"The other kind I couldn't take with me."

"Therefore you will find it intact. Enough for today. Find rest now in the House."

"That suits me well, for I am tired."

"Then blessed be your fatigue! Now go and sleep. Tomorrow your mother will speak to you."

THE MOTHER

Prodigal son, whose mind still rebels against the words of your brother, let your heart now speak. How sweet it is, as you lie at the feet of your mother, with your head hidden on her lap, to feel her caressing hand bow your stubborn neck!

"Why did you leave me for so long a time?"

And since you answer only with tears:

"Why weep now, my son? You have been given back to me. In waiting for you, I have shed all my tears."

"Were you still waiting for me?"

"Never did I give up hoping for you. Before going to sleep, every evening I would think: if he returns tonight, will

bien ouvrir la porte? et j'étais longue à m'endormir. Chaque matin, avant de m'éveiller tout à fait, je pensais: Est-ce pas aujourd'hui qu'il revient? Puis je priais. J'ai tant prié, qu'il te fallait bien revenir.

— Vos prières ont forcé mon retour.
— Ne souris pas de moi, mon enfant.
— O mère! je reviens à vous très humble. Voyez comme je mets mon front plus bas que votre coeur! Il n'est plus une de mes pensées d'hier qui ne devienne vaine aujourd'hui. A peine si je comprends, près de vous, pourquoi j'étais parti de la maison.
— Tu ne partiras plus?
— Je ne puis plus partir.
— Qu'est-ce qui t'attirait donc au dehors?
— Je ne veux plus y songer: Rien . . . Moi-même.

— Pensais-tu donc être heureux loin de nous?

— Je ne cherchais pas le bonheur.
— Que cherchais-tu?
— Je cherchais . . . qui j'étais.
— Oh! fils de tes parents, et frère entre tes frères.

— Je ne ressemblais pas à mes frères. N'en parlons plus; me voici de retour.
— Si; parlons-en encore: Ne crois pas si différents de toi, tes frères.
— Mon seul soin désormais c'est de ressembler à vous tous.
— Tu dis cela comme avec résignation.
— Rien n'est plus fatigant que de réaliser sa dissemblance. Ce voyage à la fin m'a lassé.
— Te voici tout vieilli, c'est vrai.
— J'ai souffert.
— Mon pauvre enfant! Sans doute ton lit n'était pas fait tous les soirs, ni pour tous tes repas la table mise?
— Je mangeais ce que je trouvais et souvent ce n'était que fruits verts ou gâtés dont ma faim faisait nourriture.

216

he be able to open the door? And it took me a long time to fall asleep. Every morning, before I was totally awake, I would think: Isn't it today he will come back? Then I prayed. I prayed so hard that it was not possible for you not to come back."

"Your prayers forced me to come back."

"Don't smile because of me, my child."

"Oh mother, I have come back to you very humble. See how I place my forehead lower than your heart! There is not one of my thoughts of yesterday which does not become empty today. When close to you, I can hardly understand why I left the house."

"You will not leave it again?"

"I cannot leave it again."

"What then attracted you outside?"

"I don't want to think of it any more. Nothing . . . Myself . . ."

"Did you think then that you would be happy away from us?"

"I was not looking for happiness."

"What were you looking for?"

"I was looking for . . . who I was."

"Oh! son of your parents, and brother among your brothers."

"I was not like my brothers. Let's not talk any more about it. I have come back now."

"Yes, let's talk of it further. Do not believe that your brothers are so unlike you."

"Henceforth my one care is to be like all of you."

"You say that as if with resignation."

"Nothing is more fatiguing than to realize one's difference. Finally my wandering tired me out."

"You have aged, that is true."

"I have suffered."

"My poor child! Doubtless your bed was not made every evening, nor the table set for all your meals?"

"I ate what I found and often it was green or spoiled fruit which my hunger made into food."

— N'as-tu souffert du moins que de la faim?

— Le soleil du milieu du jour, le vent froid du coeur de la nuit, le sable chancelant du désert, les broussailles où mes pieds s'ensanglantaient, rien de tout cela ne m'arrêta, mais—je ne l'ai pas dit à mon frère—j'ai dû servir . . .

— Pourquoi l'avoir caché?

— De mauvais maîtres qui malmenaient mon corps, exaspéraient mon orgueil, et me donnaient à peine de quoi manger. C'est alors que j'ai pensé: Ah! servir pour servir! . . . En rêve j'ai revu la maison; je suis rentré.

Le fils prodigue baisse à nouveau le front que tendrement sa mère caresse.

— Qu'est-ce que tu vas faire à présent?

— Je vous l'ai dit: m'occuper de ressembler à mon grand frère; régir nos biens; comme lui prendre femme . . .

— Sans doute tu penses à quelqu'un, en disant cela.

— Oh! n'importe laquelle sera la préférée, du moment que vous l'aurez choisie. Faites comme vous avez fait pour mon frère.

— J'eusse voulu la choisir selon ton coeur.

— Qu'importe! mon coeur avait choisi. Je résigne un orgueil qui m'avait emporté loin de vous. Guidez mon choix. Je me soumets, vous dis-je. Je soumettrai de même mes enfants; et ma tentative ainsi ne me paraîtra plus si vaine.

— Écoute; il est à présent un enfant dont tu pourrais déjà t'occuper.

— Que voulez-vous dire, et de qui parlez-vous?

— De ton frère cadet, qui n'avait pas dix ans quand tu partis, que tu n'as reconnu qu'à peine, et qui pourtant . . .

— Achevez, mère; de quoi vous inquiéter, à présent?

— En qui pourtant tu auras pu te reconnaître, car il est tout pareil à ce que tu étais en partant.

— Pareil à moi?

— A celui que tu étais, te dis-je, non pas encore hélas! à celui que tu es devenu.

— Qu'il deviendra.

— Qu'il faut le faire aussitôt devenir. Parle-lui; sans doute il t'écoutera, toi, prodigue. Dis-lui bien quel déboire

"At least did you suffer only from hunger?"

"The sun at mid-day, the cold wind in the heart of the night, the shifting sand of the desert, the thorns which made my feet bloody, nothing of all that stopped me, but—I didn't tell this to my brother—I had to serve . . ."

"Why did you conceal it?"

"Bad masters who harmed me bodily, exasperated my pride, and gave me barely enough to eat. That is when I thought: 'Serving for the sake of serving! . . .' In dreams I saw my house, and I came home."

The prodigal son again lowers his head and his mother caresses it tenderly.

"What are you going to do now?"

"I have told you. Try to become like my big brother, look after our property, like him choose a wife . . ."

"You have doubtless someone in mind, as you say that."

"Oh, anyone at all will be my first preference, as soon as you have chosen her. Do as you did for my brother."

"I should have preferred someone you love."

"What does that matter? My heart had made a choice. I renounce the pride which took me far away from you. Help me in my choice. I submit, I tell you. And I will have my children submit also. In that way, my adventure will not seem pointless to me."

"Listen to me. There is at this moment a child you could take on already as a charge."

"What do you mean and of whom are you speaking?"

"Of your younger brother who was not ten when you left, whom you hardly recognized, but who . . ."

"Go on, mother! What are you worried about now?"

"In whom you might well have recognized yourself because he is like what you were when you left."

"Like me?"

"Like what you were, I said, not yet, alas, what you have become."

"What he will become."

"What you must make him become immediately. Speak to him. He will listen to you, doubtless, you the prodigal.

était sur la route; épargne-lui . . .

— Mais qu'est-ce qui vous fait vous alarmer ainsi sur mon
frère? Peut-être simplement un rapport de traits . . .
— Non, non; la ressemblance entre vous deux est plus
profonde. Je m'inquiète à présent pour lui de ce qui ne
m'inquiétait d'abord pas assez pour toi-même. Il lit trop,
et ne préfère pas toujours les bons livres.
— N'est-ce donc que cela?
— Il est souvent juché sur le plus haut point du jardin,
d'où l'on peut voir le pays, tu sais, par-dessus les murs.

— Je m'en souviens. Est-ce là tout?
— Il est bien moins souvent auprès de nous que dans la
ferme.
— Ah! qu'y fait-il?
— Rien de mal. Mais ce n'est pas les fermiers, c'est les
goujats les plus distants de nous qu'il fréquente, et ceux
qui ne sont pas du pays. Il en est un surtout, qui vient de
loin, qui lui raconte des histoires.

— Ah! le porcher.
— Oui. Tu le connaissais? . . . Pour l'écouter, ton frère
chaque soir le suit dans l'étable des porcs; il ne revient que
pour dîner, sans appétit, et les vêtements pleins d'odeur.
Les remontrances n'y font rien; il se raidit sous la con-
trainte. Certains matins, à l'aube, avant qu'aucun de nous
ne soit levé, il court accompagner jusqu'à la porte ce porcher
quand il sort paître son troupeau.

— Lui sait qu'il ne doit pas sortir.
— Tu le savais aussi! Un jour il m'échappera, j'en suis
sûre. Un jour il partira . . .
— Non, je lui parlerai, mère. Ne vous alarmez pas.
— De toi, je sais qu'il écoutera bien des choses. As-tu vu
comme il te regardait le premier soir? De quel prestige tes
haillons étaient couverts! puis la robe de pourpre dont le
père t'a revêtu. J'ai craint qu'en son esprit il ne mêle un
peu l'un à l'autre, et que ce qui l'attire ici, ce ne soit d'abord

Tell him what disappointment you met on your way. Spare him . . ."

"But what causes you such alarm about my brother? Perhaps simply a resemblance of features . . ."

"No, no! the resemblance between you two is deeper. I worry now for him about what first did not worry me enough for you. He reads too much, and doesn't always prefer good books."

"Is that all it is?"

"He is often perched on the highest part of the garden, from where, as you know, you can see the countryside over the walls."

"I remember. Is that all?"

"He spends less time with us than in the farm."

"Ah! what does he do there?"

"Nothing wrong. But it is not the farmers he stays with, it is the farm hands who are as different from us as possible and those who are not from this country. There is one in particular, who comes from some distance, and who tells him stories."

"Ah! the swineherd."

"Yes. Did you know him? . . . Your brother each evening in order to listen to him, follows him into the pigsties. He comes back only for dinner, but with no appetite, and his clothes reeking. Remonstrances have no effect. He stiffens under constraint. On certain mornings, at dawn, before any of us are up, he runs off to accompany that swineherd to the gate when he is leading off his herd to graze."

"He knows he must not leave."

"You knew also! One day he will escape from me, I am sure. One day he will leave . . ."

"No, I will speak to him, mother. Don't be alarmed."

"I know he will listen to a great deal from you. Did you see how he watched you that first evening, with what prestige your rags were covered, and the purple robe your father put on you! I was afraid that in his mind he will confuse one with the other, and that he is attracted first

le haillon. Mais cette pensée à présent me paraît folle; car enfin, si toi, mon enfant, tu avais pu prévoir tant de misère, tu ne nous aurais pas quittés, n'est-ce pas?

— Je ne sais plus comment j'ai pu vous quitter, vous, ma mère.

— Eh bien! tout cela, dis-le-lui.

— Tout cela je le lui dirai demain soir. Embrassez-moi maintenant sur le front comme lorsque j'étais petit enfant et que vous me regardiez m'endormir. J'ai sommeil.

— Va dormir. Je m'en vais prier pour vous tous.

DIALOGUE AVEC LE FRÈRE PUÎNÉ

C'est, à côté de celle du prodigue, une chambre point étroite aux murs nus. Le prodigue, une lampe à la main, s'avance près du lit où son frère puîné repose, le visage tourné vers le mur. Il commence à voix basse, afin, si l'enfant dort, de ne pas le troubler dans son sommeil.

— Je voudrais te parler, mon frère.

— Qu'est-ce qui t'en empêche?

— Je croyais que tu dormais.

— On n'a pas besoin de dormir pour rêver.

— Tu rêvais; à quoi donc?

— Que t'importe! Si déjà moi je ne comprends pas mes rêves, ce n'est pas toi, je pense, qui me les expliqueras.

— Ils sont donc bien subtils? Si tu me racontais, j'essaierais.

— Tes rêves, est-ce-que tu les choisis? Les miens sont ce qu'ils veulent, et plus libres que moi . . . Qu'est-ce que tu viens faire ici? Pourquoi me déranger dans mon sommeil?

— Tu ne dors pas, et je viens te parler doucement.

— Qu'as-tu à me dire?

— Rien, si tu le prends sur ce ton.

— Alors adieu.

Le prodigue va vers la porte, mais pose à terre la lampe

by the rags. But now this idea seems ridiculous to me. For if you, my child, had been able to foresee such unhappiness, you would not have left us, would you?"

"I don't know now how I was able to leave you, you who are my mother."

"Well, tell him all that."

"I will tell him that tomorrow evening. Now kiss me on my forehead as you used to when I was small and you watched me fall asleep. I am sleepy."

"Go to bed. I am going to pray for all of you."

DIALOGUE WITH THE YOUNGER BROTHER

Beside the prodigal's, there is a room not too small, with bare walls. The prodigal, a lamp in his hand, comes close to the bed where his younger brother is lying, his face toward the wall. He begins in a low voice, so as not to disturb him if the boy is sleeping.

"I would like to talk to you, brother."

"What is stopping you?"

"I thought you were sleeping."

"I don't have to sleep in order to dream."

"You were dreaming? Of what?"

"What do you care? If I can't understand my dreams, I don't think you will be able to explain them to me."

"Are they that subtle, then? If you told them to me, I would try."

"Do you choose your dreams? Mine are what they want to be, and are freer than I . . . What have you come here for? Why are you disturbing me in my sleep?"

"You aren't sleeping, and I'm here to speak gently to you."

"What have you to say to me?"

"Nothing, if that is the tone you take."

"Then goodbye."

The prodigal goes toward the door, but puts the lamp

qui n'éclaire plus que faiblement la pièce, puis, revenant, s'assied au bord du lit et, dans l'ombre caresse longuement le front détourné de l'enfant.

— Tu me réponds plus durement que je ne fis jamais à ton frère. Pourtant je protestais aussi contre lui.

L'enfant rétif s'est redressé brusquement.

— Dis, c'est le frère qui t'envoie?

— Non, petit; pas lui, mais notre mère.

— Ah! Tu ne serais pas venu de toi-même.

— Mais je viens pourtant en ami.

A demi soulevé sur son lit, l'enfant regarde fixement le prodigue.

— Comment quelqu'un des miens saurait-il être mon ami?

Tu te méprends sur notre frère . . .

— Ne me parle pas de lui! Je le hais . . . Tout mon coeur, contre lui, s'impatiente. Il est cause que je t'ai répondu durement.

— Comment cela?

— Tu ne comprendrais pas.

— Dis cependant . . .

Le prodigue berce son frère contre lui, et déjà l'enfant adolescent s'abandonne:

— Le soir de ton retour, je n'ai pas pu dormir. Toute la nuit je songeais: J'avais un autre frère, et je ne le savais pas . . . C'est pour cela que mon coeur a battu si fort, quand, dans la cour de la maison, je t'ai vu t'avancer couvert de gloire.

— Hélas! j'étais couvert alors de haillons.

— Oui, je t'ai vu; mais déjà glorieux. Et j'ai vu ce qu'a fait notre père: il a mis à ton doigt un anneau, un anneau tel que n'en a pas notre frère. Je ne voulais interroger à ton sujet personne; je savais seulement que tu revenais de très loin, et ton regard, à table . . .

— Étais-tu du festin?

— Oh! je sais bien que tu ne m'as pas vu; durant tout le repas tu regardais au loin sans rien voir. Et, que le second

on the floor so that the room is barely lighted. Then, coming back, he sits on the edge of the bed and in the dark strokes for a long time the boy's forehead which is kept turned away.

"You answer me more gruffly than I ever did your brother. Yet I too rebelled against him."

The stubborn boy suddenly sat up.

"Tell me, is it my brother that sent you?"

"No, not him, but our mother."

"So, you wouldn't have come of your own accord."

"But I came as a friend."

Half sitting up on his bed, the boy looks straight at the prodigal.

"How could one of my family be my friend?"

"You are mistaken about our brother . . ."

"Don't speak to me about him! I hate him. My whole heart cries out against him. He's the reason for my answering you gruffly."

"Explain why."

"You wouldn't understand."

"Tell me just the same."

The prodigal rocks his brother in his arms and already the boy begins to yield.

"The evening you returned, I couldn't sleep. All night I kept thinking: I had another brother, and I didn't know it . . . That is why my heart beat so hard when, in the courtyard of our house, I saw you come covered with glory."

"Alas, I was covered then with rags."

"Yes, I saw you. You were already glorious. And I saw what our father did. He put a ring on your finger, a ring the like of which our brother does not have. I did not want to question anyone about you. All that I knew was that you had come from very far away, and that your eyes, at table . . ."

"Were you at the feast?"

"Oh! I know you did not see me. During the whole meal you looked far off without seeing anything. And it was

soir tu aies été parler au père, c'était bien, mais le troisième . . .

— Achève.

— Ah! ne fût-ce qu'un mot d'amour tu aurais pourtant bien pu me le dire!

— Tu m'attendais donc?

— Tellement! Penses-tu que je haïrais à ce point notre frère si tu n'avais pas été causer et si longuement avec lui ce soir-là? Qu'est-ce que vous avez pu vous dire? Tu sais bien, si tu me ressembles, que tu ne peux rien avoir de commun avec lui.

— J'avais eu de graves torts envers lui.

— Se peut-il?

— Du moins envers notre père et notre mère. Tu sais que j'avais fui de la maison.

— Oui, je sais. Il y a longtemps, n'est-ce pas?

— A peu près quand j'avais ton âge.

— Ah! . . . Et c'est là ce que tu appelles tes torts?

— Oui, ce fut là mon tort, mon péché.

— Quand tu partis, sentais-tu que tu faisais mal?

— Non; je sentais en moi comme une obligation de partir.

— Que s'est-il donc passé depuis? pour changer ta vérité d'alors en erreur.

— J'ai souffert.

— Et c'est cela qui te fait dire: J'avais tort?

— Non, pas précisément: c'est cela qui m'a fait réfléchir.

— Auparavant tu n'avais donc pas réfléchi?

— Si, mais ma débile raison s'en laissait imposer par mes désirs.

— Comme plus tard par la souffrance. De sorte qu'aujourd'hui, tu reviens . . . vaincu.

— Non, pas précisément; résigné.

— Enfin, tu as renoncé à être celui que tu voulais être.

— Que mon orgueil me persuadait d'être.

L'enfant reste un instant silencieux, puis brusquement sanglote et crie:

all right when on the second evening you spoke with our father, but on the third . . ."

"Go on."

"Ah! you could have said to me at least one word of love!"

"You were expecting me then?"

"Impatiently! Do you think I would hate our brother so much if you had not gone to talk with him that evening and for so long? What did you find to say to each other? You certainly know, if you are like me, that you can have nothing in common with him."

"I had behaved very wrong toward him."

"Is that possible?"

"At any rate toward our father and mother. You know that I ran away from home."

"Yes, I know. A long time ago, wasn't it?"

"When I was about your age."

"Ah! And that's what you call behaving wrong?"

"Yes, it was wrong, it was my sin."

"When you left, did you feel you were doing wrong?"

"No, I felt duty-bound to leave."

"What has happened since then to change your first truth into an error?"

"I suffered."

"And is that what makes you say: I did wrong?"

"No, not exactly. That is what made me reflect."

"Then, before, you didn't reflect?"

"Yes, but my weak reason let itself be conquered by my desires."

"As later by your suffering. So that today you have come back . . . conquered."

"No, not exactly,—resigned."

"At any rate, you have given up being what you wanted to be."

"What my pride persuaded me to be."

The boy remains silent a moment, then suddenly cries with a sob:

— Mon frère! je suis celui que tu étais en partant. Oh! dis: n'as-tu donc rencontré rien que de décevant sur la route? Tout ce que je pressens au-dehors, de différent d'ici, n'est-ce donc que mirage? tout ce que je sens en moi de neuf, que folie? Dis, qu'as-tu rencontré de désespérant sur ta route? Oh! qu'est-ce qui t'a fait revenir.

— La liberté que je cherchais, je l'ai perdue; captif, j'ai dû servir.

— Je suis captif ici.

— Oui, mais servir de mauvais maîtres; ici, ceux que tu sers sont tes parents.

— Ah! servir pour servir, n'a-t-on pas cette liberté de choisir du moins son servage?

— Je l'espérais. Aussi loin que mes pieds m'ont porté, j'ai marché, comme Saül à la poursuite de ses ânesses,[9] à la poursuite de mon désir; mais, où l'attendait un royaume, c'est la misère que j'ai trouvée. Et pourtant . . .

— Ne t'es-tu pas trompé de route?

— J'ai marché devant moi.

— En es-tu sûr? Et pourtant il y a d'autres royaumes, encore, et des terres sans roi, à découvrir.

— Qui te l'a dit?

— Je le sais. Je le sens. Il me semble déjà que j'y domine.

— Orgueilleux!

— Ah! ah! ça c'est ce que t'a dit notre frère. Pourquoi, toi, me le redis-tu maintenant? Que n'as-tu gardé cet orgueil! Tu ne serais pas revenu.

— Je n'aurais donc pas pu te connaître.

— Si, si, là-bas, où je t'aurais rejoint, tu m'aurais reconnu pour ton frère; même il me semble encore que c'est pour te retrouver que je pars.

— Que tu pars?

— Ne l'as-tu pas compris? Ne m'encourages-tu pas toi-même à partir?

— Je voudrais t'épargner le retour; mais en t'épargnant le départ.

— Non, non, ne me dis pas cela; non, ce n'est pas cela que tu veux dire. Toi aussi, n'est-ce pas, c'est comme un

"Brother! I am the boy you were when you left. Tell me. Did you find nothing but disappointments on your wanderings? Is all that I imagine outside and different from here, only an illusion? All the newness I feel in me, is that madness? Tell me, what did you meet on your way that seemed so tragic? Oh! what made you come back?"

"The freedom I was looking for, I lost. When captive, I had to serve."

"I am captive here."

"Yes, but I mean serving bad masters. Here you are serving your parents."

"Ah! serving for the sake of serving! At least don't we have the freedom of choosing our bondage?"

"I had hoped for that. As far as my feet carried me, I walked, like Saul in search of his she-asses, in search of my desire. But there where a kingdom was waiting for him, I found wretchedness. And yet . . ."

"Didn't you mistake the road?"

"I walked straight ahead."

"Are you sure? And yet there are still other kingdoms, and lands without kings, to discover."

"Who told you?"

"I know it, I feel it. I have already the impression of being the lord over them."

"Proud boy!"

"Ah! ah! that's something our brother said to you. Why do you repeat it to me now? Why didn't you keep that pride? You would not have come back."

"Then I would never have known you."

"Yes, yes, out there where I would have joined you, you would have recognized me as your brother. It seems to me even that I am leaving in order to find you."

"That you are leaving?"

"Haven't you understood? Aren't you yourself encouraging me to leave?"

"I wanted to spare your returning, but by sparing your departure."

"No, no, don't tell me that. No, you don't mean that. You yourself left like a conqueror, didn't you?"

conquérant que tu partis.

— Et c'est ce qui me fit paraître plus dur le servage.

— Alors, pourquoi t'es-tu soumis? Etais-tu si fatigué déjà?

— Non, pas encore; mais j'ai douté.

— Que veux-tu dire?

— Douté de tout, de moi; j'ai voulu m'arrêter, m'attacher enfin quelque part; le confort que me promettait ce maître m'a tenté . . . oui, je le sens bien à présent; j'ai failli.

Le prodigue incline la tête et cache son regard dans ses mains.

— Mais d'abord?

— J'avais marché longtemps à travers la grande terre in-domptée.

— Le désert?

— Ce n'était pas toujours le désert.

— Qu'y cherchais-tu?

— Je ne le comprends plus moi-même.

— Lève-toi de mon lit. Regarde, sur la table, à mon chevet, là, près de ce livre déchiré.

— Je vois une grenade ouverte.

— C'est le porcher qui me la rapporta l'autre soir, après n'être pas rentré de trois jours.

— Oui, c'est une grenade sauvage.

— Je le sais; elle est d'une âcreté presque affreuse; je sens pourtant que, si j'avais suffisamment soif, j'y mordrais.

— Ah! je peux donc te le dire à présent: c'est cette soif que dans le désert je cherchais.

— Une soif dont seul ce fruit non sucré désaltère . . .

— Non; mais il fait aimer cette soif.

— Tu sais où le cueillir?

— C'est un petit verger abandonné, où l'on arrive avant le soir. Aucun mur ne le sépare plus du désert. Là coulait un ruisseau; quelques fruits demi-mûrs pendaient aux branches.

— Quels fruits?

— Les mêmes que ceux de notre jardin; mais sauvages. Il avait fait très chaud tout le jour.

"And that is what made my bondage seem harder to me."

"Then, why did you give in to it? Were you already so tired?"

"No, not then. But I had doubts."

"What do you mean?"

"Doubts about everything, about myself. I wanted to stop and settle down somewhere. The comfort which this master promised me was a temptation . . . Yes, I feel it clearly now. I failed."

The prodigal bows his head and hides his face in his hands.

"But at first?"

"I had walked for a long time through large tracts of wild country."

"The desert?"

"It wasn't always the desert."

"What were you looking for there?"

"I myself do not understand now."

"Get up from my bed. Look, on the table beside it, there, near that torn book."

"I see a pomegranate split open."

"The swineherd brought it to me the other evening, after he had not been back for three days."

"Yes, it is a wild pomegranate."

"I know. It is almost unbearably bitter. And yet I feel, if I were sufficiently thirsty, I would bite into it."

"Ah! now I can tell you. That is the thirst I was looking for in the desert."

"A thirst which that sour fruit alone can quench . . ."

"No, but it makes you love that thirst."

"Do you know where it can be picked?"

"In a small deserted orchard you reach before evening. No longer does any wall separate it from the desert. A stream flowed through it. Some half-ripe fruit hung from the branches."

"What fruit?"

"The same which grows in our garden, but wild. It had been very hot all day."

231

— Écoute; sais-tu pourquoi je t'attendais ce soir? C'est avant la fin de la nuit que je pars. Cette nuit; cette nuit, dès qu'elle pâlira . . . J'ai ceint mes reins, j'ai gardé cette nuit mes sandales.

— Quoi! ce que je n'ai pas pu faire, tu le feras? . . .

— Tu m'as ouvert la route, et de penser à toi me soutiendra.

— A moi de t'admirer; à toi de m'oublier, au contraire. Qu'emportes-tu?

— Tu sais bien que, puîné, je n'ai point part à l'héritage. Je pars sans rien.

— C'est mieux.

— Que regardes-tu donc à la croisée?

— Le jardin où sont couchés nos parents morts.

— Mon frère . . . (et l'enfant, qui s'est levé du lit, pose, autour du cou du prodigue, son bras qui se fait aussi doux que sa voix)—Pars avec moi.

— Laisse-moi! laisse-moi! je reste à consoler notre mère. Sans moi tu seras plus vaillant. Il est temps à présent. Le ciel pâlit. Pars sans bruit. Allons! embrasse-moi, mon jeune frère: tu emportes tous mes espoirs. Sois fort; oublie-nous; oublie-moi. Puisses-tu ne pas revenir . . . Descends doucement. Je tiens la lampe . . .

— Ah! donne-moi la main jusqu'à la porte.

— Prends garde aux marches du perron . . .

"Listen. Do you know why I was expecting you this evening? I am leaving before the end of the night. To-night, this night, as soon as it grows pale . . . I have girded my loins. Tonight I have kept on my sandals."

"So, what I was not able to do, you will do?"

"You opened the way for me, and it will help me to think of you."

"It is for me to admire you, and for you to forget me, on the contrary. What are you taking with you?"

"You know that as the youngest, I have no share in the inheritance. I am taking nothing."

"That is better."

"What are you looking at through the window?"

"The garden where our dead forefathers are sleeping."

"Brother . . ." (and the boy who has gotten out of bed, puts, around the prodigal's neck, his arm which has become as tender as his voice)—"Come with me."

"Leave me! leave me! I am staying to console our mother. Without me you will be braver. It is time now. The sky turns pale. Go without making any noise. Come! kiss me, my young brother, you are taking with you all my hopes. Be strong. Forget us. Forget me. May you never come back . . . Go down quietly. I am holding the lamp . . ."

"Ah! give me your hand as far as the door."

"Be careful of the steps as you go down."

François Mauriac

(1885–1970)

The formal compactness and classical sobriety of Mauriac's best novels may well assign them to a permanent place in the history of the French novel. He was awarded the Nobel Prize for Literature in 1952.

Mauriac's writing is pervaded with melancholy, characteristic of the adolescent and the young man he was once himself and whom he has described in his fiction and in his autobiographical works (such as *Commencements d'une Vie,* from which the episode *Grand-Lebrun* is taken.) He grew to consider himself one of the last of the Catholic writers in France. The world he paints is always dark and forbidding. The style of this painting is more important than the pictures themselves. Mauriac is essentially an artist (despite Sartre's accusation: "God is not an artist, and neither is M. Mauriac"). The admirable style of his articles in *Le Figaro* and *La Table Ronde* made him a unique journalist even if his dialectical powers were often weaker than his adversaries'.

In a sentence of his *Journal,* Mauriac writes that "a single novel is proposed to the Christian—his own; a single debate taking place between him and his Creator." His novels are problems posed by his faith. There is much to be studied in Mauriac's metaphysical turn of mind which is completely instinctive, preoccupied with a very dark, very carnal vision of truth, which grants little power to man's

intelligence and man's will. As a novelist, he is drawn toward the most secret and blameworthy parts of his creatures' minds. His characters do not incarnate an ethical system. We see them living in a very particular atmosphere
which may well be Mauriac's major creation. The summer
heat in the section of France around Bordeaux, the sudden
storms, fires in the pine forests, bird hunts, obsessions with
land and money—these are the elements of most of his
books.

Mauriac is one of the most sensitive witnesses of our
threatened world, as well as one of the masters of the form
of the novel in our day. In the classical tradition, he tried to win
in depth and subtlety what he lost in extent and power. Fundamentally he is not pessimistic, since he believes in Christian
hope; but if evil did not exist, there would be no novelists, since
man, if he existed in a state of innocence, would have no story.
The Catholic novel today, perhaps even more than existentialist
writing, shows man to be an ambiguous reality. The possibility
of choosing against God is an indication of the greatness of
man's freedom.

GRAND-LEBRUN

par François Mauriac

L'ENFANT QUE je fus, je continuerai de le poursuivre dans les corridors dallés blanc et noir de Grand-Lebrun, ce collège englouti au fond de mon passé, monde minuscule où pendant des années j'ai vécu d'avance ma vie d'homme, où j'ai joué avec les modèles réduits de mes passions futures. Le ciel fumeux, les platanes du jardin, la récréation de quatre heures, l'odeur de l'étude du soir . . . Étrange univers qui avait ses lois, ses superstitions, ses triomphes et ses désastres. L'amour de Dieu et celui des créatures y déchiraient des coeurs. La liturgie catholique imposait au temps son rythme accordé sur celui des saisons et conférait à certain jours une atmosphère solennelle de deuil, d'espérance ou de joie.

Grand-Lebrun que je porte dans mon coeur ne me porte pas dans le sien. Jean Giraudoux [1] a présidé la distribution des prix du lycée dont il est la gloire; les frères Tharaud [2] ont connu le même honneur à Périgueux.[3] Il faut que j'en fasse mon deuil: je ne serai jamais à pareille fête. Mais Grand-Lebrun, qu'il le veuille ou non, demeure mon bien propre et nul ne me l'aliénera. Je peux lui répéter la plus profonde parole qu'un amant ait jamais prononcée: "Cela ne te regarde pas si je t'aime." Grand-Lebrun comme tout ce qui est aimé, ne peut rien comprendre au sentiment qu'il inspire. Je ferme les yeux, je ressuscite un jour pris au hasard entre tous les jours révolus du temps où Grand-Lebrun contenait ma vie.

GRAND-LEBRUN

by François Mauriac

I SHALL CONTINUE to pursue the child I was, in the black and white tiled corridors of Grand-Lebrun, the school buried in the depth of my past, a tiny world where for years I lived, ahead of time, my life of a man, and where I played with the reduced models of my future passions. The smoky sky, the plane trees in the garden, the recess at four o'clock, the smell of the evening study hall . . . A strange universe which had its laws, its superstitions, its triumphs and disasters. At Grand-Lebrun love for God and love for His creatures tore our hearts. The Catholic liturgy imposed on the passage of time its rhythm in harmony with the seasons and gave to certain days a solemn atmosphere of mourning, or hope, or joy.

Grand-Lebrun which I remember in my heart does not remember me. Jean Giraudoux spoke at the graduation of the lycée to which he brought fame. The Tharaud brothers received the same honor at Périgueux. I must accept my sorrowful fate: I shall never figure in such a celebration. But Grand-Lebrun, willing or not willing, remains a part of my heritage and no one will separate me from it. I can say to it the most profound sentence a lover has ever spoken: "It is no concern of yours if I love you." Like everything that is loved, Grand-Lebrun can understand nothing concerning the sentiment it inspires. I am closing my eyes and recalling one day chosen at random from all the past days of the period when Grand-Lebrun contained my life.

Il faisait encore nuit, dans ces sombres hivers, lorsque le domestique Louis Larpe venait, vers cinq heures et demie, frapper à ma porte. Il était alors naturel qu'un valet de chambre fût debout à cinq heures. A la lueur d'une lampe, je me levais, grelottant; il n'y avait jamais de feu dans nos chambres, non par économie, ni même par austérité, mais d'après ce raisonnement "que notre toilette serait achevée avant que l'atmosphère ait été dégourdie . . ." Personne alors ne se serait avisé chez nous qu'il pût régner dans toutes les pièces une température égale. Sauf dans la salle-à-manger où brûlait nuit et jour une salamandre, le feu n'était entretenu que dans la chambre de ma mère et dans le salon de famille. Le soir nous nous serrions autour du foyer avec les gestes, les attitudes de la tribu primitive; et sans doute un reflet en demeure au fond de nos yeux, qu'on chercherait en vain dans le regard des enfants d'aujourd'hui qui n'ont jamais pu que coller leurs petits derrières à des radiateurs. Accroupi devant la flamme, quand j'étais fatigué de lire, je ne me lassais pas d'imaginer des villes incendiées, les portes embrasées de l'enfer, les tortures pleines d'espérance du purgatoire dont, à coup de pincettes, je faisais jaillir les âmes délivrées qui étaient les étincelles. Ma mère aimait tellement le feu qu'elle avait des brûlures aux jambes; elle disait qu'elle mangeait le feu.

Mais dans ces aubes noires, lorsque le domestique Louis Larpe venait me réveiller, qu'elle me semblait loin cette heure bénie du feu reconquis! L'immense journée s'étendait devant moi pleine d'embûches et de chausses-trappes, et déjà commençait ce martyre des pieds gonflés d'engelures dans les souliers trempés de pluie. La toilette était rapide, il eût fallu être héroïque pour se laver. Après le chocolat bu en hâte, nous demeurions en faction devant la porte pour guetter le "parcours": ainsi appelait-on l'omnibus du collège qui ramassait à travers la ville d'autres petits garçons aussi endormis et aussi mal débarbouillés que nous-mêmes.

En ce temps-là, nous habitions deux étages du vieil hôtel solennel qui fait le coin des rues Margaux et de Cheverus tout près de la jésuitière (que Combes [4] était au moment de vider de ses pieux habitants et dont la cha-

It was still night, in those dark winters, when the servant Louis Larpe came, about five-thirty, and knocked at my door. At that time it was natural for a house servant to be up at five. I got up, shivering, by the light of a lamp. There was never any heat in our rooms, not because of economy, nor even because of austerity, but because of the belief that "we would have finished dressing before the cold would have lessened." No one of us at that time would have thought that an even temperature might have prevailed in all the rooms. Except in the dining room where there was a stove fire night and day, a fire was kept burning only in my mother's room and in the parlor. Evenings we crowded around the hearthside with the gestures and postures of a primitive tribe. There is doubtless a reflection of this still remaining in our eyes for which one would search in vain in the faces of children today who were only able to press their little behinds against radiators. Crouching in front of the flames, when I was tired of reading, I did not weary of imagining burning cities, the flaming gates of hell, purgatorial sufferings full of hope, from which with thrusts of tongs, I caused to come forth freed souls which were sparks. My mother was so fond of the fire that her legs were scorched by it. She used to say that she ate fire.

But in those black dawns, when the servant Louis Larpe came to wake me, how far off seemed that blessed hour around the recaptured fire! Ahead of me stretched out the long day full of ambushes and traps, and already I could feel the suffering of my feet swollen with chilblains in shoes soaked by the rain. We dressed fast. We would have had to be heroes to wash. When we had quickly drunk our chocolate, we stayed on guard, in front of the door and watched for the *parcours,* the name we gave the school bus which throughout the city picked up other small boys as sleepy and ill-washed as we.

At that time we occupied two floors of the old sedate house at the corner of the rue Margaux and the rue de Cheverus, close to the Jesuit center (which Combes was at that time emptying of its pious inhabitants and whose

pelle, dite chapelle Margaux, était fort achalandée). A l'appel d'une cloche discrète, la rue vide soudain s'emplissait d'ombres qui se hâtaient vers la première messe. Ces "petites vieilles," moins tragiques mais aussi touchantes que celles de Baudelaire,[5] avaient dû prendre à peine le temps de relever leurs quatre cheveux et de passer un jupon. Chaussées de feutres, elles rasaient les murs avec des faces confites. Nous avions donné des surnoms à ces saintes femmes et nous nous amusions à les dénombrer jusqu'à ce que le parcours se fût annoncé de loin par le fracas des roues. Les jours où nous étions en retard, il ralentissait un peu et le cocher faisait claquer son fouet. Mais il était rare qu'il ne nous trouvât pas aux aguets. J'aimais l'odeur de cuir de la vieille guimbarde qui suivait un itinéraire compliqué. J'en avais pour plus d'une demi-heure à somnoler dans ma pèlerine dont je rabattais le capuchon sur la tête comme un petit capucin. Mes yeux s'attachaient à la croupe des percherons que la lanterne éclairait. Le sale petit jour se levait sur la banlieue. De pauvres soucis d'écolier obsédaient ma pensée. Jamais je ne me suis senti si faible, si démuni, si perdu. Plus tard, pour retrouver le goût de ces premières heures de mes anciens jours, il m'a suffi de me redire le vers de Rimbaud :[6]

Mais vrai, j'ai trop pleuré, les aubes sont navrantes . . .[7]

Aubes navrantes, sombre ville, soif d'évasion. C'est alors qu'un coeur d'enfant, un coeur gelé, s'accoutume à la recherche de Dieu. Quand il pleuvait, les vitres de la voiture, surtout celle du fond contre laquelle j'appuyais ma tête, m'apparaissaient comme des figures pleines de larmes. Les arbres de Grand-Lebrun se détachaient sur le ciel. L'énorme bâtisse illuminée ressemblait à un paquebot.

Nous entrions dans l'étude que chauffaient les premiers radiateurs à eau chaude; nous entrions dans l'odeur des pensionnaires et dans celle du surveillant, odeur aigre, indéfinissable, qui ne me déplaisait pas. Une demi-heure consacrée aux leçons, puis une brève récréation, et enfin deux heures de classe; encore un quart d'heure pour jouer, et de nouveau l'étude jusqu'à midi. A une heure et demie

chapel, called the "Chapelle Margaux," was in vogue.) At
the sound of a discreet bell, the empty street would suddenly be filled with forms hastening to the early mass.
These "little old women," less tragic than Baudelaire's but
as pathetic, must have barely taken the time to pin up the
four hairs of their head and to put on a skirt. Wearing felt
slippers, they walked close to the walls. Their faces bore an
expression of piety. We had given nicknames to these holy
women and we played the game of enumerating them until
the bus announced its arrival with the noise of wheels from
a distance. On the days when we were late, it used to slow
down a bit and the coachman would crack his whip. But it
was unusual for him not to find us on the look-out. I loved
the leather smell of that old rattletrap which followed a
complicated route. I had more than half an hour for dozing
in my cape whose hood I pulled down over my head like a
little Capuchin friar. My eyes fixed on the rumps of the
Percherons which were visible in the light of the lantern.
Ugly daylight rose over the suburbs. My mind was obsessed
with the wretched worries of a pupil. Never have I felt so
weak, so vulnerable, so lost. Later, to recover the feeling of
those first hours of my early days, I had only to repeat to
myself Rimbaud's line:

Mais vrai, j'ai trop pleuré, les aubes sont navrantes . . .

Heart-breaking dawns, dark city, desire for escape. It is
then that a child's heart, a frozen heart, becomes used to
looking for God. When it rained, the windows of the carriage, especially the back windows against which I leaned
my head, seemed to me like faces covered with tears. The
trees of Grand-Lebrun stood out against the sky. The huge,
illuminated, ramshackle building looked like an ocean
liner.

We entered the study hall which was heated by the first
hot water radiators. We entered the atmosphere of the
boarding pupils and the study master, a sharp indescribable
smell which was not unpleasant. A half hour devoted to
lessons, then a brief recess, and finally two hours of classes;
another fifteen minutes of play, and then study hall again

le travail reprenait jusqu'à six heures et demie, avec une interruption d'une demi-heure pour le goûter. Six heures et demie! Instant qui, aujourd'hui encore, après un quart de siècle, a gardé pour moi un goût délicieux de délivrance. A vrai dire, je commençais de n'être plus malheureux pendant la longue étude du soir. Le retour à la maison était proche. Rien ne me menaçait plus. Ce long temps que j'aurais pu consacrer à mes devoirs, c'était pour écrire mon journal, ou des poèmes, que j'en usais. Très tôt m'a tenu le besoin d'écrire, de me délivrer par l'écriture. Que ne donnerais-je pas pour retrouver les cahiers intimes de ma première adolescence que j'eus la sottise de brûler! A travers les vitres, mon regard cherchait le ciel. Sous prétexte d'aller aux cabinets, parfois j'obtenais de sortir. J'avançais à petits pas dans la cour déserte, je respirais la nuit qui sentait les feuilles pourries, la brume; mais je ne sais quel relent de ville composait cette odeur particulière à la banlieue. A ce moment de ma vie, "le silence éternel des espaces infinis," [8] s'il ne m'effrayait pas, fut du moins une réalité pour moi, et je le concevais sans effort. C'est que le ciel nocturne m'était aussi une évasion; je ne négligeais aucune issue par où mon regard et ma pensée se pussent délivrer. Sans doute vivais-je alors sans le savoir dans un perpétuel état de transe poétique, il n'était rien dans ma pauvre vie que je ne voulusse transfigurer. Ce fut le temps où les poètes commencèrent de m'entourer et de me servir, comme les anges servaient au désert le Fils de l'homme. J'interposais entre le réel et moi tout le lyrisme du dernier siècle. Lamartine,[9] Musset [10] et Vigny [11] entrèrent les premiers dans ma vie, et parmi les modernes j'atteignis à trouver des beautés sublimes jusque dans Sully-Prudhomme [12] et dans Samain! [13] Verlaine,[14] Rimbaud, Baudelaire et Jammes [15] ne survinrent qu'après ma sortie de collège.

Ce qui est remarquable chez un enfant de cette espèce, c'est son impuissance à se juger, à se faire de lui-même une idée raisonnable. Je me souviens d'étranges séances devant l'armoire à glace, où je me pinçais les joues, en répétant: moi! moi! moi! J'allais d'un extrême à l'autre, tantôt me jugeant comme un avorton, l'être le plus ridicule et le

until noon. At one-thirty work resumed until six-thirty, with a half-hour interruption for the afternoon snack. Six-thirty! A moment which still today, after a quarter of a century, has preserved for me a delicious sense of liberation. To tell the truth, I was beginning not to be unhappy during the long late afternoon study. The return home would come soon. Nothing was threatening me any more. That long period of time which I could have devoted to home work, was used for writing my diary or my poems. The need to write, to free myself by writing, possessed me very early. What would I not give to come upon the intimate note-books of my first adolescence which I had the stupidity to burn! Through the windows my eyes sought the sky. On the pretext of going to the toilet, I was at times able to go out-side. I walked slowly in the deserted courtyard, I breathed in the night which smelled of rotten leaves and fog. Some kind of musty city odor created that smell peculiar to the suburbs. At that moment in my life, "the eternal silence of infinite space," if it did not terrify me, was at least real for me, and I understood it without any effort. The night sky was also an escape for me. I neglected no outlet through which my vision and my mind might be liberated. Without knowing it, I was doubtless living then in a perpetual state of poetic trance. There was nothing in my poor life which I did not want to transfigure. It was the time when poets began to surround me and serve me, as angels served the Son of man in the desert. Between reality and myself I in-terposed all the lyricism of the last century. Lamartine, Musset and Vigny first came into my life, and among the moderns I was able to find sublime beauty even in Sully-Prudhomme and Samain! Verlaine, Rimbaud, Baudelaire and Jammes came only after my leaving school.

What is remarkable in a child of this kind is his inca-pacity of judging himself, of conceiving a reasonable idea of himself. I remember strange sessions before the mirror-wardrobe when I would pinch my cheeks and repeat: it's me! it's me! it's me! I moved from one extreme to another, at times looking upon myself as puny, as the most ludicrous

plus chétif, d'avance vaincu; et tantôt me persuadant de ma supériorité intellectuelle, et je me scandalisais de ce que mes maîtres ne semblaient pas distinguer en moi un vase d'élection.

and the weakest of creatures, defeated before he began; and at other times, convincing myself of my intellectual superiority, I was horrified that my teachers did not seem to consider me a chosen vessel.

Marcel Aymé

(1902–1967)

AMERICAN REVIEWERS of translations of the works of Marcel Aymé did not hesitate to call him one of the best French writers of the day. This high praise would startle the leading literary critics in France who have never granted him the importance they give to other writers of his generation: Sartre, Giono, Malraux, Queneau, Céline, Blanchot.

And yet Marcel Aymé was a well-known writer in his own country and he produced a voluminous work, which includes sixteen novels, six plays, children's stories, more than sixty short stories, and a critical work entitled *Le Confort Intellectuel*. After 1948, when his play *Lucienne et le Boucher* was produced, he devoted most of his time to the writing of plays. *Clérambard*, for example, of 1949, was one of the most successful.

In his short stories, Aymé demonstrates a fairly traditional art of story-telling, which has no philosophical or aesthetic pretensions. He infuses life and vitality into his scenes. He forces the reader's attention. His observations have warmth and credibility. They often have a strong satiric tone, clearly audible in such a work as his novel, *La jument Verte (The Green Mare)* of 1933. His art is a combination of many gifts. It has the precision of a naturalistic art, the skill in placing an unexpected word, a Rabelaisian tendency toward the obscene and the lusty. He has

created admirable portraits of the *petit bourgeois* type of Frenchman, apprehensive, hypocritical, eager to preserve appearances.

Aymé is perhaps less successful in pure fantasies. When the fantasy and the real are fused, as in *Le Passe-Muraille*, the initial story in a collection under the same title, published in 1943, his strongest traits of story-teller are apparent. In his treatment of eccentric characters, he never neglects the more human and pathetic qualities. The reminiscence of Rabelais is especially perceptible in his keen analysis of peasant characters and peasant customs. The laughter which his writing often stimulates is never cruel. It never betrays an intent to moralize. Marcel Aymé was one of the most inventive of the French *conteurs*.

LE PASSE-MURAILLE

par Marcel Aymé

Iʟ ʏ ᴀᴠᴀɪᴛ à Montmartre,[1] au troisième étage du 75 *bis* de la rue d'Orchampt, un excellent homme nommé Dutilleul qui possédait le don singulier de passer à travers les murs sans en être incommodé. Il portait un binocle, une petite barbiche noire et il était employé de troisième classe au ministère de l'Enregistrement. En hiver, il se rendait à son bureau par l'autobus, et, à la belle saison, il faisait le trajet à pied, sous son chapeau melon.

Dutilleul venait d'entrer dans sa quarante-troisième année lorsqu'il eut la révélation de son pouvoir. Un soir, une courte panne d'électricité l'ayant surpris dans le vestibule de son petit appartement de célibataire, il tâtonna un moment dans les ténèbres et, le courant revenu, se trouva sur le palier du troisième étage. Comme sa porte d'entrée était fermée à clé de l'intérieur, l'incident lui donna à réfléchir et, malgré les remontrances de sa raison, il se décida à rentrer chez lui comme il en était sorti, en passant à travers la muraille. Cette étrange faculté, qui semblait ne répondre à aucune de ses aspirations, ne laissa pas de le contrarier un peu et, le lendemain samedi, profitant de la semaine anglaise,[2] il alla trouver un médecin du quartier pour lui exposer son cas. Le docteur put se convaincre qu'il disait vrai et, après examen, découvrit la cause du mal dans un durcissement hélicoïdal de la paroi strangulaire du corps thyroïde. Il prescrivit le surmenage intensif et, à raison de

THE PASSER-THROUGH-WALLS

by Marcel Aymé

THERE LIVED in Montmartre, on the fourth floor of 75 *bis,*
Rue d'Orchampt, a worthy man called Dutilleul, who
possessed the singular gift of passing through walls without
feeling any discomfort. He wore a *pince-nez* and a small
black goatee. He was a third-grade employee in the Ministry of Registration. In winter he went to his office by bus,
and in the warm weather, he went on foot and wore a
derby.

Dutilleul had just begun his forty-third year when his
power was revealed to him. One evening, a brief break-
down in the electricity having caught him in the vestibule
of his small bachelor apartment, he groped about for a
moment in the dark and, when the current came on again,
found himself on the landing of the fourth floor. Since his
front door was locked from the inside, the incident caused
him to reflect, and despite the objections of his reason, he
decided to go in as he had come out, by passing through
the wall. This peculiar capacity, which did not seem to cor-
respond to any of his aspirations, did not fail to annoy
him a bit and, the next day, a Saturday, taking advantage
of his half day off, he called on a neighborhood doctor and
discussed his case with him. The doctor was able to convince himself that the man was telling the truth and, after
an examination, discovered the cause of the disease in a
helicoidal hardening of the strangulatory wall of the thy-

deux cachets par an, l'absorption de poudre de pirette tétravalente, mélange de farine de riz et d'hormone de centaure. Ayant absorbé un premier cachet, Dutilleul rangea le médicament dans un tiroir et n'y pensa plus. Quant au surmenage intensif, son activité de fonctionnaire était réglée par des usages ne s'accommodant d'aucun excès, et ses heures de loisir, consacrées à la lecture du journal et à sa collection de timbres, ne l'obligeaient pas non plus à une dépense déraisonnable d'énergie. Au bout d'un an, il avait donc gardé intacte la faculté de passer à travers les murs, mais il ne l'utilisait jamais, sinon par inadvertance, étant peu curieux d'aventures et rétif aux entraînements de l'imagination. L'idée ne lui venait même pas de rentrer chez lui autrement que par la porte et après l'avoir dûment ouverte en faisant jouer la serrure. Peut-être eût-il vieilli dans la paix de ses habitudes sans avoir la tentation de mettre ses dons à l'épreuve, si un événement extraordinaire n'était venu soudain bouleverser son existence. M. Mouron, son sous-chef de bureau, appelé à d'autres fonctions, fut remplacé par un certain M. Lécuyer, qui avait la parole brève et la moustache en brosse. Dès le premier jour, le nouveau sous-chef vit de très mauvais oeil que Dutilleul portât un lorgnon à chaînette et une barbiche noire, et il affecta de le traiter comme une vieille chose gênante et un peu malpropre. Mais le plus grave était qu'il prétendît introduire dans son service des réformes d'une portée considérable et bien faites pour troubler la quiétude de son subordonné. Depuis vingt ans, Dutilleul commençait ses lettres par la formule suivante: "Me reportant à votre honorée du tantième courant et, pour mémoire, à notre échange de lettres antérieur, j'ai l'honneur de vous informer . . ." Formule à laquelle M. Lécuyer entendit substituer une autre d'un tour plus américain: "En réponse à votre lettre du tant, je vous informe . . ." Dutilleul ne put s'accoutumer à ces façons épistolaires. Il revenait malgré lui à la manière traditionnelle, avec une obstination machinale qui lui valut l'inimitié grandissante du sous-chef. L'atmosphère du ministère de l'Enregistrement lui devenait

roid vesicle. He prescribed intensive work and, at the rate of two pills a year, the absorption of tetravalent pirette powder, a mixture of rice flour and centaur's hormones.

After taking the first pill, Dutilleul put the medicine away in a drawer and gave it no further thought. As for the intensive work, his activity as a civil servant was controlled by habits permitting no excess, and his leisure time, devoted to the reading of the newspaper and his stamp collection, did not encourage an unreasonable expense of energy. At the end of a year he had therefore preserved intact his ability to pass through walls, but he never used it, except inadvertently, since he was not eager for adventures and was non-receptive to exercises of the imagination. It did not even occur to him to enter his house otherwise than by the door after opening it in due fashion by turning the key in the lock. He would perhaps have grown old in the peacefulness of his habits without experiencing the temptation of testing his gift, had not his existence been suddenly disturbed by an extraordinary event. M. Mouron, the assistant-head in his office, called to other duties, was replaced by a M. Lécuyer whose speech was laconic and who wore a military mustache. From the first day, the new assistant-head took a very dim view of Dutilleul wearing a *pince-nez* on a chain and a black goatee, and he pretended to treat him like an old, troublesome and not very clean burden. But the most serious part was that he wanted to introduce into his department far-reaching reforms calculated to upset the serenity of his subordinate. For twenty years Dutilleul had begun his letters with the following formula: "With reference to your esteemed letter of the so and so instant, and remembering our previous exchange of letters, I have the honor of informing you. . . ." For which formula M. Lécuyer proposed to substitute one with a more American style: "In answer to your letter of the such and such, I inform you. . . ." Dutilleul could not adjust to such an epistolary style. In spite of himself, he reverted to the traditional manner, with a mechanical obstinacy which incurred the increasing animosity of the assistant-head. The atmosphere of the Ministry of Registra-

presque pesante. Le matin, il se rendait à son travail avec appréhension, et le soir, dans son lit, il lui arrivait bien souvent de méditer un quart d'heure entier avant de trouver le sommeil.

Écoeuré par cette volonté rétrograde qui compromettait le succès de ses réformes, M. Lécuyer avait relégué Dutilleul dans un réduit à demi obscur, attenant à son bureau. On y accédait par une porte basse et étroite donnant sur le couloir et portant encore en lettres capitales l'inscription : Débarras. Dutilleul avait accepté d'un coeur résigné cette humiliation sans précédent, mais chez lui, en lisant dans son journal le récit de quelque sanglant fait divers, il se surprenait à rêver que M. Lécuyer était la victime.

Un jour, le sous-chef fit irruption dans le réduit en brandissant une lettre et il se mit à beugler :

— Recommencez-moi ce torchon ! Recommencez-moi cet innommable torchon qui déshonore mon service !

Dutilleul voulut protester, mais M. Lécuyer, la voix tonnante, le traita de cancrelat routinier, et, avant de partir, froissant la lettre qu'il avait en main, la lui jeta au visage. Dutilleul était modeste, mais fier. Demeuré seul dans son réduit, il fit un peu de température et, soudain, se sentit en proie à l'inspiration. Quittant son siège, il entra dans le mur qui séparait son bureau de celui du sous-chef, mais il y entra avec prudence, de telle sorte que sa tête seule émergeât de l'autre côté. M. Lécuyer, assis à sa table de travail, d'une plume encore nerveuse déplaçait une virgule dans le texte d'un employé, soumis à son approbation, lorsqu'il entendit tousser dans son bureau. Levant les yeux, il découvrit avec un effarement indicible la tête de Dutilleul, collée au mur à la façon d'un trophée de chasse. Et cette tête était vivante. A travers le lorgnon à chaînette, elle dardait sur lui un regard de haine. Bien mieux, la tête se mit à parler.

— Monsieur, dit-elle, vous êtes un voyou, un butor et un galopin.

Béant d'horreur, M. Lécuyer ne pouvait détacher les yeux de cette apparition. Enfin, s'arrachant à son fauteuil, il bondit dans le couloir et courut jusqu'au réduit. Dutilleul,

tion became almost oppressive to him. In the morning he went to work with apprehension, and in the evening, in his bed, he often meditated a full quarter of an hour before falling asleep.

Disgusted by this reactionary will power which was compromising the success of his reforms, M. Lécuyer had relegated Dutilleul to a small half-darkened nook next to his office. People reached it through a low narrow door opening on to the corridor and still bearing in capital letters the word: "Storeroom." Dutilleul had resigned himself to this unprecedented humiliation, but at home when he read in the newspaper the story of some bloody deed, he caught himself dreaming that M. Lécuyer was the victim.

One day, the assistant-head burst into the small room brandishing a letter and began to bellow:

"Do this paper over again. Do over again this unspeakable paper which is a disgrace to my department!"

Dutilleul tried to protest, but M. Lécuyer, in a thundering voice, called him a routine-like cockroach, and, before leaving, crumpling the letter he had in his hand, threw it in his face. Dutilleul was modest, but proud. Left alone in his nook, he flared up a bit, and suddenly was seized with an inspiration. Leaving his seat, he entered the wall which separated his office from the assistant-head's, but he passed through prudently, in such a way that only his head emerged on the other side. M. Lécuyer, seated at his desk with a pen still quivering, was correcting a comma in the text of a clerk submitted for his approval, when he heard a cough in his office. Raising his eyes, he saw with unspeakable terror Dutilleul's head, sticking on the wall like a hunting trophy. And the head was alive. Through the *pince-nez*, on its chain, it looked at him hatefully. What is more, the head began to speak.

"Sir," it said, "you are a scoundrel, a booby and a blackguard."

Gaping with horror, M. Lécuyer could not take his eyes off the apparition. At last, pulling himself out of his chair, he rushed into the corridor and ran to the small room.

le porte-plume à la main, était installé à sa place habituelle, dans une attitude paisible et laborieuse. Le sous-chef le regarda longuement et, après avoir balbutié quelques paroles, regagna son bureau. A peine venait-il de s'asseoir que la tête réapparaissait sur la muraille.

— Monsieur, vous êtes un voyou, un butor et un galopin.

Au cours de cette seule journée, la tête redoutée apparut vingt-trois fois sur le mur et, les jours suivants, à la même cadence. Dutilleul, qui avait acquis une certaine aisance à ce jeu, ne se contentait plus d'invectiver contre le sous-chef. Il proférait des menaces obscures, s'écriant par exemple d'une voix sépulcrale, ponctuée de rires vraiment démoniaques:

— Garou! garou! Un poil de loup! (*rire*). Il rôde un frisson à décorner tous les hiboux (*rire*).

Ce qu'entendant, le pauvre sous-chef devenait un peu plus pâle, un peu plus suffocant, et ses cheveux se dressaient bien droits sur sa tête et il lui coulait dans le dos d'horribles sueurs d'agonie. Le premier jour, il maigrit d'une livre. Dans la semaine qui suivit, outre qu'il se mit à fondre presque à vue d'oeil, il prit l'habitude de manger le potage avec sa fourchette et de saluer militairement les gardiens de la paix. Au début de la deuxième semaine, une ambulance vint le prendre à son domicile et l'emmena dans une maison de santé.

Dutilleul, délivré de la tyrannie de M. Lécuyer, put revenir à ses chères formules: "Me reportant à votre honorée du tantième courant . . ." Pourtant, il était insatisfait. Quelque chose en lui réclamait, un besoin nouveau, impérieux, qui n'était rien de moins que le besoin de passer à travers les murs. Sans doute le pouvait-il faire aisément, par exemple chez lui, et du reste, il n'y manqua pas. Mais l'homme qui possède des dons brillants ne peut se satisfaire longtemps de les exercer sur un objet médiocre. Passer à travers les murs ne saurait d'ailleurs constituer une fin en soi. C'est le départ d'une aventure, qui appelle une suite, un développement et, en somme, une rétribution. Dutilleul le comprit très bien. Il sentait en lui un besoin d'expansion, un

THE PASSER-THROUGH-WALLS

Dutilleul, pen in hand, was in his usual place, in an attitude of quiet and industriousness. The assistant-head looked at him for a long time, and after stammering a few words, returned to his own office. Scarcely had he sat down when the head reappeared on the wall.

"Sir, you are a scoundrel, a booby and a blackguard."

In the course of that one day, the dreaded head appeared twenty-three times on the wall, and, on the following days, with the same frequency. Dutilleul, who had acquired a certain skill with this game, was no longer contented with calling the assistant-head names. He uttered obscure threats, calling out, for example, in a sepulchral voice, punctuated with really demoniac laughter:

"Werewolf! werewolf! A wolf's hair!" (*laughter*).
"Enough terror prowls to dishonor all owls!" (*laughter*).

Hearing this, the poor assistant-head turned a bit paler, a bit more breathless, his hair stood straight up on his head, and a horrible sweat of terror streamed down his back. The first day he lost a pound. During the week which followed, in addition to melting away almost visibly, he developed the habit of eating soup with his fork and saluting policemen. At the beginning of the second week, an ambulance came to get him at his house and took him to a mental home.

Dutilleul, freed from the tyranny of M. Lécuyer, could return to his beloved formulas: "With reference to your esteemed letter of the such and such current . . ." But he was dissatisfied. There was something insistent in him, a new imperious need which was nothing less than the need of passing through walls. Of course he could easily do this for example, at home, and, what's more, he did. But the man who possesses brilliant gifts cannot be satisfied for long with practicing them on a trivial object. Besides, passing through walls could not constitute an end in itself. It is the beginning of an adventure which demands a continuation, a development, and, in short, a reward. Dutilleul understood this very well. He felt a need for expansion, a

désir croissant de s'accomplir et de se surpasser, et une certaine nostalgie qui était quelque chose comme l'appel de derrière le mur. Malheureusement, il lui manquait un but. Il chercha son inspiration dans la lecture du journal, particulièrement aux chapitres de la politique et du sport, qui lui semblaient être des activités honorables, mais s'étant finalement rendu compte qu'elles n'offraient aucun débouché aux personnes qui passent à travers les murs, il se rabattit sur le fait divers qui se révéla des plus suggestifs.

Le premier cambriolage auquel se livra Dutilleul eut lieu dans un grand établissement de crédit de la rive droite. Ayant traversé une douzaine de murs et de cloisons, il pénétra dans divers coffres-forts, emplit ses poches de billets de banque et, avant de se retirer, signa son larcin à la craie rouge, du pseudonyme de Garou-Garou, avec un fort joli paraphe qui fut reproduit le lendemain par tous les journaux. Au bout d'une semaine, ce nom de Garou-Garou connut une extraordinaire célébrité. La sympathie du public allait sans réserve à ce prestigieux cambrioleur qui narguait si joliment la police. Il se signalait chaque nuit par un nouvel exploit accompli soit au détriment d'une banque, soit à celui d'une bijouterie ou d'un riche particulier. A Paris comme en province, il n'y avait point de femme un peu rêveuse qui n'eût le fervent désir d'appartenir corps et âme au terrible Garou-Garou. Après le vol du fameux diamant de Burdigala et le cambriolage du Crédit municipal,[3] qui eurent lieu la même semaine, l'enthousiasme de la foule atteignit au délire. Le ministre de l'Intérieur dut démissionner, entraînant dans sa chute le ministre de l'Enregistrement. Cependant, Dutilleul devenu l'un des hommes les plus riches de Paris, était toujours ponctuel à son bureau et on parlait de lui pour les palmes académiques.[4] Le matin, au ministère de l'Enregistrement, son plaisir était d'écouter les commentaires que faisaient les collègues sur les exploits de la veille. "Ce Garou-Garou, disaient-ils, est un homme formidable, un surhomme, un génie." En entendant de tels éloges, Dutilleul devenait rouge de confusion et, derrière le lorgnon à chaînette, son regard brillait d'amitié et de gratitude. Un jour, cette atmosphère de sympathie le mit

growing desire to accomplish his goal and surpass himself, and a certain nostalgia which resembled a call from the other side of the wall. Unfortunately he had no objective. He looked for his inspiration in the reading of the newspapers, particularly in the columns on politics and sports which seemed to him honorable activities, but finally realizing that they offered no outlet for people who pass through walls, he fell back on the news items which seemed most suggestive.

Dutilleul's first burglary took place in a large credit establishment on the right bank of the Seine. Crossing through a dozen walls and partitions, he got into several strongboxes, filled his pockets with banknotes and, before leaving, signed his theft in red chalk, with the pseudonym "The Werewolf" and a beautiful flourish which was reproduced the next day in all the papers. By the end of a week, this name of "Werewolf" enjoyed an exceptional fame. The approval of the public went unreservedly to this extraordinary burglar who so delightfully flouted the police. Each night he drew attention to himself by some new exploit carried out at the expense of a bank or of a jeweler's shop or of some wealthy individual. In Paris as in the provinces, every woman who was somewhat romantic fervently desired to belong body and soul to the terrible Werewolf. After the theft of the famous Burdigala diamond and the robbery of the Crédit Municipal, which took place the same week, the public enthusiasm reached the state of delirium. The Minister of the Interior had to resign, involving in his fall the Minister of Registration. Meanwhile, Dutilleul who had become one of the richest men in Paris, was always punctual at his office. He was being considered for the *palmes académiques*. In the morning, at the Ministry of Registration, he derived pleasure from listening to the comments his colleagues made about his exploits of the previous night. They would say, "This Werewolf is stupendous, a superman, a genius." When he heard such praise, Dutilleul turned red with embarrassment, and behind his *pince-nez* on its chain, his eyes shone with friendliness and gratitude. One day, this atmosphere of friendliness

tellement en confiance qu'il ne crut pas pouvoir garder le secret plus longtemps. Avec un reste de timidité, il considéra ses collègues groupés autour d'un journal relatant le cambriolage de la Banque de France, et déclara d'une voix modeste: "Vous savez, Garou-Garou, c'est moi." Un rire énorme et interminable accueillit la confidence de Dutilleul qui reçut, par dérision, le surnom de Garou-Garou. Le soir, à l'heure de quitter le ministère, il était l'objet de plaisanteries sans fin de la part de ses camarades et la vie lui semblait moins belle.

Quelques jours plus tard, Garou-Garou se faisait pincer par une ronde de nuit dans une bijouterie de la rue de la Paix. Il avait apposé sa signature sur le comptoir-caisse et s'était mis à chanter une chanson à boire en fracassant différentes vitrines à l'aide d'un hanap en or massif. Il lui eût été facile de s'enfoncer dans un mur et d'échapper ainsi à la ronde de nuit, mais tout porte à croire qu'il voulait être arrêté et probablement à seule fin de confondre ses collègues dont l'incrédulité l'avait mortifié. Ceux-ci, en effet, furent bien surpris, lorsque les journaux du lendemain publièrent en première page la photographie de Dutilleul. Ils regrettèrent amèrement d'avoir méconnu leur génial camarade et lui rendirent hommage en se laissant pousser une petite barbiche. Certains même, entraînés par le remords et l'admiration, tentèrent de se faire la main sur le portefeuille ou la montre de famille de leurs amis et connaissances.

On jugera sans doute que le fait de se laisser prendre par la police pour étonner quelques collègues témoigne d'une grande légèreté, indigne d'un homme exceptionnel, mais le ressort apparent de la volonté est fort peu de chose dans une telle détermination. En renonçant à la liberté, Dutilleul croyait céder à un orgueilleux désir de revanche, alors qu'en réalité il glissait simplement sur la pente de sa destinée. Pour un homme qui passe à travers les murs, il n'y a point de carrière un peu poussée s'il n'a tâté au moins une fois de la prison. Lorsque Dutilleul pénétra dans les locaux de la Santé, il eut l'impression d'être gâté par le sort. L'épaisseur des murs était pour lui un véritable régal. Le

made him so trusting that he believed he could not keep his secret much longer. With a last twinge of shyness, he looked at his colleagues grouped around a newspaper relating the burglary of the Banque de France, and said in a modest tone: "You know, I am the Werewolf." A huge and prolonged burst of laughter greeted the confession of Dutilleul who was given, in mockery, the nickname of "Werewolf." In the evening, at the moment of leaving the ministry, he was the object of endless jokes on the part of his fellow-workers, and life seemed less attractive to him.

A few days later, the Werewolf was caught by a night police patrol in a jeweler's shop on the Rue de la Paix. He had inscribed his signature on the pay desk and had begun to sing a drinking song as he smashed various windows with a solid gold goblet. It would have been easy for him to slip into a wall and thus escape the police patrol, but everything leads one to believe he wanted to be arrested and doubtless for the sole reason of confounding his colleagues whose incredulity had mortified him. These men were, in truth, very surprised when the newspapers the next day published Dutilleul's picture on the first page. They were bitterly sorry for having underrated their remarkable fellow-worker and paid him the homage of letting their beards grow a bit. A few of them, inspired by remorse and admiration, attempted to get their hands on the wallets or the family watches of their friends and acquaintances.

The fact of letting himself be caught by the police in order to astonish a few colleagues, will doubtless be considered proof of great flightiness, unworthy of an exceptional man, but the obvious exercise of free-will is of little consequence in such a determination. By renouncing his freedom, Dutilleul believed he was giving in to a proud desire for revenge, when in reality he was simply following the course of his destiny. For a man who passes through walls, there is no career, even when somewhat distinguished, unless he has known prison at least once. When Dutilleul entered the precincts of the Santé, it seemed to him that fate was spoiling him. The thickness of the walls was a real

lendemain même de son incarcération, les gardiens découvrirent avec stupeur que le prisonnier avait planté un clou dans le mur de sa cellule et qu'il y avait accroché une montre en or appartenant au directeur de la prison. Il ne put ou ne voulut révéler comment cet objet était entré en sa possession. La montre fut rendue à son propriétaire et, le lendemain, retrouvée au chevet de Garou-Garou avec le tome premier des *Trois Mousquetaires* emprunté à la bibliothèque du directeur. Le personnel de la Santé était sur les dents.[5] Les gardiens se plaignaient en outre de recevoir des coups de pied dans le derrière, dont la provenance était inexplicable. Il semblait que les murs eussent, non plus des oreilles, mais des pieds. La détention de Garou-Garou durait depuis une semaine, lorsque le directeur de la Santé, en pénétrant un matin dans son bureau, trouva sur sa table la lettre suivante:

"Monsieur le directeur. Me reportant à notre entretien du 17 courant et, pour mémoire, à vos instructions générales du 15 mai de l'année dernière, j'ai l'honneur de vous informer que je viens d'achever la lecture du second tome des *Trois Mousquetaires* et que je compte m'évader cette nuit entre onze heures vingt-cinq et onze heures trente-cinq. Je vous prie, monsieur le directeur, d'agréer l'expression de mon profond respect. GAROU-GAROU."

Malgré l'étroite surveillance dont il fut l'objet cette nuit-là, Dutilleul s'évada à onze heures trente. Connue du public le lendemain matin, la nouvelle souleva partout un enthousiasme magnifique. Cependant, ayant effectué un nouveau cambriolage qui mit le comble à sa popularité, Dutilleul semblait peu soucieux de se cacher et circulait à travers Montmartre sans aucune précaution. Trois jours après son évasion, il fut arrêté rue Caulaincourt au café du Rêve, un peu avant midi, alors qu'il buvait un vin blanc citron [6] avec des amis.

Reconduit à la Santé et enfermé au triple verrou dans un cachot ombreux, Garou-Garou s'en échappa le soir même et alla coucher à l'appartement du directeur, dans la chambre d'ami. Le lendemain matin, vers neuf heures, il sonnait la bonne pour avoir son petit déjeuner et se lais-

treat for him. The very day following his incarceration, the guards discovered to their stupefaction that the prisoner had planted a nail in the wall of his cell and had hung there a gold watch belonging to the warden of the prison. He could not or would not reveal how that object had come into his possession. The watch was returned to its owner, and the next day it was found again at the bedside of the Werewolf, with the first volume of *The Three Musketeers*, borrowed from the library of the warden. The staff of the Santé was on edge. Moreover the guards were complaining at receiving kicks on their bottoms, which came from an inexplicable source. It seemed that the walls had no longer ears but feet. The detention of the Werewolf had lasted a week when the warden of the Santé, on entering his office one morning, found the following letter on his desk:

"Sir, With reference to our conversation of the 17th instant, and remembering your general instruction of the 15th of May, of last year, I have the honor to inform you that I have just finished the reading of the second volume of *The Three Musketeers* and that I intend to escape tonight between 11:25 and 11:35. I beg to remain, Sir,

Very respectfully yours,
The Werewolf."

Despite the close watch kept on him that night, Dutilleul escaped at 11:30. When the news was learned the next morning, it called forth tremendous enthusiasm everywhere. However, having carried out another burglary which elevated his popularity still higher, Dutilleul seemed unconcerned with hiding himself and walked about Montmartre without taking any precaution. Three days after his escape, he was arrested on the Rue Caulaincourt, in the Café du Rêve, just before noon, when he was drinking a *vin blanc citron* with friends.

He was taken back to the Santé and placed in a dark cell with triple locks. The Werewolf escaped from it that very evening and went to bed in the guest room of the warden's apartment. The next morning, about nine o'clock, he rang for the maid to have his breakfast, and let himself be seized

sait cueillir au lit, sans résistance, par les gardiens alertés. Outré, le directeur établit un poste de garde à la porte de son cachot et le mit au pain sec. Vers midi, le prisonnier s'en fut déjeuner dans un restaurant voisin de la prison et, après avoir bu son café, téléphona au directeur.

— Allô! Monsieur le directeur, je suis confus, mais tout à l'heure, au moment de sortir, j'ai oublié de prendre votre portefeuille, de sorte que je me trouve en panne au restaurant. Voulez-vous avoir la bonté d'envoyer quelqu'un pour régler l'addition?

Le directeur accourut en personne et s'emporta jusqu'à proférer des menaces et des injures. Atteint dans sa fierté, Dutilleul s'évada la nuit suivante et pour ne plus revenir. Cette fois, il prit la précaution de raser sa barbiche noire et remplaça son lorgnon à chaînette par des lunettes en écaille. Une casquette de sport et un costume à larges carreaux avec culotte de golf achevèrent de le transformer. Il s'installa dans un petit appartement de l'avenue Junot où, dès avant sa première arrestation, il avait fait transporter une partie de son mobilier et les objets auxquels il tenait le plus. Le bruit de sa renommée commençait à le lasser et, depuis son séjour à la Santé, il était un peu blasé sur le plaisir de passer à travers les murs. Les plus épais, les plus orgueilleux, lui semblaient maintenant de simples paravents, et il rêvait de s'enfoncer au coeur de quelque massive pyramide. Tout en mûrissant le projet d'un voyage en Égypte, il menait une vie des plus paisibles, partagée entre sa collection de timbres, le cinéma et de longues flâneries à travers Montmartre. Sa métamorphose était si complète qu'il passait, glabre et lunetté d'écaille, à côté de ses meilleurs amis sans être reconnu. Seul le peintre Gen Paul, à qui rien ne saurait échapper d'un changement survenu dans la physionomie d'un vieil habitant du quartier, avait fini par pénétrer sa véritable identité. Un matin qu'il se trouva nez à nez avec Dutilleul au coin de la rue de l'Abreuvoir, il ne put s'empêcher de lui dire dans son rude argot:

— Dis donc, je vois que tu t'es miché en gigolpince pour tétarer ceux de la sûrepige—ce qui signifie à peu près en

in bed, without resistance, by the alerted guards. Outraged, the warden placed a guard at the door of his cell and put him on bread and water. Toward noon, the prisoner went to have lunch in a restaurant near the prison, and, after drinking his coffee, telephoned the warden.

"Hello! Sir, I am ashamed, but just now, when I was leaving, I forgot to take your billfold, so I am without money in the restaurant. Will you kindly send someone to pay my bill?"

The warden rushed over in person, and flew into a rage, to the point of uttering threats and calling names. His pride wounded, Dutilleul escaped the following night, never to return. This time he took the precaution of shaving his black goatee and replaced his *pince-nez* and chain with horn-rimmed glasses. A sports cap, a checkered suit with knickerbockers completed his transformation. He occupied a small apartment on the Avenue Junot to which, before his first arrest, he had moved a part of his furniture and his most valued objects. The notoriety attached to him was beginning to fatigue him, and since his stay at the Santé, he was a bit blasé on the pleasure of passing through walls. The thickest and the proudest now seemed to him simple screens, and he dreamed of plunging into the heart of some massive pyramid. While contemplating the project of a trip to Egypt, he led a very peaceful life, divided between his stamp collection, the movies and long strolls through Montmartre. His metamorphosis was so complete that he passed, clean shaven and spectacled with horn-rims, by his best friends without being recognized. Only the painter Gen Paul, whom nothing could escape of a change in the physiognomy of an old inhabitant of the neighborhood, finally saw through to his real identity. One morning when he found himself face to face with Dutilleul at the corner of the Rue de l'Abreuvoir, he could not keep from saying to him in his crude slang:

Dis donc, je vois que tu t'es miché en gigolpince pour tétarer ceux de la sûrepige—which roughly means in ordi-

langage vulgaire: je vois que tu t'es déguisé en élégant pour confondre les inspecteurs de la Sûreté.[7]

— Ah! murmura Dutilleul, tu m'as reconnu!

Il en fut troublé et décida de hâter son départ pour l'Égypte. Ce fut l'après-midi de ce même jour qu'il devint amoureux d'une beauté blonde rencontrée deux fois rue Lepic à un quart d'heure d'intervalle. Il en oublia aussitôt sa collection de timbres et l'Égypte et les Pyramides. De son côté, la blonde l'avait regardé avec beaucoup d'intérêt. Il n'y a rien qui parle à l'imagination des jeunes femmes d'aujourd'hui comme des culottes de golf et une paire de lunettes en écaille. Cela sent son cinéaste et fait rêver cocktails et nuits de Californie. Malheureusement, la belle, Dutilleul en fut informé par Gen Paul, était mariée à un homme brutal et jaloux. Ce mari soupçonneux, qui menait d'ailleurs une vie de bâtons de chaise,[8] délaissait régulièrement sa femme entre dix heures du soir et quatre heures du matin, mais avant de sortir, prenait la précaution de la boucler dans sa chambre, à deux tours de clé, toutes persiennes fermées au cadenas. Dans la journée, il la surveillait étroitement, lui arrivant même de la suivre dans les rues de Montmartre.

— Toujours à la biglouse, quoi. C'est de la grosse nature de truand qu'admet pas qu'on ait des vouloirs de piquer dans son réséda.

Mais cet avertissement de Gen Paul ne réussit qu'à enflammer Dutilleul. Le lendemain, croisant la jeune femme rue Tholozé, il osa la suivre dans une crémerie et, tandis qu'elle attendait son tour d'être servie, il lui dit qu'il l'aimait respectueusement, qu'il savait tout: le mari méchant, la porte à clé et les persiennes, mais qu'il serait le soir même dans sa chambre. La blonde rougit, son pot à lait trembla dans sa main et, les yeux mouillés de tendresse, elle soupira faiblement: "Hélas! Monsieur, c'est impossible."

Le soir de ce jour radieux, vers dix heures, Dutilleul était en faction dans la rue Norvins et surveillait un robuste mur de clôture, derrière lequel se trouvait une petite maison dont il n'apercevait que la girouette et la cheminée. Une

nary speech: "I see that you have disguised yourself as a dandy in order to confound the inspectors of the Sûreté."

"Ah!" murmured Dutilleul, "you recognized me!"

This upset him and he decided to hasten his departure for Egypt. It was the afternoon of this same day that he fell in love with a beautiful blonde whom he met twice in the Rue Lepic, at a quarter of an hour's interval. Immediately he forgot his stamp collection and Egypt and the pyramids. For her part, the blonde had looked at him with a good deal of interest. Nothing speaks more to the imagination of young women today than knickerbockers and a pair of horn-rimmed glasses. It smacks of the movie director and makes you dream of cocktails and Californian nights. Unfortunately the beauty—Dutilleul was told of this by Gen Paul—was married to a violent, jealous man. This suspicious husband, who moreover led a dissolute life, regularly abandoned his wife between ten at night and four in the morning. But before going out, he took the precaution of locking her in her room, with two turns of the key, and padlocked all the shutters. During the day, he kept a close watch on her, and he sometimes even followed her in the streets of Montmartre.

"Always snooping, that is. He has the coarse nature of a thief who doesn't allow anyone to pick flowers from his parlor."

But this warning of Gen Paul only increased the ardor of Dutilleul. The next day, passing the young woman in the Rue Tholozé, he dared follow her into a dairy shop, and while she was waiting for her turn to be served, he told her of his respectful love and that he knew everything: the bad husband, the locked door and the shutters, but that he would be in her room that very evening. The blonde blushed, her milk can trembled in her hand, and, her eyes wet with tenderness, she murmured weakly: "Alas, Monsieur, it is impossible."

About ten o'clock, on the evening of that glorious day, Dutilleul was at his post in the Rue Norvins and was watching a solid outer wall behind which there was a small house of which he saw only the weather-cock and the chimney. In

porte s'ouvrit dans ce mur et un homme, après l'avoir soigneusement fermée à clé derrière lui, descendit vers l'avenue Junot. Dutilleul attendit de l'avoir vu disparaître, très loin, au tournant de la descente, et compta encore jusqu'à dix. Alors, il s'élança, entra dans le mur au pas gymnastique et, toujours courant à travers les obstacles, pénétra dans la chambre de la belle recluse.

Le lendemain, Dutilleul eut la contrariété de souffrir de violents maux de tête. La chose était sans importance et il n'allait pas, pour si peu, manquer à son rendez-vous. Néanmoins, ayant par hasard découvert des cachets épars au fond d'un tiroir, il en avala un le matin et un l'après-midi. Le soir, ses douleurs de tête étaient supportables et l'exaltation les lui fit oublier. La jeune femme l'attendait et il resta jusqu'à trois heures du matin. Lorsqu'il s'en alla, Dutilleul, en traversant les cloisons et les murs de la maison, eut l'impression d'un frottement inaccoutumé aux hanches et aux épaules. Toutefois, il ne crut pas devoir y prêter attention. Ce ne fut d'ailleurs qu'en pénétrant dans le mur de clôture qu'il éprouva nettement la sensation d'une résistance. Il lui semblait se mouvoir dans une matière encore fluide, mais qui devenait pâteuse et prenait, à chacun de ses efforts, plus de consistance. Ayant réussi à se loger tout entier dans l'épaisseur du mur, il s'aperçut qu'il n'avançait plus et se souvint avec terreur des deux cachets qu'il avait pris dans la journée. Ces cachets, qu'il avait crus d'aspirine, contenaient en réalité de la poudre de pirette tétravalente prescrite par le docteur l'année précédente. L'effet de cette médication s'ajoutant à celui d'un surmenage intensif, se manifestait d'une façon soudaine.

Dutilleul était comme figé à l'intérieur de la muraille. Il y est encore à présent, incorporé à la pierre. Les noctambules qui descendent la rue Norvins à l'heure où la rumeur de Paris s'est apaisée, entendent une voix assourdie qui semble venir d'outre-tombe et qu'ils prennent pour la plainte du vent sifflant aux carrefours de la Butte.[9] C'est Garou-Garou Dutilleul qui lamente la fin de sa glorieuse

this wall a door opened and a man, after carefully locking it behind him, walked down the hill in the direction of the Avenue Junot. Dutilleul waited until he saw him disappear, far off, at the turn of the street, and then counted ten. Then he rushed forward, and advancing on the double, passed through the wall, and continuing to run through obstacles, penetrated into the bedroom of the beautiful prisoner.

The next day Dutilleul was irked by suffering from a severe headache. The matter was not important and he was determined not to miss his rendezvous for so little. Nevertheless, discovering by chance some pills loose in the bottom of a drawer, he took one in the morning and one in the afternoon. By evening his headache was bearable and his state of rapture made him forget it. The young woman was waiting for him, and he stayed until three in the morning. Dutilleul, as he went through the partitions and the walls of the house, seemed to feel an unusual friction on his hips and shoulders. However, he did not think it worthy of attention. It was not until he penetrated the outside wall that he distinctly felt the sensation of resistance. It seemed to him he was moving through matter that was still fluid but which was thickening and taking on more consistency with each of his efforts to move ahead. Having succeeded in completely placing himself within the thickness of the wall, he realized that he was not advancing and remembered with terror the two pills he had taken during the day. Those pills, which he thought were aspirin, had contained in reality the tetravalent pirette powder prescribed by the doctor a year ago. The effect of this medication, to which had been added an intense exertion, was manifested suddenly.

Dutilleul was petrified, so to speak, within the wall. He is still there today, incorporated in the stone. The night strollers who go down the Rue Norvins at the hour when the noise of Paris has quieted down, can hear a stifled voice which seems to come from beyond the tomb and which they take for the moaning of the wind as it whistles at the crossroads of the Butte. It is Werewolf Dutilleul

carrière et le regret des amours trop brèves. Certaines nuits d'hiver, il arrive que le peintre Gen Paul, décrochant sa guitare, s'aventure dans la solitude sonore de la rue Norvins pour consoler d'une chanson le pauvre prisonnier, et les notes, envolées de ses doigts engourdis, pénètrent au coeur de la pierre comme des gouttes de clair de lune.

lamenting the end of his glorious career and his love that was too brief. On certain winter nights, the painter Gen Paul takes down his guitar and wanders along the sonorous solitude of the Rue Norvins, in order to console the poor captive with a song. The notes, flying from his numbed fingers, pierce to the heart of the stone like drops of moonlight.

Albert Camus

(1913–1960)

Camus was born in Algiers, in a working-class family. He studied at the University of Algiers where he fell ill with tuberculosis when he was preparing his *agrégation* exams in philosophy. At the beginning of the war he was a journalist in Paris. He played an important role in the Resistance Movement, and after the Liberation became editor of the newspaper *Combat* where his editorials reached a large public. His two books of that period, a novel, *L'Étranger*, and an essay, *Le Mythe de Sisyphe*, gave him a place of such importance and influence that some believed he was succeeding to the position of Gide as the awakener of consciences. Some of his younger admirers did, in fact, regard Camus as their conscience—an irritable conscience making a valiant effort to understand the age and to prepare a renascence from the ruins.

Camus took as his point of departure a doctrine on the absurd in the world, *l'absurdisme,* and ultimately formulated what may well be a new form of humanism. If he remained pessimistic about human destiny, he demonstrated an optimism in man himself. To his descriptions of human suffering, Camus has added a revindication of a new world based upon purely human values. The hero of Camus has to learn how to live in the present, if he is to be freed from all belief in eternity.

The thought and the art of Albert Camus continued

to grow, but his work published between 1937 and 1957—between the essays *L'Envers et l'Endroit* (1937) and the book of stories *L'Exil et le Royaume* (1957)—represents a unified period of development and the significant example of a writer's vocation today. In 1957 he was awarded the Nobel Prize for Literature, and responded to this honor with the modesty of a man who was still seeking truth and still intent on helping to bring about the advent of justice in the world. The art of Camus was his conscience, the literary transcription of his conscience, and the exemplary attempt to build a new community, a new society for man.

L'Hôte is one of six stories in *L'Exil et le Royaume*. The scene of the story is laid on a high plateau of Algeria. An Arab has killed a man in a family quarrel, and he is brought to the schoolteacher who is to take him to prison in the next town. The story is constructed around a dramatic irony which forms the conclusion.

L'HÔTE

par Albert Camus

L'INSTITUTEUR REGARDAIT les deux hommes monter vers lui. L'un était à cheval, l'autre à pied. Ils n'avaient pas encore entamé le raidillon abrupt qui menait à l'école, bâtie au flanc d'une colline. Ils peinaient, progressant lentement dans la neige, entre les pierres, sur l'immense étendue du haut plateau désert. De temps en temps, le cheval bronchait visiblement. On ne l'entendait pas encore, mais on voyait le jet de vapeur qui sortait alors de ses naseaux. L'un des hommes, au moins, connaissait le pays. Ils suivaient la piste qui avait pourtant disparu depuis plusieurs jours sous une couche blanche et sale. L'instituteur calcula qu'ils ne seraient pas sur la colline avant une demi-heure. Il faisait froid; il rentra dans l'école pour chercher un chandail.

Il traversa la salle de classe, vide et glacée. Sur le tableau noir les quatre fleuves de France, dessinés avec quatre craies de couleurs différentes, coulaient vers leur estuaire depuis trois jours. La neige était tombée brutalement à la mi-octobre, après huit mois de sécheresse, sans que la pluie eût apporté une transition et la vingtaine d'élèves qui habitaient dans les villages disséminés sur le plateau ne venaient plus. Il fallait attendre le beau temps. Daru ne chauffait plus que l'unique pièce qui constituait son logement, attenant à la classe, et ouvrant aussi sur le plateau à l'est. Une fenêtre donnait encore, comme celles de la classe, sur le midi. De

THE GUEST

by Albert Camus

THE SCHOOLTEACHER watched the two men climb toward him. One was on horseback, and the other on foot. They had not yet tackled the steep ascent leading to the school which had been built on the side of a hill. Painfully they made slow progress in the snow, among the stones on the huge expanse of the high barren plateau. From time to time the horse could be seen stumbling. He couldn't yet be heard, but the breath coming out from his nostrils was visible. At least one of the men knew the region. They were following the trail which, however, several days back, had disappeared under a dirty white layer of snow. The schoolteacher figured that it would take them half an hour to reach the top of the hill. It was cold. He went into the school to get a sweater.

He crossed the empty, freezing classroom. On the blackboard the four rivers of France, drawn with four different colored chalks, had been flowing for three days toward their estuaries. Snow had fallen heavily in mid-October, after eight months of drought, without the rain bringing a transition, and the twenty or so pupils who lived in the villages scattered over the plateau had stopped coming. They were waiting for good weather. Daru now heated only the one room which was his lodging, next to the classroom, and opening also onto the plateau to the east. Like the classroom windows, his window also opened to the south. On

ce côté, l'école se trouvait à quelques kilomètres de l'endroit où le plateau commençait à descendre vers le sud. Par temps clair, on pouvait apercevoir les masses violettes du contrefort montagneux où s'ouvrait la porte du désert.

Un peu réchauffé, Daru retourna à la fenêtre d'où il avait, pour la première fois, aperçu les deux hommes. On ne les voyait plus. Ils avaient donc attaqué le raidillon. Le ciel était moins foncé: dans la nuit, la neige avait cessé de tomber. Le matin s'était levé sur une lumière sale qui s'était à peine renforcée à mesure que le plafond de nuages remontait. A deux heures de l'après-midi, on eût dit que la journée commençait seulement. Mais cela valait mieux que ces trois jours où l'épaisse neige tombait au milieu des ténèbres incessantes, avec de petites sautes de vent qui venaient secouer la double porte de la classe. Daru patientait alors de longues heures dans sa chambre dont il ne sortait que pour aller sous l'appentis, soigner les poules et puiser dans la provision de charbon. Heureusement, la camionnette de Tadjid, le village le plus proche au nord, avait apporté le ravitaillement deux jours avant la tourmente. Elle reviendrait dans quarante-huit heures.

Il avait d'ailleurs de quoi soutenir un siège, avec les sacs de blé qui encombraient la petite chambre et que l'administration lui laissait en réserve pour distribuer à ceux de ses élèves dont les familles avaient été victimes de la sécheresse. En réalité, le malheur les avait tous atteints puisque tous étaient pauvres. Chaque jour, Daru distribuait une ration aux petits. Elle leur avait manqué, il le savait bien, pendant ces mauvais jours. Peut-être un des pères ou des grands frères viendrait ce soir et il pourrait les ravitailler en grains. Il fallait faire la soudure avec la prochaine récolte, voilà tout. Des navires de blé arrivaient maintenant de France, le plus dur était passé. Mais il serait difficile d'oublier cette misère, cette armée de fantômes haillonneux errant dans le soleil, les plateaux calcinés mois après mois, la terre recroquevillée peu à peu, littéralement torréfiée, chaque pierre éclatant en poussière sous le pied. Les moutons mouraient alors par milliers et quelques hommes, çà et là, sans qu'on puisse toujours le savoir.

that side, the school was a few kilometers from the place where the plateau began to slope toward the south. In clear weather there could be seen the purple mass of the mountain range where there was an opening to the desert.

A bit warmed, Daru returned to the window from which he had first seen the two men. They were no longer visible. They had therefore tackled the steep path. The sky was less dark. During the night, the snow had stopped falling. The morning had risen with a dirty light which scarcely turned brighter as the ceiling of clouds rose. At two in the afternoon, you would have said that the day was just beginning. But that was better than those three days when the thick snow fell in the midst of constant darkness, with little gusts of wind which rattled the double door of the classroom. Then Daru would spend long hours in his room which he left only to go to the shed to take care of the chickens and get a supply of coal. Fortunately the small truck from Tadjid, the nearest village to the north, had brought supplies two days before the blizzard. It would return in forty-eight hours.

Moreover he had enough to resist a siege, with the bags of wheat which cluttered up the small room and which the administration had left him as reserves to distribute to those of his pupils whose families had been victims of the drought. Actually, disaster had overcome them all since they were all poor. Each day, Daru distributed a ration to the small children. He knew they had missed it during the bad days. Perhaps one of the fathers or one of the big brothers would come this evening and he could supply them with grain. It was simply necessary to tide them over to the next harvest. Shiploads of wheat were now coming from France and the worst was over. But it would be difficult to forget the misery, the army of ragged phantoms wandering in the sunlight, the plateaus burned by the sun month after month, the earth gradually shriveling up, literally scorched, every stone bursting into dust under foot. The sheep died then by the thousands and a few men here and there, without it always being known.

L'HÔTE

Devant cette misère, lui qui vivait presque en moine dans son école perdue, content d'ailleurs du peu qu'il avait, et de cette vie rude, s'était senti un seigneur, avec ses murs crépis, son divan étroit, ses étagères de bois blanc, son puits, et son ravitaillement hebdomadaire en eau et en nourriture. Et, tout d'un coup, cette neige, sans avertissement, sans la détente de la pluie. Le pays était ainsi, cruel à vivre, même sans les hommes, qui, pourtant, n'arrangeaient rien. Mais Daru y était né. Partout ailleurs, il se sentait exilé.

Il sortait et avança sur le terre-plein devant l'école. Les deux hommes étaient maintenant à mi-pente. Il reconnut dans le cavalier, Balducci, le vieux gendarme qu'il connaissait depuis longtemps. Balducci tenait au bout d'une corde un Arabe qui avançait derrière lui, les mains liées, le front baissé. Le gendarme fit un geste de salutation auquel Daru ne répondit pas, tout entier occupé à regarder l'Arabe vêtu d'une djellabah ¹ autrefois bleue, les pieds dans des sandales, mais couverts de chaussettes en grosse laine grège, la tête coiffée d'un chèche ² étroit et court. Ils approchaient. Balducci maintenait sa bête au pas pour ne pas blesser l'Arabe et le groupe avançait lentement.

A portée de voix, Balducci cria: "Une heure pour faire les trois kilomètres d'El Ameur ici!" Daru ne répondit pas. Court et carré dans son chandail épais, il les regardait monter. Pas une seule fois, l'Arabe n'avait levé la tête. "Salut, dit Daru, quand ils débouchèrent sur le terre-plein. Entrez vous réchauffer." Balducci descendit péniblement de sa bête, sans lâcher la corde. Il sourit à l'instituteur sous ses moustaches hérissées. Ses petits yeux sombres, très enfoncés sous le front basané, et sa bouche entourée de rides, lui donnaient un air attentif et appliqué. Daru prit la bride, conduisit la bête vers l'appentis, et revint vers les deux hommes qui l'attendaient maintenant dans l'école. Il les fit pénétrer dans sa chambre. "Je vais chauffer la salle de classe, dit-il. Nous y serons plus à l'aise." Quand il entra de nouveau dans la chambre, Balducci était sur le divan. Il avait dénoué la corde qui le liait à l'Arabe et celui-ci s'était accroupi près du poêle. Les mains toujours liées, le chèche

By comparison with this misery, this man who lived almost like a monk in his remote school, but satisfied with the little he had, and with this simple life, felt like a lord, with his rough-cast walls, his narrow couch, his shelves of white wood, his well, and his weekly provision of water and food. And then suddenly, this snow, without warning, without the relief of rain. This characterized the region, cruel to live in, even without men who themselves did not help matters very much. But Daru had been born there. Everywhere else he felt in exile.

He went out and walked on the terrace in front of the school. The two men were now half-way up the slope. He recognized the horseman as Balducci, the old gendarme he had known for a long time. At the end of a rope Balducci was holding an Arab who walked behind him, his hands tied and his head bowed. The gendarme waved a greeting to which Daru did not answer, since he was lost in looking at the Arab dressed in a faded blue jellaba, his feet in sandals, but covered with socks of heavy raw wool, his head covered with a narrow short *chèche*. They approached. Balducci kept his animal walking in order not to hurt the Arab and the group advanced slowly.

Within hearing, Balducci shouted, "One hour to do the three kilometers from El Ameur to here!" Daru did not reply. Short and square in his thick sweater, he watched them climb. Not once did the Arab raise his head. "Hello," said Daru, when they came up onto the terrace. "Come in and get warm." Painfully Balducci got down from his horse, without letting go of the rope. Under his bristling mustache he smiled at the schoolteacher. His small dark eyes, very deep set under his tanned forehead, and his mouth surrounded with wrinkles made him look attentive and serious. Daru took the bridle, led the animal to the shed, and returned to the two men who were now waiting for him in the school. He had them go into his room. "I am going to heat up the classroom," he said. "We will be more comfortable there." When he came back into the room again, Balducci was on the couch. He had undone the rope which tied him to the Arab and the fellow had

277

maintenant poussé en arrière, il regardait vers la fenêtre. Daru ne vit d'abord que ses énormes lèvres, pleines, lisses, presque négroïdes; le nez cependant était droit, les yeux sombres, pleins de fièvre. Le chèche découvrait un front buté et, sous la peau recuite mais un peu décolorée par le froid, tout le visage avait un air à la fois inquiet et rebelle qui frappa Daru quand l'Arabe, tournant son visage vers lui, le regarda droit dans les yeux. "Passez à côté, dit l'instituteur, je vais vous faire du thé à la menthe.—Merci, dit Balducci. Quelle corvée! Vivement la retraite." Et s'adressant en arabe à son prisonnier: "Viens, toi." L'Arabe se leva et, lentement, tenant ses poignets joints devant lui, passa dans l'école.

Avec le thé, Daru apporta une chaise. Mais Balducci trônait déjà sur la première table d'élève et l'Arabe s'était accroupi contre l'estrade du maître, face au poêle qui se trouvait entre le bureau et la fenêtre. Quand il tendit le verre de thé au prisonnier, Daru hésita devant ses mains liées. "On peut le délier, peut-être.—Sûr, dit Balducci. C'était pour le voyage." Il fit mine de se lever. Mais Daru, posant le verre sur le sol, s'était agenouillé près de l'Arabe. Celui-ci, sans rien dire, le regardait faire de ses yeux fiévreux. Les mains libres, il frotta l'un contre l'autre ses poignets gonflés, prit le verre de thé et aspira le liquide brûlant, à petites gorgées rapides.

"Bon, dit Daru. Et comme ça, où allez-vous?"
Balducci retira sa moustache du thé: "Ici, fils.

— Drôle d'élèves! Vous couchez ici?
— Non. Je vais retourner à El Ameur. Et toi, tu livreras le camarade à Tinguit. On l'attend à la commune mixte." [3]

Balducci regardait Daru avec un petit sourire d'amitié.
"Qu'est-ce que tu racontes, dit l'instituteur. Tu te fous de moi?
— Non, fils. Ce sont les ordres.

squatted near the stove. His hands still bound, the *chèche* now pushed back, he was looking in the direction of the window. Daru at first saw only his huge lips, fat, smooth, and almost negroid. Yet his nose was straight, his eyes dark and feverish. The *chèche* revealed a stubborn brow and, under the skin tanned but somewhat discolored by the cold, the entire face had both a worried and rebellious expression which struck Daru when the Arab, turning his face toward him, looked him straight in the eyes. "Go into the next room," said the schoolteacher, "and I'll make you some mint tea." "Thanks," said Balducci. "What a job! I hope I can retire soon." And speaking to his prisoner in Arabic: "Come." The Arab got up and, holding his bound wrists in front of him, slowly went into the schoolroom.

With the tea, Daru brought a chair. But Balducci was already enthroned on the first pupil's desk, and the Arab had squatted against the teacher's platform, facing the stove which was between the desk and the window. When he held out the glass of tea to the prisoner, Daru hesitated when he saw his bound hands. "We can perhaps untie him." "Of course," said Balducci. "It was for the trip." He started to get up. But Daru, placing the glass on the floor, had knelt close to the Arab. The fellow, without saying anything, watched him with his feverish eyes. When his hands were free, he rubbed one swollen wrist against the other, took the glass of tea and drank the burning liquid in small fast sips.

"Good," said Daru. "And where are you going now?"

Balducci withdrew his mustache from the tea. "Here, son."

"Queer pupils! Are you spending the night here?"

"No. I am going back to El Ameur. And you will hand over this fellow at Tinguit. They're expecting him at the mixed commune."

Balducci looked at Daru with a friendly smile.

"What sort of a story is this?" said the teacher. "Are you pulling a joke?"

"No, son. These are the orders."

—Les ordres? Je ne suis pas . . ." Daru hésita; il ne voulait pas peiner le vieux Corse. "Enfin, ce n'est pas mon métier.

— Eh! Qu'est-ce que ça veut dire? A la guerre, on fait tous les métiers.

— Alors, j'attendrai la déclaration de guerre!"

Balducci approuva de la tête.

"Bon. Mais les ordres sont là et ils te concernent aussi. Ça bouge, paraît-il. On parle de révolte prochaine. Nous sommes mobilisés, dans un sens."

Daru gardait son air buté.

"Écoute, fils, dit Balducci. Je t'aime bien, il faut comprendre. Nous sommes une douzaine à El Ameur pour patrouiller dans le territoire d'un petit département[4] et je dois rentrer. On m'a dit de te confier ce zèbre et de rentrer sans tarder. On ne pouvait pas le garder là-bas. Son village s'agitait, ils voulaient le reprendre. Tu dois le mener à Tinguit dans la journée de demain. Ce n'est pas une vingtaine de kilomètres qui font peur à un costaud comme toi. Après, ce sera fini. Tu retrouveras tes élèves et la bonne vie."

Derrière le mur, on entendit le cheval s'ébrouer et frapper du sabot. Daru regardait par la fenêtre. Le temps se levait décidément, la lumière s'élargissait sur le plateau neigeux. Quand toute la neige serait fondue, le soleil régnerait de nouveau et brûlerait une fois de plus les champs de pierre. Pendant des jours, encore, le ciel inaltérable déverserait sa lumière sèche sur l'étendue solitaire où rien ne rappelait l'homme.

"Enfin, dit-il en se retournant vers Balducci, qu'est-ce qu'il a fait?" Et il demanda, avant que le gendarme ait ouvert la bouche: "Il parle français?"

— Non, pas un mot. On le recherchait depuis un mois, mais ils le cachaient. Il a tué son cousin.

— Il est contre nous?

— Je ne crois pas. Mais on ne peut jamais savoir.

— Pourquoi a-t-il tué?

— Des affaires de famille, je crois. L'un devait du grain

"The orders? I'm not a . . ." Daru hesitated. He didn't want to hurt the old Corsican. "Well, it's not my work."

"What? What you do mean by that? In war, you do every kind of job."

"Then, I'll wait for the declaration of war!"

Balducci nodded in approval.

"All right. But these are the orders and they concern you too. Things are starting up, they say. They speak of a revolt about to begin. In a certain sense, we're mobilized."

Daru kept his stubborn expression.

"Listen, son," Balducci said. "I like you and you've got to understand. There are a dozen of us at El Ameur to patrol the territory of a small department and I have to get back. They told me to hand this character over to you and to get back right away. He couldn't be kept guarded there. There was agitation in his village. They wanted to take him back. You are to take him to Tinguit tomorrow during the day time. Twenty kilometers won't upset a strong man like you. After that, it will be over. You will come back to your pupils and the good life."

Behind the wall, they heard the horse snorting and pawing the ground. Daru looked out the window. The weather was certainly clearing and the light was spreading out over the snowy plateau. When all the snow was melted, the sun would dominate again and would burn the fields of stone once more. For days ahead the unchanging sky would pour down its dry light over the solitary expanse where there was no trace of man.

"But tell me," he said as he turned to Balducci, "what did he do?" And before the gendarme opened his mouth, he asked, "Does he speak French?"

"No, not a word. We had been looking for him for a month, but they were hiding him. He killed his cousin."

"Is he against us?"

"I don't think so. But you can never know."

"Why did he kill?"

"A family fight, I think. It seems that one owed grain

à l'autre, paraît-il. Ça n'est pas clair. Enfin, bref, il a tué le cousin d'un coup de serpe. Tu sais, comme au mouton, zic!..."

Balducci fit le geste de passer une lame sur sa gorge et l'Arabe, son attention attirée, le regardait avec une sorte d'inquiétude. Une colère subite vint à Daru contre cet homme, contre tous les hommes et leur sale méchanceté, leurs haines inlassables, leur folie du sang.

Mais la bouilloire chantait sur le poêle. Il resservit du thé à Balducci, hésita, puis servit à nouveau l'Arabe qui, une seconde fois, but avec avidité. Ses bras soulevés entrebâillaient maintenant la djellabah et l'instituteur aperçut sa poitrine maigre et musclée.

"Merci, petit, dit Balducci. Et maintenant, je file."

Il se leva et se dirigea vers l'Arabe, en tirant une cordelette de sa poche.

"Qu'est-ce que tu fais?" demanda sèchement Daru.

Balducci, interdit, lui montra la corde.

"Ce n'est pas la peine."

Le vieux gendarme hésita:

"Comme tu voudras. Naturellement, tu es armé?

— J'ai mon fusil de chasse.

— Où?

— Dans la malle.

— Tu devrais l'avoir près de ton lit.

— Pourquoi? Je n'ai rien à craindre.

— Tu es sonné, fils. S'ils se soulèvent, personne n'est à l'abri, nous sommes tous dans le même sac.

— Je me défendrai. J'ai le temps de les voir arriver."

Balducci se mit à rire, puis la moustache vint soudain recouvrir les dents encore blanches.

"Tu as le temps? Bon. C'est ce que je disais. Tu as toujours été un peu fêlé. C'est pour ça que je t'aime bien, mon fils était comme ça."

Il tirait en même temps son revolver et le posait sur le bureau.

"Garde-le, je n'ai pas besoin de deux armes d'ici El Ameur."

Le revolver brillait sur la peinture noire de la table.

to another. It isn't clear. To put it briefly, he killed the cousin with a billhook. You know, like a sheep, *zic!* . . ."

Balducci made the gesture of drawing a blade across his throat and the Arab, his attention attracted, looked at him anxiously. Suddenly Daru felt angry at this man, at all men with their filthy wickedness, their endless hate, their lust for blood.

But the kettle sang on the stove. He served Balducci more tea, hesitated and then served the Arab again who, for a second time, drank avidly. His raised arm now half opened his jellaba and the teacher saw his thin muscular chest.

"Thanks, my friend," said Balducci. "And now, I'm off."

He got up and as he went toward the Arab, he took a small rope out of his pocket.

"What are you doing?" Daru asked dryly.

Balducci, surprised, showed him the rope.

"Don't bother with it."

The old gendarme hesitated.

"As you wish. Naturally, you are armed, I suppose."

"I have my shotgun."

"Where?"

"In the trunk."

"You ought to keep it close to your bed."

"Why? I've nothing to fear."

"You're crazy, son. If there is a revolt, no one is safe. We are all in the same boat."

"I'll defend myself. I have time to see them coming."

Balducci began to laugh. Then his mustache suddenly covered his white teeth.

"You have the time? Fine. That's what I said. You have always been a little cracked. That's why I like you. My son was like that."

At the same time he pulled out his revolver and placed it on the desk.

"Keep it. I don't need two weapons between here and El Ameur."

The revolver shone against the black paint of the table.

L'HÔTE

Quand le gendarme se retourna vers lui, l'instituteur sentit son odeur de cuir et de cheval.

"Écoute, Balducci, dit Daru soudainement, tout ça me dégoûte, et ton gars le premier. Mais je ne le livrerai pas. Me battre, oui, s'il le faut. Mais pas ça."

Le vieux gendarme se tenait devant lui et le regardait avec sévérité.

"Tu fais des bêtises, dit-il lentement. Moi non plus, je n'aime pas ça. Mettre une corde à un homme, malgré les années, on ne s'y habitue pas et même, oui, on a honte. Mais on ne peut pas les laisser faire.

— Je ne le livrerai pas, répéta Daru.

— C'est un ordre, fils. Je te le répète.

— C'est ça. Répète-leur ce que je t'ai dit: je ne le livrerai pas."

Balducci faisait un visible effort de réflexion. Il regardait l'Arabe et Daru. Il se décida enfin.

"Non. Je ne leur dirai rien. Si tu veux nous lâcher, à ton aise, je ne te dénoncerai pas. J'ai l'ordre de livrer le prisonnier; je le fais. Tu vas maintenant me signer le papier.

— C'est inutile. Je ne nierai pas que tu me l'as laissé.

— Ne sois pas méchant avec moi. Je sais que tu diras la vérité. Tu es d'ici, tu es un homme. Mais tu dois signer, c'est la règle."

Daru ouvrit son tiroir, tira une petite bouteille carrée d'encre violette, le porte-plume de bois rouge avec la plume sergent-major qui lui servait à tracer les modèles d'écriture et il signa. Le gendarme plia soigneusement le papier et le mit dans son portefeuille. Puis il se dirigea vers la porte.

"Je vais t'accompagner, dit Daru.

— Non, dit Balducci. Ce n'est pas la peine d'être poli. Tu m'as fait un affront."

Il regarda l'Arabe, immobile, à la même place, renifla d'un air chagrin et se détourna vers la porte: "Adieu, fils," dit-il. La porte battit derrière lui. Balducci surgit devant la fenêtre puis disparut. Ses pas étaient étouffés par la neige. Le cheval s'agita derrière la cloison, des poules s'effarèrent.

When the gendarme turned toward him, the schoolteacher caught the smell of leather and horses.

"Listen, Balducci," said Daru suddenly. "All this disgusts me and first of all this fellow of yours. But I will not hand him over. I'll fight, yes, if necessary. But not that."

The old gendarme stood in front of him and looked at him severely.

"You're a fool," he said slowly. "I don't like it either. I don't get used to putting a rope on a man, after years of doing it, and I'm even, yes, ashamed. But you can't let them do as they want."

"I will not hand him over," repeated Daru.

"It's an order, son. I repeat it."

"All right. Repeat to them what I told you: I will not hand him over."

Visibly Balducci made an attempt to reflect. He looked at the Arab and Daru. He finally made up his mind.

"No. I'll tell them nothing. If you want to drop us, do so, I will not denounce you. I have the order to hand over the prisoner and I'm doing it. Now you are going to sign this paper for me."

"There's no point in that. I'll not deny that you left him with me."

"Don't be mean with me. I know you will tell the truth. You come from these parts and you're a man. But you have to sign. That's the rule."

Daru opened his drawer, took out a small square bottle of purple ink, the red wooden penholder with the "sergeant-major" pen he used to make models of penmanship, and signed. The gendarme carefully folded the paper and put it in his billfold. Then he moved toward the door.

"Let me go with you," said Daru.

"No," said Balducci. "There is no point in being polite. You have insulted me."

He looked at the Arab, motionless, in the same place, sniffed sorrowfully and turned away toward the door. "Goodbye, son," he said. The door shut behind him. Balducci loomed up at the window and then disappeared. His footsteps were muffled by the snow. The horse stirred

Un moment après, Balducci repassa devant la fenêtre tirant le cheval par la bride. Il avançait vers le raidillon sans se retourner, disparut le premier et le cheval le suivit. On entendit une grosse pierre rouler mollement. Daru revint vers le prisonnier qui n'avait pas bougé, mais ne le quittait pas des yeux. "Attends," dit l'instituteur en arabe, et il se dirigea vers la chambre. Au moment de passer le seuil, il se ravisa, alla au bureau, prit le revolver et le fourra dans sa poche. Puis, sans se retourner, il entra dans sa chambre.

Longtemps, il resta étendu sur son divan à regarder le ciel se fermer peu à peu, à écouter le silence. C'était ce silence qui lui avait paru pénible les premiers jours de son arrivée, après la guerre. Il avait demandé un poste dans la petite ville au pied des contreforts qui séparent du désert les hauts plateaux. Là, des murailles rocheuses, vertes et noires au nord, roses ou mauves au sud, marquaient la frontière de l'éternel été. On l'avait nommé à un poste plus au nord, sur le plateau même. Au début, la solitude et le silence lui avaient été durs sur ces terres ingrates, habitées seulement par des pierres. Parfois, des sillons faisaient croire à des cultures, mais ils avaient été creusés pour mettre au jour une certaine pierre, propice à la construction. On ne labourait ici que pour récolter des cailloux. D'autres fois, on grattait quelques copeaux de terre, accumulée dans des creux, dont on engraisserait les maigres jardins des villages. C'était ainsi, le caillou seul couvrait les trois quarts de ce pays. Les villes y naissaient, brillaient, puis disparaissaient; les hommes y passaient, s'aimaient ou se mordaient à la gorge, puis mouraient. Dans ce désert, personne, ni lui ni son hôte n'étaient rien. Et pourtant, hors de ce désert, ni l'un ni l'autre, Daru le savait, n'auraient pu vivre vraiment.

Quand il se leva, aucun bruit ne venait de la salle de classe. Il s'étonna de cette joie franche qui lui venait à la seule pensée que l'Arabe avait pu fuir et qu'il allait se retrouver seul sans avoir rien à décider. Mais le prisonnier

behind the wall and some chickens fluttered about. A moment later, Balducci passed again in front of the window pulling his horse by the bridle. He continued toward the steep path without turning around, and disappeared first, with his horse following him. A big stone could be heard gently rolling down. Daru came back toward the prisoner who had not stirred but had not taken his eyes off him. "Wait," the schoolteacher said in Arabic, and he went toward the bedroom. On crossing the threshold, he changed his mind, went to the desk, took the revolver and stuffed it into his pocket. Then, without turning, he went into his room.

For a long time he lay stretched out on his couch watching the sky gradually close in and listening to the silence. This was the silence that had seemed painful to him on his first days here, after the war. He had asked for a position in the small town at the bottom of the foothills which separate the high plateaus from the desert. There, rocky walls, green and black to the north, pink and purple to the south, marked the frontier of eternal summer. He had been appointed for a position farther north, on the plateau itself. At first, the solitude and the silence had been hard for him on that barren land inhabited only by stones. In places, furrows suggested cultivation, but they had been dug up in order to uncover a certain kind of stone suitable for construction. People ploughed here only in order to harvest rocks. In other places, they scraped off a thin layer of soil, which had accumulated in the hollows, with which they would fertilize the meager village gardens. Thus it was: rock alone covered three quarters of this region. Towns grew up, flourished and disappeared. Men came, loved one another or fought brutally with one another and died. No one counted in this desert, neither he nor his guest. And yet Daru knew that outside of this desert, neither one of them could have really lived.

When he got up, no noise came from the classroom. He was surprised at the candid joy he felt at the thought that the Arab might have escaped and that he would be alone with no decision to make. But the prisoner was there. He

était là. Il s'était seulement couché de tout son long entre
le poêle et le bureau. Les yeux ouverts, il regardait le
plafond. Dans cette position, on voyait surtout ses lèvres
épaisses qui lui donnaient un air boudeur. "Viens," dit
Daru. L'Arabe se leva et le suivit. Dans la chambre, l'instituteur lui montra une chaise près de la table, sous la fenêtre.
L'Arabe prit place sans cesser de regarder Daru.

"Tu as faim?
— Oui," dit le prisonnier.
Daru installa deux couverts. Il prit de la farine et de
l'huile, pétrit dans un plat une galette et alluma le petit
fourneau à butagaz. Pendant que la galette cuisait, il sortit
pour ramener de l'appentis du fromage, des oeufs, des
dattes et du lait condensé. Quand la galette fut cuite, il la
mit à refroidir sur le rebord de la fenêtre, fit chauffer du
lait condensé étendu d'eau et, pour finir, battit les oeufs
en omelette. Dans un de ses mouvements, il heurta le revolver enfoncé dans sa poche droite. Il posa le bol, passa
dans la salle de classe et mit le revolver dans le tiroir de son
bureau. Quand il revint dans la chambre, la nuit tombait. Il
donna de la lumière et servit l'Arabe: "Mange," dit-il.
L'autre prit un morceau de galette, le porta vivement à sa
bouche et s'arrêta.

"Et toi? dit-il.
— Après toi. Je mangerai aussi."
Les grosses lèvres s'ouvrirent un peu, l'Arabe hésita, puis
il mordit résolument dans la galette.
Le repas fini, l'Arabe regardait l'instituteur.

"C'est toi le juge?
— Non, je te garde jusqu'à demain.
— Pourquoi tu manges avec moi?
— J'ai faim."
L'autre se tut. Daru se leva et sortit. Il ramena un lit de
camp de l'appentis, l'étendit entre la table et le poêle,
perpendiculairement à son propre lit. D'une grande valise
qui, debout dans un coin, servait d'étagère à dossiers, il
tira deux couvertures qu'il disposa sur le lit de camp. Puis

had simply stretched out full length between the stove and the desk. His eyes were open and he was looking at the ceiling. In this position his thick lips could be easily seen and they made him seem pouting. "Come," said Daru. The Arab got up and followed him. In the bedroom, the schoolteacher pointed to a chair near the table, under the window. The Arab sat down without taking his eyes off Daru.

"Are you hungry?"

"Yes," said the prisoner.

Daru set two places. He took flour and oil, kneaded a cake in a plate and lighted the small stove which used bottled gas. While the cake cooked, he went out to the shed to get cheese, eggs, dates and condensed milk. When the cake was cooked, he placed it on the window sill to cool, heated some condensed milk diluted with water, and then beat up the eggs in an omelette. In one of his movements he knocked the revolver which was stuck in his right pocket. He put down the bowl, went into the classroom and placed the revolver in his desk drawer. When he came back into the room, night was falling. He put on the light and served the Arab. "Eat," he said. The fellow took a piece of cake, eagerly raised it to his mouth and stopped.

"And you?" he said.

"After you. I will eat too."

The thick lips opened slightly. The Arab hesitated and then deliberately bit into the cake.

When the meal was over, the Arab looked at the schoolteacher.

"Are you the judge?"

"No, I am keeping you until tomorrow."

"Why are you eating with me?"

"I am hungry."

The fellow was silent. Daru got up and went out. From the shed he brought back a folding cot, set it up between the table and the stove, perpendicular to his own bed. From a large suitcase which, upright in a corner, served as a shelf for folders, he pulled out two blankets which he

il s'arrêta, se sentit oisif, s'assit sur son lit. Il n'y avait plus rien à faire ni à préparer. Il fallait regarder cet homme. Il le regardait donc, essayant d'imaginer ce visage emporté de fureur. Il n'y parvenait pas. Il voyait seulement le regard à la fois sombre et brillant, et la bouche animale.

"Pourquoi tu l'as tué?" dit-il d'une voix dont l'hostilité le surprit.

L'Arabe détourna son regard.

"Il s'est sauvé. J'ai couru derrière lui."

Il releva les yeux sur Daru et ils étaient pleins d'une sorte d'interrogation malheureuse.

"Maintenant, qu'est-ce qu'on va me faire?

— Tu as peur?"

L'autre se raidit, en détournant les yeux.

"Tu regrettes?"

L'Arabe le regarda, bouche ouverte. Visiblement, il ne comprenait pas. L'irritation gagnait Daru. En même temps, il se sentait gauche et emprunté dans son gros corps, coincé entre les deux lits.

"Couche-toi là, dit-il avec impatience. C'est ton lit."

L'Arabe ne bougeait pas. Il appela Daru:
"Dis!"

L'instituteur le regarda.

"Le gendarme revient demain?

— Je ne sais pas.

— Tu viens avec nous?

— Je ne sais pas. Pourquoi?"

Le prisonnier se leva et s'étendit à même les couvertures, les pieds vers la fenêtre. La lumière de l'ampoule électrique lui tombait droit dans les yeux qu'il ferma aussitôt.

"Pourquoi?" répéta Daru, planté devant le lit.

L'Arabe ouvrit les yeux sous la lumière aveuglante et le regarda en s'efforçant de ne pas battre les paupières.

"Viens avec nous," dit-il.

Au milieu de la nuit, Daru ne dormait toujours pas. Il

placed on the camp bed. Then he stopped, felt useless and sat down on his bed. There was nothing more to do or prepare. He had to look at this man. So he looked at him, trying to imagine his face covered with rage. He was unable to. He saw only the dark but shining countenance and the sensual mouth.

"Why did you kill him?" he said in a voice whose hostility surprised him.

The Arab looked away.

"He ran away. I ran after him."

He raised his eyes again to Daru and they were full of wretched questioning.

"Now, what are they going to do to me?"

"Are you afraid?"

The fellow stiffened and looked away.

"Are you sorry?"

The Arab looked at him open-mouthed. Obviously he did not understand. Daru was growing irritated. At the same time he felt awkward and self-conscious with his large body wedged between the two beds.

"Lie down there," he said impatiently. "That's your bed."

The Arab did not move. He called out to Daru:

"Listen!"

The teacher looked at him.

"Is the gendarme coming back tomorrow?"

"I don't know."

"Are you coming with us?"

"I don't know. Why?"

The prisoner got up and lay down on top of the blankets, his feet toward the window. The light from the electric bulb shone straight into his eyes and he closed them immediately.

"Why?" repeated Daru, standing in front of the bed.

The Arab opened his eyes under the blinding light and looked at him, trying not to blink.

"Come with us," he said.

In the middle of the night, Daru was still not asleep.

s'était mis au lit après s'être complètement déshabillé : il couchait nu habituellement. Mais quand il se trouva sans vêtements dans la chambre, il hésita. Il se sentait vulnérable, la tentation lui vint de se rhabiller. Puis il haussa les épaules ; il en avait vu d'autres et, s'il le fallait, il casserait en deux son adversaire. De son lit, il pouvait l'observer, étendu sur le dos, toujours immobile et les yeux fermés sous la lumière violente. Quand Daru éteignit, les ténèbres semblèrent se congeler d'un coup. Peu à peu, la nuit redevint vivante dans la fenêtre où le ciel sans étoiles remuait doucement. L'instituteur distingua bientôt le corps étendu devant lui. L'Arabe ne bougeait toujours pas, mais ses yeux semblaient ouverts. Un léger vent rôdait autour de l'école. Il chasserait peut-être les nuages et le soleil reviendrait.

Dans la nuit, le vent grandit. Les poules s'agitèrent un peu, puis se turent. L'Arabe se retourna sur le côté, présentant le dos à Daru et celui-ci crut l'entendre gémir. Il guetta ensuite sa respiration, devenue plus forte et plus régulière. Il écoutait ce souffle si proche et rêvait sans pouvoir s'endormir. Dans la chambre où, depuis un an, il dormait seul, cette présence le gênait. Mais elle le gênait aussi parce qu'elle lui imposait une sorte de fraternité qu'il refusait dans les circonstances présentes et qu'il connaissait bien : les hommes, qui partagent les mêmes chambres, soldats ou prisonniers, contractent un lien étrange comme si, leurs armures quittées avec les vêtements, ils se rejoignaient chaque soir, par-dessus leurs différences, dans la vieille communauté du songe et de la fatigue. Mais Daru se secouait, il n'aimait pas ces bêtises, il fallait dormir.

Un peu plus tard pourtant, quand l'Arabe bougea imperceptiblement, l'instituteur ne dormait toujours pas. Au deuxième mouvement du prisonnier, il se raidit, en alerte. L'Arabe se soulevait lentement sur les bras, d'un mouvement presque somnambulique. Assis sur le lit, il attendit, immobile, sans tourner la tête vers Daru, comme s'il écoutait de toute son attention. Daru ne bougea pas : il venait de penser que le revolver était resté dans le tiroir de son bureau.

He had gotten into bed after taking off all his clothes. He usually slept naked. But when he realized he was in the bedroom without clothes, he hesitated. He felt vulnerable and was tempted to dress again. Then he shrugged his shoulders. He had been through worse things, and if he had to, he would break his adversary in two. From his bed, he could see him, lying on his back, still immobile and his eyes closed under the strong light. When Daru put out the light, the darkness suddenly seemed to coagulate. Gradually the night became alive again in the window where the starless sky gently moved. The teacher soon discerned the stretched-out body in front of him. The Arab still did not move, but his eyes seemed open. A light wind prowled around the school. It would perhaps dispel the clouds and the sun would come back.

During the night the wind grew stronger. The chickens fluttered a bit and then were quiet. The Arab turned on his side, with his back to Daru who thought he heard him moan. Then he listened for the man's breathing which had become heavier and more regular. He listened to that breath close to him and dreamed without being able to fall asleep. In the room where for a year he had been sleeping alone, this presence disturbed him. But it disturbed him also because it imposed on him a kind of brotherhood which he refused under the present circumstances and which he knew very well. Men who share the same room, soldiers or prisoners, form a strange bond as if, when their armor is removed with their clothes, they came together each evening, despite their differences, in the ancient community of dreams and fatigue. But Daru shook himself. He did not like such foolishness. He needed sleep.

A little later, however, when the Arab stirred slightly, the teacher was still not sleeping. At the second move of the prisoner, he stiffened, on the alert. The Arab slowly raised himself on his arms, with almost the motion of a somnambulist. Seated on the bed, he waited motionless, without turning his head toward Daru, as if he was listening very attentively. Daru did not move. He had just remembered that the revolver was still in his desk drawer.

Il valait mieux agir tout de suite. Il continua cependant d'observer le prisonnier qui, du même mouvement huilé, posait ses pieds sur le sol, attendait encore, puis commençait à se dresser lentement. Daru allait l'interpeller quand l'Arabe se mit en marche, d'une allure naturelle cette fois, mais extraordinairement silencieuse. Il allait vers la porte du fond qui donnait sur l'appentis. Il fit jouer le loquet avec précaution et sortit en repoussant la porte derrière lui, sans la refermer. Daru n'avait pas bougé: "Il fuit, pensait-il seulement. Bon débarras!" Il tendit pourtant l'oreille. Les poules ne bougeaient pas: l'autre était donc sur le plateau. Un faible bruit d'eau lui parvint alors dont il ne comprit ce qu'il était qu'au moment où l'Arabe s'encastra de nouveau dans la porte, la referma avec soin, et vint se recoucher sans un bruit. Alors Daru lui tourna le dos et s'endormit. Plus tard encore, il lui sembla entendre, du fond de son sommeil, des pas furtifs autour de l'école. "Je rêve, je rêve!" se répétait-il. Et il dormait.

Quand il se réveilla, le ciel était découvert; par la fenêtre mal jointe entrait un air froid et pur. L'Arabe dormait, recroquevillé maintenant sous les couvertures, la bouche ouverte, totalement abandonné. Mais quand Daru le secoua, il eut un sursaut terrible, regardant Daru sans le reconnaître avec des yeux fous et une expression si apeurée que l'instituteur fit un pas en arrière. "N'aie pas peur. C'est moi. Il faut manger." L'Arabe secoua la tête et dit oui. Le calme était revenu sur son visage, mais son expression restait absente et distraite.

Le café était prêt. Ils le burent, assis tous deux sur le lit de camp, en mordant leurs morceaux de galette. Puis Daru mena l'Arabe sous l'appentis et lui montra le robinet où il faisait sa toilette. Il rentra dans la chambre, plia les couvertures et le lit de camp, fit son propre lit et mit la pièce en ordre. Il sortit alors sur le terre-plein en passant par l'école. Le soleil montait déjà dans le ciel bleu; une lumière tendre et vive inondait le plateau désert. Sur le raidillon, la neige fondait par endroits. Les pierres allaient apparaître de nouveau. Accroupi au bord du plateau, l'instituteur con-

It was better to act at once. Yet he continued to watch the prisoner who, with the same gliding motion, put his feet on the floor, waited some more, and then began slowly to stand up. Daru was going to call to him when the Arab began to walk, in a natural way this time, but extraordinarily silent. He went toward the back door which opened on to the shed. He lifted the latch cautiously and went out pushing the door behind him and not shutting it. Daru had not moved. "He's escaping," was his only thought. "Good riddance!" Yet he listened intently. The chickens did not stir. Therefore the fellow was on the plateau. A faint noise of water reached him then which he did not understand until the moment when the Arab stood again framed in the doorway, closed it carefully and came to lie down again without a sound. Then Daru turned his back to him and fell asleep. Still later, it seemed to him he heard, from the depths of his sleep, furtive steps around the schoolhouse. "I'm dreaming! I'm dreaming!" he repeated to himself. And he continued sleeping.

When he awoke, the sky was clear. A cold pure air came in because of the loose window. The Arab slept, curled up now under the blankets, his mouth open and completely relaxed. But when Daru shook him, he started up terrified looking at Daru without recognizing him and with a mad look in his eyes and such a frightened expression that the teacher took one step back. "Don't be afraid. It's me. You must eat." The Arab shook his head and said yes. Peacefulness had come back into his face, but his expression remained empty and abstracted.

The coffee was ready. They drank it. Both were seated on the camp bed as they bit into their pieces of cake. Then Daru led the Arab under the shed and showed him the faucet where he washed. He went back into the room, folded the blankets and the camp bed, made his own bed and put the room in order. Then, passing through the school he went out on to the terrace. The sun was already rising in the blue sky. A delicate shining light bathed the barren plateau. On the steep path, the snow was melting in spots. The stones were soon going to reappear. Crouched

templait l'étendue déserte. Il pensait à Balducci. Il lui
avait fait de la peine, il l'avait renvoyé, d'une certaine
manière, comme s'il ne voulait pas être dans le même sac.[5]
Il entendait encore l'adieu du gendarme et, sans savoir
pourquoi, il se sentait étrangement vide et vulnérable. A ce
moment, de l'autre côté de l'école, le prisonnier toussa.
Daru l'écouta, presque malgré lui, puis, furieux, jeta un
caillou qui siffla dans l'air avant de s'enfoncer dans la neige.
Le crime imbécile de cet homme le révoltait, mais le livrer
était contraire à l'honneur: d'y penser seulement le rendait
fou d'humiliation. Et il maudissait à la fois les siens qui lui
envoyaient cet Arabe et celui-ci qui avait osé tuer et n'avait
pas su s'enfuir. Daru se leva, tourna en rond sur le terre-
plein, attendit, immobile, puis entra dans l'école.

L'Arabe, penché sur le sol cimenté de l'appentis, se lavait
les dents avec deux doigts. Daru le regarda, puis: "Viens,"
dit-il. Il rentra dans la chambre, devant le prisonnier. Il
enfila une veste de chasse sur son chandail et chaussa des
souliers de marche. Il attendit debout que l'Arabe eût remis
son chèche et ses sandales. Ils passèrent dans l'école et l'instituteur montra la sortie à son compagnon. "Va," dit-il.
L'autre ne bougea pas. "Je viens," dit Daru. L'Arabe sortit.
Daru rentra dans la chambre et fit un paquet avec des
biscottes, des dattes et du sucre. Dans la salle de classe, avant
de sortir, il hésita une seconde devant son bureau, puis il
franchit le seuil de l'école et boucla la porte. "C'est par là,"
dit-il. Il prit la direction de l'est, suivi par le prisonnier.
Mais, à une faible distance de l'école, il lui sembla entendre
un léger bruit derrière lui. Il revint sur ses pas, inspecta les
alentours de la maison: il n'y avait personne. L'Arabe le
regardait faire, sans paraître comprendre. "Allons," dit
Daru.

Ils marchèrent une heure et se reposèrent auprès d'une
sorte d'aiguille calcaire. La neige fondait de plus en plus
vite, le soleil pompait aussitôt les flaques, nettoyait à toute

on the edge of the plateau, the teacher contemplated the barren expanse. He thought of Balducci. He had hurt him. He had sent him off in such a way as to imply he didn't want to be associated with him. He could still hear the gendarme saying goodbye, and, without knowing why, he felt strangely empty and vulnerable. At that instant, on the other side of the school, the prisoner coughed. Daru listened to him, almost against his will, and then, in a rage, threw a stone which whistled through the air before sinking into the snow. This man's stupid crime disgusted him, but to hand him over was contrary to honor. Just thinking of this made him sick with humiliation. And he cursed simultaneously his own people who sent him the Arab and the Arab himself who had dared kill a man and who had not been able to escape. Daru got up, walked in a circle on the terrace, waited motionless, and then went into the school.

The Arab, leaning over the cement floor of the shed, was washing his teeth with two fingers. Daru looked at him and then said, "Come." He went back into the room, ahead of the prisoner. He slipped on a hunting jacket over his sweater and put on walking shoes. He stood and waited until the Arab had put on his *chèche* and his sandals. They went into the schoolroom and the teacher pointed to the door and said to his companion, "Go." The fellow did not move. "I am coming," said Daru. The Arab went outside. Daru went back into the bedroom and made a package of rusk, dates and sugar. In the classroom, before going out, he hesitated a second in front of his desk, then crossed the threshold of the school and locked the door. "This is the way," he said. He took the direction eastward, followed by the prisoner. But, at a short distance from the school, he thought he heard a slight noise behind him. He retraced his steps and inspected the surroundings of the house. No one was there. The Arab watched him without seeming to understand. "Let's go," said Daru.

They walked for an hour and rested near a needle-shaped piece of limestone. The snow was melting faster all the time. The sun immediately dried up the puddles,

allure le plateau qui, peu à peu, devenait sec et vibrait comme l'air lui-même. Quand ils reprirent la route, le sol résonnait sous leurs pas. De loin en loin, un oiseau fendait l'espace devant eux avec un cri joyeux. Daru buvait, à profondes aspirations, la lumière fraîche. Une sorte d'exaltation naissait en lui devant le grand espace familier, presque entièrement jaune maintenant, sous sa calotte de ciel bleu. Ils marchèrent encore une heure, en descendant vers le sud. Ils arrivèrent à une sorte d'éminence aplatie, faite de rochers friables. A partir de là, le plateau dévalait, à l'est, vers une plaine basse où l'on pouvait distinguer quelques arbres maigres et, au sud, vers des amas rocheux qui donnaient au paysage un aspect tourmenté.

Daru inspecta les deux directions. Il n'y avait que le ciel à l'horizon, pas un homme ne se montrait. Il se tourna vers l'Arabe, qui le regardait sans comprendre. Daru lui tendit un paquet: "Prends, dit-il. Ce sont des dattes, du pain, du sucre. Tu peux tenir deux jours. Voilà mille francs aussi." L'Arabe prit le paquet et l'argent, mais il gardait ses mains pleines à hauteur de la poitrine, comme s'il ne savait que faire de ce qu'on lui donnait. "Regarde maintenant, dit l'instituteur, et il lui montrait la direction de l'est, voilà la route de Tinguit. Tu as deux heures de marche. A Tinguit, il y a l'administration et la police. Ils t'attendent." L'Arabe regardait vers l'est, retenant toujours le paquet et l'argent. Daru lui prit le bras et lui fit faire, sans douceur, un quart de tour vers le sud. Au pied de la hauteur où ils se trouvaient, on devinait un chemin à peine dessiné. "Ça, c'est la piste qui traverse le plateau. A un jour de marche d'ici, tu trouveras les pâturages et les premiers nomades. Ils t'accueilleront et t'abriteront, selon leur loi." L'Arabe s'était retourné maintenant vers Daru et une sorte de panique se levait sur son visage: "Écoute," dit-il. Daru secoua la tête: "Non, tais-toi. Maintenant, je te laisse." Il lui tourna le dos, fit deux grands pas dans la direction de l'école, regarda d'un air indécis l'Arabe immobile et repartit. Pendant quelques minutes, il n'entendit plus que son propre pas, sonore sur la terre froide, et il ne détourna pas la tête. Au bout d'un moment, pourtant, il se retourna. L'Arabe était

swiftly cleaned the plateau which gradually dried and vibrated like the air itself. When they resumed walking, the earth resounded under their feet. From time to time, a bird cut through the space in front of them with a joyous cry. With deep breaths Daru drank in the cool light. A kind of exaltation rose in him as he faced the vast familiar space, now almost completely yellow, under its canopy of blue sky. They walked one more hour, descending toward the south. They reached a kind of flat hill made of crumbling rocks. From there on, the plateau sloped eastward toward a low plain where a few thin trees could be seen, and southward, toward masses of rock which gave the landscape the appearance of chaos.

Daru examined the two directions. Only the sky was on the horizon. Not a man was visible. He turned toward the Arab who was looking at him without understanding. Daru handed him a package. "Take it," he said. "They are dates, bread and sugar. You can hold out for two days. Here are a thousand francs too." The Arab took the package and the money, but he kept them in his hands on a level with his chest, as if he didn't know what to do with what had been given him. "Now look," the teacher said, and pointed in the direction of the east. "That is the road to Tinguit. You have a two-hour walk. In Tinguit there is the administration and the police. They are expecting you." The Arab looked toward the east and still held against his chest the package and the money. Daru took his arm and without gentleness made him turn a quarter of a turn toward the south. At the foot of the height where they were, a faintly drawn road could be seen. "That is the trail which crosses the plateau. In a day's walk from here, you will come upon the pasture land and the first nomads. They will welcome you and give you shelter, according to their law." The Arab had now turned toward Daru and an expression of panic covered his face. "Listen," he said. Daru shook his head. "No, say no more. Now I'm leaving you." He turned his back on him, took two long steps in the direction of the school, hesitatingly looked at the motionless Arab, and left. For a few minutes he heard nothing but his own

toujours là, au bord de la colline, les bras pendants maintenant, et il regardait l'instituteur. Daru sentit sa gorge se nouer. Mais il jura d'impatience, fit un grand signe, et repartit. Il était déjà loin quand il s'arrêta de nouveau et regarda. Il n'y avait plus personne sur la colline.

Daru hésita. Le soleil était maintenant assez haut dans le ciel et commençait de lui dévorer le front. L'instituteur revint sur ses pas, d'abord un peu incertain, puis avec décision. Quand il parvint à la petite colline, il ruisselait de sueur. Il la gravit à toute allure et s'arrêta, essoufflé, sur le sommet. Les champs de roche, au sud, se dessinaient nettement sur le ciel bleu, mais sur la plaine, à l'est, une buée de chaleur montait déjà. Et dans cette brume légère, Daru, le coeur serré, découvrit l'Arabe qui cheminait lentement sur la route de la prison.

Un peu plus tard, planté devant la fenêtre de la salle de classe, l'instituteur regardait sans la voir la jeune lumière bondir des hauteurs du ciel sur toute la surface du plateau. Derrière lui, sur le tableau noir, entre les méandres des fleuves français s'étalait, tracée à la craie par une main malhabile, l'inscription qu'il venait de lire: "Tu as livré notre frère. Tu paieras." Daru regardait le ciel, le plateau et, au-delà, les terres invisibles qui s'étendaient jusqu'à la mer. Dans ce vaste pays qu'il avait tant aimé, il était seul.

step resounding on the cold earth, and he did not turn his head. But after a short time, he turned around. The Arab was still there, on the edge of the hill, his arms hanging now, and he was looking at the teacher. Daru felt his throat contract. But he swore impatiently, waved his arm and started walking again. He was already at some distance when he stopped again and looked. No longer was anyone on the hill.

Daru hesitated. The sun was now quite high in the sky and was beginning to burn his brow. The teacher retraced his steps at first uncertainly and then with determination. When he reached the little hill, he was sweating profusely. He climbed it fast and stopped, breathless, at the top. The fields of rock, to the south, were already outlined against the blue sky, but on the plain, to the east, the steam of heat was already rising. And in that slight haze, Daru, with a heavy heart, made out the Arab slowly walking along the road to prison.

A little later, standing in front of the window of the classroom, the teacher, without seeing it, was watching the early light fall from the heights of the sky to the entire surface of the plateau. Behind him, on the blackboard, between the winding of the French rivers, spread out, written in chalk by a clumsy hand, the message which he had just read: "You handed over our brother. You will pay for this." Daru looked at the sky, the plateau and, beyond, at the invisible lands stretching to the sea. In this vast region which he had loved so much, he was alone.

NOTES, QUESTIONNAIRE,
VOCABULARY

NOTES

1. *sur-le-champ,* immediately.
2. *jésuites.* Jesuits, members of the religious order founded by Ignatius Loyola in 1534. Voltaire attended a Jesuit school in Paris.
3. *Euclide.* Euclid, the Greek geometrician whose theorems form the basis of plane geometry.
4. *Blaise Pascal.* French mathematician, physicist and philosopher (1623–1662).
5. *sa soeur.* Gilberte (Madame Périer) wrote her brother's biography, *Vie de Blaise Pascal.*
6. *mufti.* A member of the Mohammedan clergy. This may be an allusion to the Archbishop of Paris who condemned Voltaire's *Lettres Philosophiques.*
7. *se mit à. se mettre à,* to begin.
8. *lois de la gravitation.* Allusion to the discoveries of Newton.
9. *s'en servait. se servir de,* to use.
10. *Derham.* The English scholar. Voltaire knew his book *Astrotheology or a Demonstration of the Being and Attributes of God from a Survey of the Heavens,* 1715.
11. *Lulli.* Jean-Baptiste Lully (1633–1687), born in Italy, director of opera, has been called the father of French music. Voltaire defended Lully and French music in *Le Siècle de Louis XIV.*
12. *le secrétaire de l'Académie de Saturne.* Most scholars agree that this is a reference to Fontenelle (1657–1757), nephew of Corneille and secretary of the Académie des Sciences, and famous for his flowery style. In this story, Voltaire seems to be only mildly irritated with Fontenelle.
13. *nous nous plaignons de. se plaindre de,* to complain.
14. *prendre leur parti. prendre son parti,* to make up one's mind, to resign oneself.
15. *un illustre habitant.* Huyghens (1629–1695), author of *Systema Saturnium,* 1659.

305

NOTES

16. *l'illustre archevêque de.* It is not certain whether Voltaire is alluding to any one specific archbishop.
17. *le père Castel.* Castel (1688–1757), author of *Traité de la Pesanteur Universelle,* 1724, and other works.
18. *se passât de. se passer de,* to do without.
19. *Nouveau style* refers to the Gregorian calendar, now in general use, introduced by Pope Gregory XIII in 1582.
20. *entre deux eaux,* idiom for "under water."
21. *une volée de philosophes.* Maupertuis (1698–1759) and his associates left Dunkerque on May 2, 1736. They reached Paris August 20, 1737.
22. *le dessous des cartes,* an idiom. *Voir le dessous des cartes,* to be in the know.
23. *il aura beau faire. avoir beau faire,* to do in vain.
24. *je viens de parler. venir de,* to have just.
25. *Leuwenhoek et Hartsoeker.* Leeuwenhoek (1632–1723) and Hartsoeker (1656–1725), two scientists.
26. *j'ai pris la nature sur le fait.* An expression associated with Fontenelle.
27. *le docteur Swift.* During Voltaire's visit to England, he developed a great admiration for Swift (1667–1745).
28. Virgile. See *Georgics,* Book IV, of Virgil, for the passage in question.
29. *Swammerdam* (1637–1680), a Dutch naturalist.
30. *Réaumur* (1683–1757), French physicist and naturalist.
31. *cent mille fous,* etc. Reference to the war between the Turks and Russians (1736–1739).
32. *Aristote.* Aristotle, the Greek philosopher of the 4th century B.C.
33. *Descartes,* the French philosopher of the 17th century (1596–1650).
34. *Malebranche,* French metaphysician (1638–1715).
35. *Leibnitz,* German philosopher (1646–1716).
36. *Locke, John,* English philosopher (1632–1704).
37. *péripatéticien.* A follower of Aristotle.
38. *entéléchie.* In Aristotle, signifies what for each being is the possession of its perfection, of its end.
39. *Aristote.* In the *De Anima.*
40. *Somme de saint Thomas,* etc. St. Thomas Aquinas (1226–1274) and his *Summa Theologica,* the major treatise in Christian philosophy which develops the anthropocentric view and which was attacked by many thinkers of the 17th and 18th centuries.

NOTES

41. *Homère.* See Homer's *Iliad* I, II, 599–600.
42. *Un livre tout blanc.* Reference to the Book of Fate.

BALZAC

1. *Cuvier* (1769–1832), French naturalist.
2. *Hippocrate.* Hippocrates (4th century B.C.), Greek physician.
3. *Galien.* Galen (2nd century A.D.), Greek physician.
4. *Aristote.* Aristotle (4th century B.C.) Greek philosopher.
5. *Magisme.* Doctrine of the Magi, a priestly caste of Persia. *Magianism,* the art of mastering the secret forces in nature.
6. *dont se servaient. se servir de,* to use.
7. In 1804 Napoleon began to assemble flatboats at Boulogne for an invasion of England. In 1822 Las Cases began to publish the *Mémorial de Sainte-Hélène* in which Napoleon explains his actions.
8. *s'en prenaient à. s'en prendre à,* to attack.
9. *Crébillon* (1674–1762), French dramatist.
10. The ribbon of the Order of St. Michel.
11. *L'Hôtel-Dieu,* a Paris hospital.
12. Orestes was pursued by the Furies after killing his mother Clytemnestra. Pylades was his friend.
13. *Séide,* a slave of Mohammed whose name has become a synonym of blind devotion.
14. *Omega,* the last letter in the Greek alphabet.
15. *Quartier Saint-Jacques* is in the Latin Quarter.
16. *Auvergnat.* Native of Auvergne, province in central France.
17. *Dubois* (1756–1827), French physician.
18. *faubourg Saint-Denis,* a suburb north of Paris.
19. *le Cantal,* a department of Auvergne.
20. *Saint-Sulpice,* a large church in Paris.
21. *La Fête-Dieu,* Feast of Corpus Christi. In the procession the priest carries the Blessed Sacrament and walks under a canopy whose cords are held by laymen.
22. *Broussais* (1772–1832), French physician. *Sangsues* (leeches) are for letting blood.
23. *Hoc est corpus (meum).* "This is my body," words spoken by Christ in the Last Supper.
24. *Présence Réelle.* A dogma of the Catholic Church. The bread and wine of the communion are changed into the actual flesh and blood of Christ.

NOTES

25. *Albigeois,* the Albigenses, heretical sect in southern France in the Middle Ages. The Vaudois were a similar sect.
26. *de natura rerum,* on the nature of things.
27. *la duchesse d'Angoulême* (1778–1851), daughter of Louis XVI.
28. *se paya de. se payer de,* to be satisfied with.
29. *in petto,* in his heart.
30. *l'Immaculée Conception.* A dogma of the Catholic Church concerning the Virgin Mary.
31. *faire raison de,* to explain.
32. Molière's play *Tartuffe* is a study of religious hypocrisy.
33. *porte bâtarde,* the intermediary door between the carriage door and the small door.
34. *d'Arthez,* a character who (like Bianchon and Desplein) appears in several novels of Balzac.
35. *Zoppi,* a café in the Latin Quarter.
36. *Lucullus,* a Roman general famous for his banquets.
37. *sans sou ni maille,* without a penny.
38. *à bout portant,* point blank.
39. *Saint-Flour,* a town in Auvergne.
40. Characteristically the *s* sound becomes *ch* in Auvergnat pronunciation.
41. *marchand à la voie. Voie* has the meaning of a "trip's worth" of something. In this case, it is the contents of a water-carrier's two buckets.
42. *Lycurgue.* Lycurgus, a Spartan legislator.
43. *Philopémen.* Greek general who was not recognized once when he was cutting wood.
44. *C'est mal!* This is wrong!
45. *m'en vouloir. en vouloir à,* to bear a grudge against.
46. *Aux grands hommes,* etc. The inscription on the Pantheon in Paris where many of the illustrious men of France are buried.

FLAUBERT

1. *angélus. Angelus,* a Catholic devotion commemorating the Incarnation, said at morning, noon and evening, at the sound of the Angelus bell.
2. *s'en défaire,* to get rid of.
3. *il se mit à,* he began to.

4. *qui tombaient en arrêt,* who came to a point.
5. *avait beau faire des signes,* vainly made signs.

BAUDELAIRE

1. *Le Spleen de Paris* was first published posthumously, in 1869.
2. *Le Vieux Saltimbanque* is No. 14 in the collection.
3. *Jocrisse,* a character in ancient farces. A fool, a simpleton.
4. *Molière* (1622–1673), French playwright.
5. *Le Joujou du Pauvre* is No. 19 in *Le Spleen de Paris.* This prose poem is taken from *Morale du Joujou* in Baudelaire's book *Curiosités Esthétiques.*
6. *La Corde* is No. 30 in *Le Spleen de Paris.*
7. *Manet* (1832–1883), French painter.
8. *La mère tenait à m'arracher. tenir à,* with infinitive, to be bent on . . . .

DE MAUPASSANT

1. *dont nous sommes longtemps à nous débarrasser. se débarrasser de,* to free oneself from, to get rid of.
2. *mon imagination seule ait fait les frais de. faire les frais de,* to be the expense of, to be responsible for.
3. *pépinière* f. nursery (of plants). From *pépin,* seed, kernel, pit.
4. *Le Luxembourg,* the large garden in the Latin Quarter of Paris.
5. *ciseaux* m.pl. scissors; *ciseaux de jardinier,* gardener's shears.
6. *sans relâche,* without respite.
7. *allées en corridors,* lanes criss-crossing one another.
8. *culotte à pont,* the entire front part of the trousers could be lowered or raised.
9. *tabac d'Espagne,* snuff, snuff-colored.
10. *il se mit à,* he began to.
11. *un entrechat,* leap with feet beating rapidly one against the other or crossing each other (ballet term).
12. *à partir de ce jour,* from that day on.
13. *Opéra.* The Opera House in Paris, but not the present Opera House. At the time of Louis XV (1715–1774) opera was usually sung at the Palais-Royal.

14. *Comte de Clermont,* of the royal line of Bourbons.
15. *La Castris,* proper name, assumed to be that of a dancer.
16. *le menuet,* slow dance, usually danced by two couples. Originated possibly in Poitou. Name derives from *petits pas menus* (mincing steps). Favorite court dance in the 17th and 18th centuries.

CLAUDEL

1. "Judas departed, and went and hanged himself." (*Matthew* 27:5.)
2. *feu de paille,* literally means a straw fire.
3. *en avoir le coeur net,* to get to the bottom of it.
4. *Lazare.* Lazarus, brother of Mary and Martha, who was raised from the dead by Jesus.
5. *Joseph.* Joseph of Arimathea, disciple of Christ.
6. *Nicodème.* Nicodemus, a Pharisee and disciple of Christ.
7. *de toutes les couleurs,* literally means of all colors.
8. *Simon Pierre,* Simon Peter, apostle.
9. "Because he was a thief." (*John* 12:6.)
10. *remettre sur le tapis,* to bring up again for consideration.
11. *à point nommé,* in the nick of time.
12. *hic et nunc,* here and now.
13. *John* 8:58.
14. *tomber du ciel,* to come as a godsend.
15. *casser bras et jambes,* to bowl over.
16. *en vouloir à,* to bear a grudge against.
17. *Caiaphas,* high priest who condemned Christ.
18. *John* 11:50.
19. *Gaza,* city in Palestine.
20. *Maccabees,* a family of Jewish patriots.
21. *Sanhedrin,* council and tribunal of the Jews.
22. *Polyclitus,* Greek sculptor of the 5th century B.C.
23. *Mattathias,* father of the Maccabees.
24. *Goethe* (1749–1832), German writer.
25. *Bethany,* village in Palestine.
26. *être au courant des aîtres,* to know one's way about a house.
27. *Luke* 17:1.
28. The origin of this expression had to do with hanging criminals. They waited until last to hang the biggest criminal and only then did they take away the ladder.

NOTES

29. *Golgotha,* Calvary.
30. *ce petit Pharisien,* St. Paul.
31. "For there must be also heresies among you." I *Corinthians* 11:19.
32. "Without natural affection." *Romans* 1:31.
33. "See Judas hanging!"

GIDE

1. *Le Retour de l'Enfant Prodigue* first appeared in *Vers et Prose,* March–May, 1907.
2. *Luke* 15:11–32.
3. *à défaut de bonheur,* in place of happiness.
4. "Father, I have sinned against heaven, and before thee." *Luke* 15:18.
5. *au défaut de la colline,* where the hill tapers off.
6. "Bring forth the best robe and put it on him; and put a ring on his hand, and shoes on his feet:
    And bring hither the fatted calf and kill it; and let us eat, and be merry.
    For this my son was dead, and is alive again . . ."
    Luke 15:22–24.
7. *Revelation* 3:11.
8. *Revelation* 3:12.
9. cf. First Book of *Samuel.*

MAURIAC

1. *Jean Giraudoux* (1882–1944), novelist and playwright. He has devoted many pages to his province of Limousin and the city of Châteauroux where he attended the lycée.
2. *les frères Tharaud.* Jérôme (born 1874) and Jean Tharaud (born 1877), two French novelists.
3. *Périgueux,* principal city in the department of the Dordogne (and of the province of Périgord) in south-western France.
4. *Emile Combes,* a French statesman (1835–1921). Under his guidance, France took first steps toward the separation of Church and State.
5. *Charles Baudelaire,* cf. introduction to the Baudelaire selec-

NOTES

tion. *Les Petites Vieilles* is one of the poems in *Les Fleurs du Mal*.

6. *Arthur Rimbaud,* French poet (1854–1891).
7. A line from the poem *Bateau Ivre:* "But truly, I have wept too much, the dawns are harrowing."
8. A line from the *Pensées* of Pascal.
9. *Alphonse de Lamartine* (1790–1869), French poet.
10. *Alfred de Musset* (1810–1857), French poet.
11. *Alfred de Vigny* (1797–1863), French poet.
12. *Sully Prudhomme* (1839–1907), French poet.
13. *Albert Samain* (1859–1900), French poet.
14. *Paul Verlaine* (1844–1896), French poet.
15. *Francis Jammes* (1868–1938), French poet.

Aymé

1. *Montmartre,* the north section of Paris.
2. *semaine anglaise,* the five and a half day working week.
3. *Crédit municipal,* municipal pawn-office.
4. *palmes académiques,* decoration by the Ministry of Public Instruction.
5. *être sur les dents,* to be worn out.
6. *vin blanc citron,* white wine with lemon.
7. *La Sûreté,* The Criminal Investigation Department.
8. *vie de bâtons de chaise,* life of pleasure.
9. *Butte* means small hill and here refers to Montmartre.

Camus

1. *djellabah,* a loose over-garment worn by Moroccans.
2. *chèche,* a scarf.
3. *commune,* the smallest territorial division.
4. *département,* subdivision of a province, administered by a prefect.
5. *être dans le même sac,* to be in the same predicament.

QUESTIONNAIRE

Voltaire

1. Décrivez les principaux effets comiques utilisés dans *Micromégas*.
2. Dans quel sens est-ce que Voltaire est "philosophe" dans *Micromégas?*
3. Quelles sont les faiblesses humaines satirisées par Voltaire?
4. On appelle *Micromégas* un "conte philosophique." Analysez et définissez le sens de ce terme.

Balzac

1. Quel sens est-ce que Balzac donne au terme "génies transitoires"? Est-ce que ce terme s'applique à Desplein? Expliquez.
2. Analysez le caractère d'Horace Bianchon.
3. Où se trouve l'Auvergne? Comment s'appellent les habitants de l'Auvergne?
4. Expliquez la doctrine de la Présence Réelle.
5. Expliquez l'importance du milieu dans la formation d'un caractère balzacien.
6. Définissez: un athée, la messe.

Flaubert

1. Est-ce que l'atmosphère d'une "légende" est maintenue dans ce conte de Flaubert? Expliquez.
2. Expliquez l'importance de l'épisode de la souris blanche.
3. Pourquoi Julien renonce-t-il à chasser?
4. Pourquoi Julien recommence-t-il à chasser?
5. Comment est-ce que Julien expie la mort de ses parents?
6. Décrivez le miracle qui termine le conte.
7. Définissez: un châtelain, la fauconnerie, le carnage.

QUESTIONNAIRE

BAUDELAIRE

1. Qu'est-ce que vous comprenez par le terme "un poème en prose"?
2. Décrivez le métier d'un saltimbanque.
3. Que symbolise le saltimbanque dans le poème de prose de Baudelaire?
4. Quelle est l'importance de "la grille" dans *Le Joujou du Pauvre?*
5. Pourquoi le poète dit-il que les dents des deux enfants sont d'une *égale* blancheur?
6. Quel larcin commettait le petit garçon dans l'atelier du peintre?
7. Expliquez la dernière phrase de *La Corde.*

DE MAUPASSANT

1. Quel est le décor du conte?
2. Décrivez le moment le plus pathétique de l'histoire.
3. Définissez: un labyrinthe, indicible, un menuet.

CLAUDEL

1. Qui est Judas?
2. Où est Judas pendant qu'il dit le monologue de Claudel?
3. Quel est le rôle de Judas dans le groupe des disciples?
4. Que pense Judas des miracles du Christ?
5. Interprétez la dernière phrase du monologue.

GIDE

1. Définissez une parabole.
2. Pourquoi l'enfant prodigue revient-il à la maison de son père?
3. Pourquoi l'enfant prodigue dit-il à son père, "Vous ai-je vraiment quitté?"

QUESTIONNAIRE

4. Analysez le caractère du frère aîné.
5. Quel est le rôle du porcher dans le récit?
6. Expliquez le symbolisme de la grenade dans le dernier épisode.

Mauriac

1. Quelles pensées est-ce que les flammes du foyer inspiraient au jeune Mauriac?
2. Quels étaient les soucis d'écolier qui obsédaient la pensée de Mauriac?
3. Définissez: un enfant chétif.

Aymé

1. Comment est-ce que Dutilleul a découvert le don de passer à travers les murs?
2. Qu'est-ce que c'est qu'un fonctionnaire?
3. A quoi Dutilleul consacrait-il ses heures de loisir?
4. De quelle façon est-ce que Dutilleul s'échappa à la tyrannie de M. Lécuyer?
5. Quel rôle est joué dans l'histoire par *Les Trois Mousquetaires* de Dumas?
6. Où est Dutilleul aujourd'hui?

Camus

1. Pourquoi l'instituteur s'est-il senti un seigneur?
2. Quelle est la mission du gendarme Balducci?
3. Décrivez le prisonnier.
4. Pourquoi l'instituteur ne veut-il pas livrer l'Arabe?
5. Décrivez le repas préparé par Daru.
6. Expliquez l'ironie de cette histoire.

VOCABULARY

This is not a complete vocabulary, but a listing of the more unusual or more difficult words which would probably not be known after one year of French.

Note: Under H, an apostrophe indicates an aspirated H.

abattre to knock down
abeille f. bee
abîme m. abyss, chasm
aboyer to bark
abri m. shelter
accaparer to corner, hoard
accouchée f. new mother
accouchement m. delivery (birth)
accoutrer to rig out
accroupir to squat
accueillir to welcome
achalandé frequented, doing thriving business
achat m. purchase
actuellement now
addition f. check (in a restaurant)
adresse f. address, skill
adroitement skilfully
aéro-sanguin blood circulation
affaisser (s') to collapse, to yield, to subside
affaiter to tame (a bird of prey)
affranchir to liberate
affubler to bedeck
affût m. hiding place
agenouiller to kneel
agir to act; *s'agir de* to be a question of
aguets, m.pl. *aux aguets* on the look-out
aigle m. eagle

aiguille f. needle
ail m. garlic
aile f. wing
ailleurs elsewhere; *d'ailleurs* besides
alentours m.pl. surroundings, environs
aliéner to alienate
allée f. path, lane
allemand German
allure f. gait; *à toute allure* fast
amarre f. mooring rope, painter
amasser to pile up, to hoard
ampoule f. bulb
andouiller m. tine or point (of an antler)
âne m. donkey
anéantissement m. annihilation
animalcule m. little animal
anneau m. ring
antérieur former
apaiser to appease
apanage m. attribute
apeuré frightened
apitoiement m. pity
appareil m. apparatus
appartenir to belong
appentis m. shed
apprendre to learn, to teach
apprêter to prepare, to cook
appuyer to lean
âpre bitter, harsh
arbalète f. crossbow

317

archevêque m. archbishop
arçon m. saddle-bow
argent m. silver; money
argile f. clay
armoire f. wardrobe
assidu assiduous
assister to be present at
assommer to kill
assoupir to make drowsy
assoupissement m. drowsiness
assourdir to deafen
athée m. or f. atheist
âtre m. hearth
atteinte f. reach, attack
attenant contiguous, adjoining
attendrissant touching
attiser to stir (a fire)
attrister to sadden
auge f. trough
aumône f. alms
aumônier m. chaplain
auparavant before
auprès de near
aussitôt as soon as, immediately
autel m. altar
auvent m. shutter
avare avaricious
avenir m. future
avertir to warn
avertissement m. warning
aveu m. confession
aviron m. oar
aviser (s') de to take it into one's head to
avorton m. abortion; freak; puny man or child

badinage m. banter
baguette f. stick
bâillement m. yawn
bâiller to yawn
baisser to lower
baleine f. whale
bandeau m. plait
banlieue f. suburb
bannir to banish
baraque f. booth; hut

barbe f. beard
barbiche f. goatee
basané swarthy, tanned
basilic m. basil
bâtard m. bastard
bâtisse f. ramshackle building
bavarder to chatter
béant open, gaping, yawning
bégayer to stammer
béguin m. hood; (baby's) bonnet
berceau m. cradle, arbor
bercer to rock
berline f. carriage
besace f. wallet
besogne f. work, task
bestiole f. small beast
beugler to bellow
bien m. fortune; *biens fonciers* real estate
bienfaiteur m. benefactor
biscotte f. rusk
bissac m. wallet
bistouri m. lancet
bizarrerie f. peculiarity
blaireau m. badger
blason m. coat-of-arms
blé m. wheat
blesser to wound, to hurt
blessure f. wound
bocal m. jar
boeuf m. ox
boîteux limping
bombé prominent, bulging
bondir to leap
bonhomie f. good-heartedness
bonnement (tout) simply
bordure f. border, rim
borner to limit, to restrict
bosquet m. grove
bouc m. he-goat, billy-goat
bouche f. mouth
boucle f. buckle
boucler to lock up
boudeur sulking
boue f. mud
bouger to move, to stir, to budge

bouilloire f. kettle
boulanger m. baker
boulangerie f. bakery
boule f. ball
bourdonnant buzzing
bourdonnement m. buzzing
bourrelet m. ring
bourru rough, surly
bourse f. purse
boursoufler to swell
bout m. end
braillard brawling
bramer to bell, to troat;
    to bellow
braquemart m. short sword
braquer to point, to turn
bride f. bridle
briguer to solicit
brioche f. cake
briser to break
brocart m. brocade
broche f. spit
broder to embroider
broncher to stumble, to falter
brouillard m. fog
broussaille f. brushwood
brouter to graze
brûler to burn
brûlure f. burn
brume f. fog
bruyant noisy
bruyère f. heather; *coq de bru-*
    yère m. wood grouse
buée f. vapor, mist
bure f. frieze
but m. purpose, goal
bûté stubborn
butor m. booby
butte f. hillock

cabinet m. small room; toilet
cabrer (*se*) to rear
cabrioler to caper
cacher to hide
cachet m. pill
cadenas m. padlock
cadre m. frame

caduc decaying, decrepit, worn
    out
cagoule f. cowl
cahute f. hut
caille f. quail
calomnie f. calumny, slander
calotte f. skull cap
cambriolage m. burglary
cambrioleur m. burglar
camérière f. handmaid
camionnette f. small truck
canapé m. sofa
cancrelat m. cockroach
caniche m. poodle
canicule f. dog days; dogstar
capuchon m. cowl, hood
capucin m. capuchin friar
capucinade f. pious caper
carillonner to chime
carquois m. quiver
carré m. square; landing (of a
    staircase)
carrer (*se*) to strut
caser (*se*) to settle down
casque m. helmet
casser to break
castor m. beaver
ceinture f. waist; girdle; belt
cellier m. storeroom
cependant meanwhile; however
cerf m. stag
certes certainly
cervelle f. brains
cervoise f. barley beer
chair f. flesh
chaloupe f. shallop
chameau m. camel
chamelier m. camel-driver
chanceler to totter, to quake
chandail m. sweater
chapelet m. rosary
charbonnier m. coal merchant
chardon m. thistle
charmille f. grove
charrette f. cart
châtelain m. castellan
chatouiller to tickle

chaume m. thatch
chausser to put on shoes (stockings)
chausse-trappe f. trap
chêne m. oak
chenet m. andiron
chenil m. kennel
chérir to cherish
chétif frail
chevet m. bed-head
chevreuil m. roebuck
chiffre m. figure, number
chimie f. chemistry
chirurgie f. surgery
chirurgien m. surgeon
choucas m. jackdaw
cigogne f. stork
cilice m. hair-shirt
cime f. top, summit
ciseau m. chisel; pl. scissors
citer to quote
citerne f. cistern
citoyen m. citizen
cloison f. partition
cocher m. coachman
coeur m. heart
coffre m. chest
coiffé de having on one's head
coin m. corner
colimaçon m. snail
coller to paste, to apply
collier m. necklace
colombe f. dove
colosse m. colossus, giant
commissionnaire m. street-porter
complaire (se) to take pleasure
confit preserved; pious
confiture f. jam
congeler to congeal
conserve f. preserve; consort
consommer to consume
constater to verify, ascertain
coq m. cock
contention f. dispute
contrefort m. branch of a chain (of mountains), pl. foothills
contre-sens m. misinterpretation

convenir to suit, to fit, to agree
convoi m. convoy, procession
copeau m. chip, shaving
coque f. shell (of egg)
coquille f. shell (of snail, oyster, etc.)
cordeau m. line; *tirer au cordeau* to lay out by rule and line
cordon m. cord, ribbon
cordonnier m. shoe-maker
corne f. horn
corneille f. crow
correct proper
corvée f. piece of drudgery, thankless job
costaud m. strong fellow
côte f. coast; rib
côtoyer to skirt, hug
cotte f. tunic; *cotte de mailles* coat of mail
couchette f. crib
couleur f. color
coup m. blow; *coup d'oeil* glance; *tout à coup* suddenly
cour f. court
courroucé angry
courtine f. curtain wall
couteau m. knife
couvert m. place (at table)
couverture f. blanket
cracher to spit
craindre to fear
crasseux dirty
créance f. belief, credit, trust
créancier m. creditor
crédence f. buffet, sideboard
crémerie f. milk shop
créneaux m.pl. battlements
crépir to roughcast (a wall)
crête f. crest
creuser to dig
creuset m. crucible
creux hollow
crever to burst; to kill
croisée f. casement window
croupe f. rump

VOCABULARY

cuir m. leather
cul m. bottom; *cul-de-jatte* m. cripple
culotte f. breeches
cure-dents m. toothpick

daigner to deign
daim m. deer
dallage m. pavement (of flagstones)
dalle f. flagstone
dé m. thimble
débarbouiller to wash, to clean
débarquer to disembark
déboire m. disappointment
déboucher to open, to issue forth
débûcher to start
déchaîner to unchain, to let loose
déchaussure f. scratching (of a wolf)
déchiqueter to tear (into strips or shreds)
déchirer to tear
découdre to unsew, to rip (a seam)
décrocher to unhook
décupler to increase tenfold
dédaigner to scorn
dédier to dedicate
déduit m. pastime
défaillir to faint
défaite f. defeat
déferrer to unshoe (a horse)
défiance f. distrust, defiance, doubt
dégaîner to unsheath
dégourdir to revive, to unstiffen
dégoûter to disgust
dégrafer to unfasten
dégringoler to fall, to tumble
déguerpir to move out
delà, au delà de beyond
démissionner to resign
démunir to deprive
denier m. farthing
dénombrer to enumerate

dénouer to untie
dénuement m. destitution
déployer to unfold
dériseur m. scoffer
dérober to steal; *se dérober* to escape
derrière m. back, bottom
désaccord m. disagreement
désépris fallen out of love
desserrer to loosen
desservir to clear; to harm
dessiner to draw
dessous m. underpart
destrier m. charger
détente f. relief, relaxation
deuil m. mourning
dévaler to slope, to fall
déverser to pour down
deviner to guess
dinde f. turkey; stupid woman
disséquer to dissect
divertissement m. amusement
doigt m. finger
domestique m. household servant
don m. gift
donateur m. donor
doré gilded
dossier m. folder
douve f. ditch, moat
drap m. cloth
dresser (se) to get up, to draw up
durée f. duration
duvet m. down

ébaudir (s') to rollick
éblouir to dazzle
ébrouer (s') to snort
écaille f. scale
écarter to separate
échapper to escape
échauffer (s') to become heated
échauguette f. watch-tower
échine f. backbone, spine
échouer to strand; to fail
éclaboussure f. splash

VOCABULARY

éclaircir to clarify
écorcher to flay, to skin
écraser to crush
écriteau m. sign
écu m. three franc piece
écuelle f. bowl
écuellée f. bowlful
écumeux foamy
écurie f. stable
effarer to scare
effilé slender, fine
égard m. respect, consideration
égorger to cut the throat
élargir to enlarge
embourber to muddy
embraser to set on fire
embrouiller (*s'*) to become confused
embûche f. ambush, snare
émietter to crumble
émouvoir to move
empêcher to prevent
emphase f. bombast
empiler to stack, to pile up
emplir to fill
emporter to carry off
empyrée m. empyrean
encadrure f. frame
encastrer to embed, to set in
enceinte f. enclosure
enclume f. anvil
endroit m. place
enfant m. child; *enfant trouvé* foundling
enfiler to slip on
enfler to swell
enflure f. swelling
enfoncer to sink
enfonçure f. opening
engager (*s'*) to enlist
engelure f. chilblain
engloutir to swallow up
engourdir to (be)numb
engraisser to fatten
enivrer to inebriate
enjambée f. stride
enjamber to step over

enlever to lift up
ensanglanter to make bloody
ensevelir to bury
ensevelissement m. burial
entamer to cut into; to open; to begin
enterrer to bury
entonnoir m. funnel
entourer to surround
entournure f. arm-hole
entrebâiller to half open
entretenir to keep up, to sustain
environ about
envoler (*s'*) to fly off
épaissir to thicken
épanouir (*s'*) to blossom
épaule f. shoulder
épave f. wreck
épée f. sword
épi m. ear of grain
épice f. spice
épieu m. boar-spear
épine f. thorn
époque f. period
éprouver to experience
épuiser to exhaust, to wear out
équipage m. crew; carriage
ergoter to split hairs
errer to wander
escabeau m. stool
escalier m. stairway
escamoteur m. conjuror
escarboucle f. carbuncle
escarcelle f. wallet, pouch
espalier m. fruit-wall
espiègle mischievous
espionner to spy
essouflé out of breath
estrade f. platform
essuyer to wipe
estropié crippled
étage m. floor
étagère f. shelf
étaler to expose, to spread
étang m. pond
éteindre to extinguish
étendard m. standard

étendue f. extent, expanse, space
étoile f. star
étole f. stole
étonnement m. surprise
étonner to surprise
étouffer to stifle
étrier m. stirrup
étuve f. bath-house; steam-room
évanouir (s') to vanish
éventail m. fan
éventrer to disembowel
exorcisme m. exorcism

fâché angry
faction f. sentry
faîte m. top; ridge of a roof
fait-divers m. news item
falot quaint, queer
fanon m. dewlap
faon m. fawn
fardeau m. burden
farine f. flour
faubourg m. suburb
faucher to cut, mow, reap
fauve fawn (color); wild
fêlé cracked; crazy
fendre to cut, to split
fente f. crack
ferré iron-shod
ferrure f. ironwork
festoyer to give a feast
fétu m. straw
feu m. fire
feuillage m. foliage
feutre m. felt
fiacre m. cab
ficelle f. thread, string
fièvre f. fever
fiévreux feverish
figer to congeal
fil m. thread; course
filer to leave; to spin
filet m. net
fin subtle, shrewd
flairer to sniff
flambeau m. torch
flamboyant flaming

flaque f. puddle
flèche f. arrow
fléchir to give way
flocon m. flake
flotter to float
flux m. flow
fois f. time; *à la fois* at the same time
foncé dark
fond m. bottom
fondre to melt
force f. strength; *à force de* by dint of
forcené mad
forgeron m. blacksmith
fossé m. ditch, moat
fouet m. whip
fouiller to excavate, to dig
fouine f. marten
foule f. crowd
fourmilière f. ant-hill
fourneau m. stove
fourrer to thrust
foutre (se) to mock
frais m.pl. cost, expense
franchir to cross
frémir to shudder
frêne m. ash tree
frôler to touch lightly, to graze
froment m. wheat
fronde f. sling
fronton m. pediment, façade
frotter to rub, to polish
fuligineux sooty
fumeux smoky
fureter to ferret, nose around

gage m. pledge, pawn
gagner to win; to earn
galette f. cake
galopin m. blackguard
garder (se) to take care not to
garnir to furnish, to provide (with)
garou m. werewolf
gars m. fellow
gâteau m. cake

323

gazon m. lawn
gazouiller to chirp
géant m. giant
gelée f. frost
Gémeaux m.pl. Gemini, the Twins
genet m. jennet
giron m. lap
girouette f. weathervane
givre m. hoar-frost
glabre clean-shaven
glace f. mirror
glaise, terre glaise clay
gland m. acorn
glisser to glide
gobeloter to tipple
gonfler to swell
gorgée f. mouthful, gulp
gosier m. throat
goujat m. farmhand
goulot m. neck (of a bottle)
goutte f. drop
gouttière f. gutter (of a roof)
graine f. seed
grange f. barn
gravir to climb
grège raw (thread)
grégeois, feu grégeois Greek fire
grêle slim; *grêle* f. hail
grelotter to shiver
grenade f. pomegranate
grève f. beach
griffon m. griffon
grimper to climb
grisette f. girl of easy virtue
grue f. crane
guetter to watch for, to wait for
gueule f. mouth (of animal)
guimbarde f. ramshackle vehicle, rattletrap

habile skilful
habit m. coat
habitué m. frequenter
habituer to accustom
'haie f. hedge
'haillon m. rag

'haine f. hate
'halbran m. wild duck
haleine f. breath
'haleter to pant
hameçon m. hook
'hanap m. goblet
'hardi bold
'hasard m. chance
'hausser to raise
hebdomadaire weekly
hennin m. coif
'hérisser to bristle
'hérisson m. hedgehog
héritier m. heir
'heurter to knock against
hirondelle f. swallow
'hisser to lift up
'hors outside, out of
hôte m. guest; host
'houppelande f. greatcoat, cloak
huile f. oil
'hurleur m. howler
hypothèque f. mortgage

idolâtre m. idolater
importuner to bother
incendier to burn
inculte uncultivated, waste
indicible unspeakable
inextinguible inextinguishable, uncontrollable
ingénument ingenuously, artlessly
inguérissable incurable
inonder to inundate
inouï unheard of
inquiéter (s') to worry
inquiétude f. restlessness, worry
insensiblement imperceptibly
interdit speechless
internat m. internship
invraisemblable improbable
irascible irritable

jadis formerly
jaillir to gush, to burst
jaloux jealous

jarret m. bend of knee, hock (of a horse)
jaunâtre yellowish
jeûner to fast
jocrisse m. fool
jonchée f. strewing (of branches, flowers, etc.)
joueur m. gambler
jouir de to enjoy
jucher to perch
jupon m. petticoat, underskirt
jurer to swear

labourer to plough
lâcher to let go of
laine f. wool
lame f. blade
lange m. swaddling-clothes
larcin m. theft
larme f. tear
lasser to weary
leste nimble
lèvre f. lip
lévrier m. greyhound
liane f. creeper
liard m. half farthing
lier to bind, to tie
lieue f. league (distance)
lignage m. lineage
lime f. file
linge m. linen
linteau m. lintel
lisse smooth
livre m. book; *livre d'heures* prayer book
livre f. pound
livrer to hand over
local m. place for rent
locataire m. tenant
long, de son long at full length
longe f. halter
loquet m. latch
lors de at the time of
louche strange, fishy
loup m. wolf
loutre m. otter
loyer m. rent

lucarne f. dormer-window
lueur f. glimmer, light
lunette f. telescope, spy-glass, glass

mail m. mall; *jeu de mail* mall
maille f. (chain)-mail
maillot m. tights
malaise m. discomfort
malle f. trunk
manant m. villager, boor
manche f. sleeve
manchon m. muff
manchot one-armed
mansarde f. garret
manteau m. cloak
marais m. swamp
marche f. step
mare f. pool
marécage m. bog, swamp
marécageux swampy
marin m. sailor
marmot m. child, brat
massif m. clump of bushes
matelot m. sailor
mâtin m. mastiff
matois sly, crafty
maudire to curse
médire to slander
melon (chapeau) m. derby, bowler
même same; *à même* close to
ménage m. furnishings; *faire le ménage* to clean the house
menthe f. mint
mentir to lie
menton m. chin
menu small
méprendre (se) to be mistaken
mépris m. scorn
méprisable contemptible
mépriser to scorn
merle m. blackbird
mesquin shabby; stingy
messe f. mass
mesure f. measure; *à mesure que* in proportion as

VOCABULARY

métamorphose f. metamorphosis
meubles m.pl. furniture
meute f. pack (hounds)
mi half
miette f. crumb
mignon charming
milan m. kite (bird)
millier m. (about a) thousand
mine f. appearance; *faire mine de* to seem to be about to
mire m. doctor
misère f. misery; poverty
moine m. monk
moissonneur m. harvester
momerie f. mummery
monneron m. piece of money
mordre to bite
moribond dying
morigéner to rebuke
morne mournful, sad
morsure f. bite
motte f. mound; clod
mouche f. fly
mouiller to wet
mouton m. sheep
moyennant by means of
mufle m. muzzle, snout
muraille f. wall

nain m. dwarf
nappe f. tablecloth; sheet (of water)
narguer to flout, defy
navire m. ship
navrant heart-rending
nef f. nave; ship
neigeux snowy
net, nette clear
nettoyer to clean
niais m. fool
nid m. nest
nier to deny
nouer to tie
nourrice f. nurse
nouveau new; *de nouveau* again
nul, nulle no; *nulle part* nowhere

occire to slay
office m. service
oisif idle
oisillon m. fledgling
oliphant m. horn
ombrageux touchy
onéreux onerous, heavy
ongle m. nail
onguent m. ointment
opiniâtre stubborn
opulent rich
oratoire m. oratory, chapel
orfèvrerie f. (gold, silver) plate; jewelry
orgueil m. pride
orgues m.pl. organ
ortie f. nettle
ortolan m. ortolan (bunting)
os m. bone
ossements m.pl. bones, remains (of the dead)
osseux bony
ouie f. hearing
ouragan m. hurricane, cyclone
outré outraged

païen m. pagan
paille f. straw
paître to graze
palier m. landing (of staircase)
pâmer (se) to faint
pan m. tails (coat)
panache m. plume
panne f. break-down
panneau m. panel
panoplie f. trophy-stand
paraphe m. flourish
pareil similar
parfois at times
paroi f. wall, inner side
partage m. sharing, allotment
parterre m. flower bed
partie f. part, game
parure f. dress, ornament
parvenir to reach, to succeed
pâté m. (meat or fish) pie
patrouiller to patrol

pâturage m. pasture
paupière f. eyelid
pavaner (*se*) to strut
pavé m. paving stone
péage m. toll
pédantisme m. pedantry
pèlerine f. cape
pelisse f. fur-lined coat
pendre to hang
pensionnaire m. boarder, school-
boy
pente f. slope
pépinière f. plant nursery
percheron m. Percheron (a
large, powerful horse)
perdrix f. partridge
perfidie f. treachery
persienne f. shutter
peser to weigh
pétrir to knead
piailler to squeal
picorer to pick
picotement m. prickling, tingling
pied m. foot; *à pied* on foot
piétiner to trample
piéton m. pedestrian
pieu m. stake
pinceau m. brush
pincement m. pinching
pincettes f.pl. tongs
pinnule f. sight-vane
piqueur m. groom
piqûre f. sting
piste f. trace, track, trail
plaindre to pity; *se plaindre de*
to complain of
plaire to please; *à Dieu ne plaise*
God forbid
plaisanterie f. joke
plat flat
platane m. plane tree
plate-bande f. border
plier to fold
plomb m. lead
poêle m. stove
poids m. weight
poil m. hair

poilu hairy
point m. hole; *point d'appui*
base of operations
pois m. pea
porcher m. swineherd
port m. harbor; cost of trans-
port
portée f. distance; *à portée de*
within reach of
portefeuille m. folder; wallet
portier m. porter, janitor
postérieur subsequent
potelé plump
poterne f. postern-gate
pouce m. thumb; inch
poulain m. colt
poule f. hen
pourceau m. pig
pourrir to rot
pousser to push, to push on, to
grow
poussière f. dust
prédilection f. preference
prélasser (*se*) to appear important
près near; *à peu près* approximately
pressoir m. wine-press
prêtre m. priest
preuve f. proof
prévoir to foresee
prier to pray
prise f. hold, grip
priver to deprive
probité f. integrity
procès m. lawsuit
propice favorable
propos m. speech; *à propos* aptly
propriétaire m. owner, landlord
provenance f. source
prude prudish
prunelle f. pupil (of the eye)
puce f. flea
puer to stink
puîné younger (brother or
sister)
puiser to draw, to fetch

puits m. well
putois m. polecat

quart m. quarter; *quart de cercle* quadrant
quartier m. neighborhood
quenouille f. distaff
querelle f. quarrel
queue f. tail

rabattre to pull down
râcleur m. scraper
racornir to toughen
raidillon m. abrupt rise (in a road); steep path
raidir to stiffen
raisonner to reason, to argue
râle m. death rattle
ramasser to pick up
ramer to row
ramper to crawl, to creep, to grovel
ramure f. antler
rangée f. row
raser to shave, to graze
ravaler to swallow again
raviser (*se*) to think better of it
ravitaillement m. provisions
ravitailler to furnish (food)
rebord m. edge, ledge
rechute f. relapse
réclamer to claim
récolte f. crop, harvest
récolter to harvest
reconnaître to recognize; to reconnoitre
reconnaissant grateful
récréer to amuse
recroqueviller to curl up, to shrink up
recru exhausted
recuit cooked again
redingote f. frock-coat
redouter to fear
reflux m. surging back
refuite f. redoubling
regimber to kick, balk

regorger to overflow
réjouir to rejoice
réjouissance f. rejoicing
relent m. musty smell
relever to raise
reluire to shine
rembourrer to stuff, to pad
remémorer (*se*) to remember
remercier to thank
remuer to move, to stir
rendre to return; *se rendre* to go
rengorger (*se*) to strut, to swagger
renifler to sniff; to snivel
répandre to spread, to spill
repartir to reply
repas m. meal
repentir (*se*) to repent
résoudre to solve, to decide
ressac m. undertow; surf
resservir to serve again
ressort m. spring, trap
ressusciter to revive, to raise from the dead
rétif stubborn
retomber to fall back
retrousser to roll up
rêve m. dream
réveiller to awaken
rez-de-chaussée m. ground floor
rieur laughing
robinet m. faucet
rocher m. rock
rocheux rocky
rôder to prowl
rognure f. paring
roidissement m. stiffening
rondache f. round shield
ronfler to snore; to roar, to hum
roseau m. reed
roue f. wheel
ruer (*se*) to hurl oneself
ruisseau m. stream, brook
ruisseler to stream

sable m. sand
sacre m. saker

sacristain m. sexton
sain healthy
salamandre f. salamander, stove
sang m. blood
sanglier m. wild boar
saule m. willow
saute f. shift (of wind)
sauter to jump
sauterelle f. locust
sautiller to hop, to skip, to jump
sauver to save; *se sauver* to escape
savoir to know; to be able
scier to saw
secouer to shake
secours m. help
sectateur m. follower
sédentaire sedentary
sensibilité f. sensibility, sensitivity
septentrional northern
serpe f. bill-hook
serrer (*se*) to press close
serrure f. lock
seuil m. threshold
siècle m. century; epoch
siffler to whistle
sillon m. furrow
simagrée f. pretence
sobre temperate
soie f. silk
soif f. thirst
soigner to care for
soin m. care
somme f. burden
sommeil m. sleep
somnoler to doze
sonder to sound
sonné crazy
sorcier m. sorcerer
sortie f. departure; exit; *jour de sortie* day off
sot foolish
sottise f. foolishness
soudure f. solder; soldering, welding
soufflé m. breath

souffler to breathe
souillon m. ragamuffin
soulier m. shoe
soumettre to submit
soupçonner to suspect
soupente f. loft
sourdre to well up
souris f. mouse
sournois sly
sous-ventrière f. belly-band
soute f. storeroom
soutenir to sustain, to maintain
subsister to exist
sueur f. sweat
suinter to ooze
suite f. continuation; *sans suite* incoherently
surgir to rise up
sursaut m. start
surveillant m. superintendent, attendant
surveiller to supervise
survenir to come up, to occur
susurration f. buzzing

tacher to stain
tâcher to try
taille f. size
tailler to cut, to trim
talon m. heel
tapisserie f. tapestry
tantôt soon; *tantôt . . . tantôt* now . . . now
tarder to delay
tas m. pile
tâter to feel, to grope
taureau m. bull
téméraire bold
témoin m. witness
ténèbres f.pl. darkness
tenter to tempt
tergiverser to waver
terme m. quarter's rent
terre-plein m. terrace
terrier m. burrow
téter to suckle
thèse f. thesis

VOCABULARY

tiqueté speckled
tirer to pull, to draw
toise f. fathom
toit m. roof
tolet m. thole
tonneau m. cask
toque f. cap
torchon m. dish-cloth
torréfier to torrefy, to roast
tortiller to twist
touffu bushy
tour m. turn; trick; trip
tour f. tower
tourelle f. turret
tourmente f. gale, storm
tousser to cough
tracasserie f. worry, fuss
trahison f. betrayal
traînée f. trail, aftermath
traîner to drag
transitoire transitory
trait m. feature; shaft
trébucher to stumble
treille f. vine-arbour
trémousser to flap
tressaillir to be startled
tresser to braid
triturer to grind, to masticate
troëne m. privet
trottiner to jog along, to trot about
trou m. hole
trousse f. case (of instruments)
trousseau m. bunch
tuer to kill

tuile f. tile
tuyau m. pipe, nozzle

uniquement solely

vaisseau m. vessel
vaisselle f. dishes
vanter to boast
vase f. slime
vase m. vase, vessel
vassal m. vassal
veille f. watching, vigil; eve, day before; *avant-veille* two days ago
vélin m. vellum
véloce swift
velours m. velvet
ventre m. belly, womb
verdâtre greenish
verdoyer to turn green
verger m. orchard
verglas m. glazed frost
vermoulu worm-eaten
verroterie f. beads
verve f. zest, verse
vétillard m. hair-splitter
virement m. transfer
viser to aim
vitre f. pane of glass
voie f. way; *voie lactée* milky way
voiture f. carriage, auto
volée f. flight, bevy, band
voler to fly; to steal

zèbre m. zebra; fellow

A CATALOG OF SELECTED
DOVER BOOKS
IN ALL FIELDS OF INTEREST

A CATALOG OF SELECTED DOVER
BOOKS IN ALL FIELDS OF INTEREST

CONCERNING THE SPIRITUAL IN ART, Wassily Kandinsky. Pioneering work by father of abstract art. Thoughts on color theory, nature of art. Analysis of earlier masters. 12 illustrations. 80pp. of text. 5⅜ x 8½.　　　　0-486-23411-8

CELTIC ART: The Methods of Construction, George Bain. Simple geometric techniques for making Celtic interlacements, spirals, Kells-type initials, animals, humans, etc. Over 500 illustrations. 160pp. 9 x 12. (Available in U.S. only.)　　　　0-486-22923-8

AN ATLAS OF ANATOMY FOR ARTISTS, Fritz Schider. Most thorough reference work on art anatomy in the world. Hundreds of illustrations, including selections from works by Vesalius, Leonardo, Goya, Ingres, Michelangelo, others. 593 illustrations. 192pp. 7⅛ x 10¼.　　　　0-486-20241-0

CELTIC HAND STROKE-BY-STROKE (Irish Half-Uncial from "The Book of Kells"): An Arthur Baker Calligraphy Manual, Arthur Baker. Complete guide to creating each letter of the alphabet in distinctive Celtic manner. Covers hand position, strokes, pens, inks, paper, more. Illustrated. 48pp. 8¼ x 11.　　　　0-486-24336-2

EASY ORIGAMI, John Montroll. Charming collection of 32 projects (hat, cup, pelican, piano, swan, many more) specially designed for the novice origami hobbyist. Clearly illustrated easy-to-follow instructions insure that even beginning papercrafters will achieve successful results. 48pp. 8¼ x 11.　　　　0-486-27298-2

BLOOMINGDALE'S ILLUSTRATED 1886 CATALOG: Fashions, Dry Goods and Housewares, Bloomingdale Brothers. Famed merchants' extremely rare catalog depicting about 1,700 products: clothing, housewares, firearms, dry goods, jewelry, more. Invaluable for dating, identifying vintage items. Also, copyright-free graphics for artists, designers. Co-published with Henry Ford Museum & Greenfield Village. 160pp. 8¼ x 11.　　　　0-486-25780-0

THE ART OF WORLDLY WISDOM, Baltasar Gracian. "Think with the few and speak with the many," "Friends are a second existence," and "Be able to forget" are among this 1637 volume's 300 pithy maxims. A perfect source of mental and spiritual refreshment, it can be opened at random and appreciated either in brief or at length. 128pp. 5⅜ x 8½.　　　　0-486-44034-6

JOHNSON'S DICTIONARY: A Modern Selection, Samuel Johnson (E. L. McAdam and George Milne, eds.). This modern version reduces the original 1755 edition's 2,300 pages of definitions and literary examples to a more manageable length, retaining the verbal pleasure and historical curiosity of the original. 480pp. 5³⁄₁₆ x 8¼.　　　　0-486-44089-3

ADVENTURES OF HUCKLEBERRY FINN, Mark Twain, Illustrated by E. W. Kemble. A work of eternal richness and complexity, a source of ongoing critical debate, and a literary landmark, Twain's 1885 masterpiece about a barefoot boy's journey of self-discovery has enthralled readers around the world. This handsome clothbound reproduction of the first edition features all 174 of the original black-and-white illustrations. 368pp. 5⅜ x 8½.　　　　0-486-44322-1

STICKLEY CRAFTSMAN FURNITURE CATALOGS, Gustav Stickley and L. & J. G. Stickley. Beautiful, functional furniture in two authentic catalogs from 1910. 594 illustrations, including 277 photos, show settles, rockers, armchairs, reclining chairs, bookcases, desks, tables. 183pp. 6½ x 9¼. 0-486-23838-5

AMERICAN LOCOMOTIVES IN HISTORIC PHOTOGRAPHS: 1858 to 1949, Ron Ziel (ed.). A rare collection of 126 meticulously detailed official photographs, called "builder portraits," of American locomotives that majestically chronicle the rise of steam locomotive power in America. Introduction. Detailed captions. xi+ 129pp. 9 x 12. 0-486-27393-8

AMERICA'S LIGHTHOUSES: An Illustrated History, Francis Ross Holland, Jr. Delightfully written, profusely illustrated fact-filled survey of over 200 American light-houses since 1716. History, anecdotes, technological advances, more. 240pp. 8 x 10¾. 0-486-25576-X

TOWARDS A NEW ARCHITECTURE, Le Corbusier. Pioneering manifesto by founder of "International School." Technical and aesthetic theories, views of industry, eco-nomics, relation of form to function, "mass-production split" and much more. Profusely illustrated. 320pp. 6⅛ x 9¼. (Available in U.S. only.) 0-486-25023-7

HOW THE OTHER HALF LIVES, Jacob Riis. Famous journalistic record, expos-ing poverty and degradation of New York slums around 1900, by major social reformer. 100 striking and influential photographs. 233pp. 10 x 7⅞. 0-486-22012-5

FRUIT KEY AND TWIG KEY TO TREES AND SHRUBS, William M. Harlow. One of the handiest and most widely used identification aids. Fruit key covers 120 deciduous and evergreen species; twig key 160 deciduous species. Easily used. Over 300 photographs. 126pp. 5⅜ x 8½. 0-486-20511-8

COMMON BIRD SONGS, Dr. Donald J. Borror. Songs of 60 most common U.S. birds: robins, sparrows, cardinals, bluejays, finches, more—arranged in order of increasing complexity. Up to 9 variations of songs of each species.
Cassette and manual 0-486-99911-4

ORCHIDS AS HOUSE PLANTS, Rebecca Tyson Northen. Grow cattleyas and many other kinds of orchids—in a window, in a case, or under artificial light. 63 illus-trations. 148pp. 5⅜ x 8½. 0-486-23261-1

MONSTER MAZES, Dave Phillips. Masterful mazes at four levels of difficulty. Avoid deadly perils and evil creatures to find magical treasures. Solutions for all 32 exciting illustrated puzzles. 48pp. 8¼ x 11. 0-486-26005-4

MOZART'S DON GIOVANNI (DOVER OPERA LIBRETTO SERIES), Wolfgang Amadeus Mozart. Introduced and translated by Ellen H. Bleiler. Standard Italian libretto, with complete English translation. Convenient and thoroughly portable—an ideal companion for reading along with a recording or the performance itself. Introduction. List of characters. Plot summary. 121pp. 5¼ x 8½. 0-486-24944-1

FRANK LLOYD WRIGHT'S DANA HOUSE, Donald Hoffmann. Pictorial essay of residential masterpiece with over 160 interior and exterior photos, plans, eleva-tions, sketches and studies. 128pp. 9¹/₄ x 10¾. 0-486-29120-0

THE CLARINET AND CLARINET PLAYING, David Pino. Lively, comprehensive work features suggestions about technique, musicianship, and musical interpretation, as well as guidelines for teaching, making your own reeds, and preparing for public performance. Includes an intriguing look at clarinet history. "A godsend," *The Clarinet,* Journal of the International Clarinet Society. Appendixes. 7 illus. 320pp. 5⅜ x 8½. 0-486-40270-3

HOLLYWOOD GLAMOR PORTRAITS, John Kobal (ed.). 145 photos from 1926-49. Harlow, Gable, Bogart, Bacall; 94 stars in all. Full background on photographers, technical aspects. 160pp. 8⅜ x 11¼. 0-486-23352-9

THE RAVEN AND OTHER FAVORITE POEMS, Edgar Allan Poe. Over 40 of the author's most memorable poems: "The Bells," "Ulalume," "Israfel," "To Helen," "The Conqueror Worm," "Eldorado," "Annabel Lee," many more. Alphabetic lists of titles and first lines. 64pp. 5³⁄₁₆ x 8¼. 0-486-26685-0

PERSONAL MEMOIRS OF U. S. GRANT, Ulysses Simpson Grant. Intelligent, deeply moving firsthand account of Civil War campaigns, considered by many the finest military memoirs ever written. Includes letters, historic photographs, maps and more. 528pp. 6⅛ x 9¼. 0-486-28587-1

ANCIENT EGYPTIAN MATERIALS AND INDUSTRIES, A. Lucas and J. Harris. Fascinating, comprehensive, thoroughly documented text describes this ancient civilization's vast resources and the processes that incorporated them in daily life, including the use of animal products, building materials, cosmetics, perfumes and incense, fibers, glazed ware, glass and its manufacture, materials used in the mummification process, and much more. 544pp. 6¹⁄₈ x 9¹⁄₄. (Available in U.S. only.) 0-486-40446-3

RUSSIAN STORIES/RUSSKIE RASSKAZY: A Dual-Language Book, edited by Gleb Struve. Twelve tales by such masters as Chekhov, Tolstoy, Dostoevsky, Pushkin, others. Excellent word-for-word English translations on facing pages, plus teaching and study aids, Russian/English vocabulary, biographical/critical introductions, more. 416pp. 5⅜ x 8½. 0-486-26244-8

PHILADELPHIA THEN AND NOW: 60 Sites Photographed in the Past and Present, Kenneth Finkel and Susan Oyama. Rare photographs of City Hall, Logan Square, Independence Hall, Betsy Ross House, other landmarks juxtaposed with contemporary views. Captures changing face of historic city. Introduction. Captions. 128pp. 8¼ x 11. 0-486-25790-8

NORTH AMERICAN INDIAN LIFE: Customs and Traditions of 23 Tribes, Elsie Clews Parsons (ed.). 27 fictionalized essays by noted anthropologists examine religion, customs, government, additional facets of life among the Winnebago, Crow, Zuni, Eskimo, other tribes. 480pp. 6⅛ x 9¼. 0-486-27377-6

TECHNICAL MANUAL AND DICTIONARY OF CLASSICAL BALLET, Gail Grant. Defines, explains, comments on steps, movements, poses and concepts. 15-page pictorial section. Basic book for student, viewer. 127pp. 5⅜ x 8½. 0-486-21843-0

THE MALE AND FEMALE FIGURE IN MOTION: 60 Classic Photographic Sequences, Eadweard Muybridge. 60 true-action photographs of men and women walking, running, climbing, bending, turning, etc., reproduced from rare 19th-century masterpiece. vi + 121pp. 9 x 12. 0-486-24745-7

ANIMALS: 1,419 Copyright-Free Illustrations of Mammals, Birds, Fish, Insects, etc., Jim Harter (ed.). Clear wood engravings present, in extremely lifelike poses, over 1,000 species of animals. One of the most extensive pictorial sourcebooks of its kind. Captions. Index. 284pp. 9 x 12. 0-486-23766-4

1001 QUESTIONS ANSWERED ABOUT THE SEASHORE, N. J. Berrill and Jacquelyn Berrill. Queries answered about dolphins, sea snails, sponges, starfish, fishes, shore birds, many others. Covers appearance, breeding, growth, feeding, much more. 305pp. 5¼ x 8¼. 0-486-23366-9

ATTRACTING BIRDS TO YOUR YARD, William J. Weber. Easy-to-follow guide offers advice on how to attract the greatest diversity of birds: birdhouses, feeders, water and waterers, much more. 96pp. 5³⁄₁₆ x 8¼. 0-486-28927-3

MEDICINAL AND OTHER USES OF NORTH AMERICAN PLANTS: A Historical Survey with Special Reference to the Eastern Indian Tribes, Charlotte Erichsen-Brown. Chronological historical citations document 500 years of usage of plants, trees, shrubs native to eastern Canada, northeastern U.S. Also complete identifying information. 343 illustrations. 544pp. 6½ x 9¼. 0-486-25951-X

STORYBOOK MAZES, Dave Phillips. 23 stories and mazes on two-page spreads: Wizard of Oz, Treasure Island, Robin Hood, etc. Solutions. 64pp. 8¼ x 11.
0-486-23628-5

AMERICAN NEGRO SONGS: 230 Folk Songs and Spirituals, Religious and Secular, John W. Work. This authoritative study traces the African influences of songs sung and played by black Americans at work, in church, and as entertainment. The author discusses the lyric significance of such songs as "Swing Low, Sweet Chariot," "John Henry," and others and offers the words and music for 230 songs. Bibliography. Index of Song Titles. 272pp. 6½ x 9¼. 0-486-40271-1

MOVIE-STAR PORTRAITS OF THE FORTIES, John Kobal (ed.). 163 glamor, studio photos of 106 stars of the 1940s: Rita Hayworth, Ava Gardner, Marlon Brando, Clark Gable, many more. 176pp. 8⅜ x 11¼. 0-486-23546-7

YEKL and THE IMPORTED BRIDEGROOM AND OTHER STORIES OF YIDDISH NEW YORK, Abraham Cahan. Film Hester Street based on *Yekl* (1896). Novel, other stories among first about Jewish immigrants on N.Y.'s East Side. 240pp. 5⅜ x 8½. 0-486-22427-9

SELECTED POEMS, Walt Whitman. Generous sampling from *Leaves of Grass*. Twenty-four poems include "I Hear America Singing," "Song of the Open Road," "I Sing the Body Electric," "When Lilacs Last in the Dooryard Bloom'd," "O Captain! My Captain!"–all reprinted from an authoritative edition. Lists of titles and first lines. 128pp. 5³⁄₁₆ x 8¼. 0-486-26878-0

SONGS OF EXPERIENCE: Facsimile Reproduction with 26 Plates in Full Color, William Blake. 26 full-color plates from a rare 1826 edition. Includes "The Tyger," "London," "Holy Thursday," and other poems. Printed text of poems. 48pp. 5¼ x 7.
0-486-24636-1

THE BEST TALES OF HOFFMANN, E. T. A. Hoffmann. 10 of Hoffmann's most important stories: "Nutcracker and the King of Mice," "The Golden Flowerpot," etc. 458pp. 5⅜ x 8½. 0-486-21793-0

THE BOOK OF TEA, Kakuzo Okakura. Minor classic of the Orient: entertaining, charming explanation, interpretation of traditional Japanese culture in terms of tea ceremony. 94pp. 5⅜ x 8½. 0-486-20070-1

FRENCH STORIES/CONTES FRANÇAIS: A Dual-Language Book, Wallace Fowlie. Ten stories by French masters, Voltaire to Camus: "Micromegas" by Voltaire; "The Atheist's Mass" by Balzac; "Minuet" by de Maupassant; "The Guest" by Camus, six more. Excellent English translations on facing pages. Also French-English vocabulary list, exercises, more. 352pp. 5⅜ x 8½. 0-486-26443-2

CHICAGO AT THE TURN OF THE CENTURY IN PHOTOGRAPHS: 122 Historic Views from the Collections of the Chicago Historical Society, Larry A. Viskochil. Rare large-format prints offer detailed views of City Hall, State Street, the Loop, Hull House, Union Station, many other landmarks, circa 1904-1913. Introduction. Captions. Maps. 144pp. 9⅜ x 12¼. 0-486-24656-6

OLD BROOKLYN IN EARLY PHOTOGRAPHS, 1865-1929, William Lee Younger. Luna Park, Gravesend race track, construction of Grand Army Plaza, moving of Hotel Brighton, etc. 157 previously unpublished photographs. 165pp. 8⅞ x 11¾. 0-486-23587-4

THE MYTHS OF THE NORTH AMERICAN INDIANS, Lewis Spence. Rich anthology of the myths and legends of the Algonquins, Iroquois, Pawnees and Sioux, prefaced by an extensive historical and ethnological commentary. 36 illustrations. 480pp. 5⅜ x 8½. 0-486-25967-6

AN ENCYCLOPEDIA OF BATTLES: Accounts of Over 1,560 Battles from 1479 B.C. to the Present, David Eggenberger. Essential details of every major battle in recorded history from the first battle of Megiddo in 1479 B.C. to Grenada in 1984. List of Battle Maps. New Appendix covering the years 1967-1984. Index. 99 illustrations. 544pp. 6½ x 9¼. 0-486-24913-1

SAILING ALONE AROUND THE WORLD, Captain Joshua Slocum. First man to sail around the world, alone, in small boat. One of great feats of seamanship told in delightful manner. 67 illustrations. 294pp. 5⅜ x 8½. 0-486-20326-3

ANARCHISM AND OTHER ESSAYS, Emma Goldman. Powerful, penetrating, prophetic essays on direct action, role of minorities, prison reform, puritan hypocrisy, violence, etc. 271pp. 5⅜ x 8½. 0-486-22484-8

MYTHS OF THE HINDUS AND BUDDHISTS, Ananda K. Coomaraswamy and Sister Nivedita. Great stories of the epics; deeds of Krishna, Shiva, taken from puranas, Vedas, folk tales; etc. 32 illustrations. 400pp. 5⅜ x 8½. 0-486-21759-0

MY BONDAGE AND MY FREEDOM, Frederick Douglass. Born a slave, Douglass became outspoken force in antislavery movement. The best of Douglass' autobiographies. Graphic description of slave life. 464pp. 5⅜ x 8½. 0-486-22457-0

FOLLOWING THE EQUATOR: A Journey Around the World, Mark Twain. Fascinating humorous account of 1897 voyage to Hawaii, Australia, India, New Zealand, etc. Ironic, bemused reports on peoples, customs, climate, flora and fauna, politics, much more. 197 illustrations. 720pp. 5⅜ x 8½. 0-486-26113-1

THE PEOPLE CALLED SHAKERS, Edward D. Andrews. Definitive study of Shakers: origins, beliefs, practices, dances, social organization, furniture and crafts, etc. 33 illustrations. 351pp. 5⅜ x 8½. 0-486-21081-2

THE MYTHS OF GREECE AND ROME, H. A. Guerber. A classic of mythology, generously illustrated, long prized for its simple, graphic, accurate retelling of the principal myths of Greece and Rome, and for its commentary on their origins and significance. With 64 illustrations by Michelangelo, Raphael, Titian, Rubens, Canova, Bernini and others. 480pp. 5⅜ x 8½. 0-486-27584-1

HINTS TO SINGERS, Lillian Nordica. Selecting the right teacher, developing confidence, overcoming stage fright, and many other important skills receive thoughtful discussion in this indispensible guide, written by a world-famous diva of four decades' experience. 96pp. 5⅜ x 8½. 0-486-40094-8

THE COMPLETE NONSENSE OF EDWARD LEAR, Edward Lear. All nonsense limericks, zany alphabets, Owl and Pussycat, songs, nonsense botany, etc., illustrated by Lear. Total of 320pp. 5⅜ x 8½. (Available in U.S. only.) 0-486-20167-8

VICTORIAN PARLOUR POETRY: An Annotated Anthology, Michael R. Turner. 117 gems by Longfellow, Tennyson, Browning, many lesser-known poets. "The Village Blacksmith," "Curfew Must Not Ring Tonight," "Only a Baby Small," dozens more, often difficult to find elsewhere. Index of poets, titles, first lines. xxiii + 325pp. 5⅜ x 8¼. 0-486-27044-0

DUBLINERS, James Joyce. Fifteen stories offer vivid, tightly focused observations of the lives of Dublin's poorer classes. At least one, "The Dead," is considered a masterpiece. Reprinted complete and unabridged from standard edition. 160pp. 5³⁄₁₆ x 8¼. 0-486-26870-5

GREAT WEIRD TALES: 14 Stories by Lovecraft, Blackwood, Machen and Others, S. T. Joshi (ed.). 14 spellbinding tales, including "The Sin Eater," by Fiona McLeod, "The Eye Above the Mantel," by Frank Belknap Long, as well as renowned works by R. H. Barlow, Lord Dunsany, Arthur Machen, W. C. Morrow and eight other masters of the genre. 256pp. 5⅜ x 8½. (Available in U.S. only.) 0-486-40436-6

THE BOOK OF THE SACRED MAGIC OF ABRAMELIN THE MAGE, translated by S. MacGregor Mathers. Medieval manuscript of ceremonial magic. Basic document in Aleister Crowley, Golden Dawn groups. 268pp. 5⅜ x 8½. 0-486-23211-5

THE BATTLES THAT CHANGED HISTORY, Fletcher Pratt. Eminent historian profiles 16 crucial conflicts, ancient to modern, that changed the course of civilization. 352pp. 5⅜ x 8½. 0-486-41129-X

NEW RUSSIAN-ENGLISH AND ENGLISH-RUSSIAN DICTIONARY, M. A. O'Brien. This is a remarkably handy Russian dictionary, containing a surprising amount of information, including over 70,000 entries. 366pp. 4½ x 6⅛. 0-486-20208-9

NEW YORK IN THE FORTIES, Andreas Feininger. 162 brilliant photographs by the well-known photographer, formerly with *Life* magazine. Commuters, shoppers, Times Square at night, much else from city at its peak. Captions by John von Hartz. 181pp. 9¼ x 10¾. 0-486-23585-8

INDIAN SIGN LANGUAGE, William Tomkins. Over 525 signs developed by Sioux and other tribes. Written instructions and diagrams. Also 290 pictographs. 111pp. 6⅛ x 9¼. 0-486-22029-X

ANATOMY: A Complete Guide for Artists, Joseph Sheppard. A master of figure drawing shows artists how to render human anatomy convincingly. Over 460 illustrations. 224pp. 8⅜ x 11¼. 0-486-27279-6

MEDIEVAL CALLIGRAPHY: Its History and Technique, Marc Drogin. Spirited history, comprehensive instruction manual covers 13 styles (ca. 4th century through 15th). Excellent photographs; directions for duplicating medieval techniques with modern tools. 224pp. 8⅜ x 11¼. 0-486-26142-5

THE MALLEUS MALEFICARUM OF KRAMER AND SPRENGER, translated by Montague Summers. Full text of most important witchhunter's "bible," used by both Catholics and Protestants. 278pp. 6⅝ x 10. 0-486-22802-9

SPANISH STORIES/CUENTOS ESPAÑOLES: A Dual-Language Book, Angel Flores (ed.). Unique format offers 13 great stories in Spanish by Cervantes, Borges, others. Faithful English translations on facing pages. 352pp. 5⅜ x 8½. 0-486-25399-6

GARDEN CITY, LONG ISLAND, IN EARLY PHOTOGRAPHS, 1869–1919, Mildred H. Smith. Handsome treasury of 118 vintage pictures, accompanied by carefully researched captions, document the Garden City Hotel fire (1899), the Vanderbilt Cup Race (1908), the first airmail flight departing from the Nassau Boulevard Aerodrome (1911), and much more. 96pp. 8⅞ x 11¾. 0-486-40669-5

OLD QUEENS, N.Y., IN EARLY PHOTOGRAPHS, Vincent F. Seyfried and William Asadorian. Over 160 rare photographs of Maspeth, Jamaica, Jackson Heights, and other areas. Vintage views of DeWitt Clinton mansion, 1939 World's Fair and more. Captions. 192pp. 8⅞ x 11. 0-486-26358-4

CAPTURED BY THE INDIANS: 15 Firsthand Accounts, 1750-1870, Frederick Drimmer. Astounding true historical accounts of grisly torture, bloody conflicts, relentless pursuits, miraculous escapes and more, by people who lived to tell the tale. 384pp. 5⅜ x 8½. 0-486-24901-8

THE WORLD'S GREAT SPEECHES (Fourth Enlarged Edition), Lewis Copeland, Lawrence W. Lamm, and Stephen J. McKenna. Nearly 300 speeches provide public speakers with a wealth of updated quotes and inspiration–from Pericles' funeral oration and William Jennings Bryan's "Cross of Gold Speech" to Malcolm X's powerful words on the Black Revolution and Earl of Spenser's tribute to his sister, Diana, Princess of Wales. 944pp. 5⅜ x 8⅜. 0-486-40903-1

THE BOOK OF THE SWORD, Sir Richard F. Burton. Great Victorian scholar/adventurer's eloquent, erudite history of the "queen of weapons"–from prehistory to early Roman Empire. Evolution and development of early swords, variations (sabre, broadsword, cutlass, scimitar, etc.), much more. 336pp. 6⅛ x 9¼. 0-486-25434-8

AUTOBIOGRAPHY: The Story of My Experiments with Truth, Mohandas K. Gandhi. Boyhood, legal studies, purification, the growth of the Satyagraha (nonviolent protest) movement. Critical, inspiring work of the man responsible for the freedom of India. 480pp. 5⅜ x 8½. (Available in U.S. only.) 0-486-24593-4

CELTIC MYTHS AND LEGENDS, T. W. Rolleston. Masterful retelling of Irish and Welsh stories and tales. Cuchulain, King Arthur, Deirdre, the Grail, many more. First paperback edition. 58 full-page illustrations. 512pp. 5⅜ x 8½. 0-486-26507-2

THE PRINCIPLES OF PSYCHOLOGY, William James. Famous long course complete, unabridged. Stream of thought, time perception, memory, experimental methods; great work decades ahead of its time. 94 figures. 1,391pp. 5⅜ x 8½. 2-vol. set.
Vol. I: 0-486-20381-6   Vol. II: 0-486-20382-4

THE WORLD AS WILL AND REPRESENTATION, Arthur Schopenhauer. Definitive English translation of Schopenhauer's life work, correcting more than 1,000 errors, omissions in earlier translations. Translated by E. F. J. Payne. Total of 1,269pp. 5⅜ x 8½. 2-vol. set.   Vol. 1: 0-486-21761-2   Vol. 2: 0-486-21762-0

LIGHT AND SHADE: A Classic Approach to Three-Dimensional Drawing, Mrs. Mary P. Merrifield. Handy reference clearly demonstrates principles of light and shade by revealing effects of common daylight, sunshine, and candle or artificial light on geometrical solids. 13 plates. 64pp. 5⅜ x 8½. 0-486-44143-1

ASTROLOGY AND ASTRONOMY: A Pictorial Archive of Signs and Symbols, Ernst and Johanna Lehner. Treasure trove of stories, lore, and myth, accompanied by more than 300 rare illustrations of planets, the Milky Way, signs of the zodiac, comets, meteors, and other astronomical phenomena. 192pp. 8⅜ x 11. 0-486-43981-X

JEWELRY MAKING: Techniques for Metal, Tim McCreight. Easy-to-follow instructions and carefully executed illustrations describe tools and techniques, use of gems and enamels, wire inlay, casting, and other topics. 72 line illustrations and diagrams. 176pp. 8¼ x 10⅞. 0-486-44043-5

MAKING BIRDHOUSES: Easy and Advanced Projects, Gladstone Califf. Easy-to-follow instructions include diagrams for everything from a one-room house for bluebirds to a forty-two-room structure for purple martins. 56 plates; 4 figures. 80pp. 8¾ x 6⅜. 0-486-44183-0

LITTLE BOOK OF LOG CABINS: How to Build and Furnish Them, William S. Wicks. Handy how-to manual, with instructions and illustrations for building cabins in the Adirondack style, fireplaces, stairways, furniture, beamed ceilings, and more. 102 line drawings. 96pp. 8¾ x 6⅜. 0-486-44259-4

THE SEASONS OF AMERICA PAST, Eric Sloane. From "sugaring time" and strawberry picking to Indian summer and fall harvest, a whole year's activities described in charming prose and enhanced with 79 of the author's own illustrations. 160pp. 8¼ x 11. 0-486-44220-9

THE METROPOLIS OF TOMORROW, Hugh Ferriss. Generous, prophetic vision of the metropolis of the future, as perceived in 1929. Powerful illustrations of towering structures, wide avenues, and rooftop parks–all features in many of today's modern cities. 59 illustrations. 144pp. 8¼ x 11. 0-486-43727-2

THE PATH TO ROME, Hilaire Belloc. This 1902 memoir abounds in lively vignettes from a vanished time, recounting a pilgrimage on foot across the Alps and Apennines in order to "see all Europe which the Christian Faith has saved." 77 of the author's original line drawings complement his sparkling prose. 272pp. 5⅜ x 8½. 0-486-44001-X

THE HISTORY OF RASSELAS: Prince of Abissinia, Samuel Johnson. Distinguished English writer attacks eighteenth-century optimism and man's unrealistic estimates of what life has to offer. 112pp. 5⅜ x 8½. 0-486-44094-X

A VOYAGE TO ARCTURUS, David Lindsay. A brilliant flight of pure fancy, where wild creatures crowd the fantastic landscape and demented torturers dominate victims with their bizarre mental powers. 272pp. 5⅜ x 8½. 0-486-44198-9

Paperbound unless otherwise indicated. Available at your book dealer, online at **www.doverpublications.com**, or by writing to Dept. GI, Dover Publications, Inc., 31 East 2nd Street, Mineola, NY 11501. For current price information or for free catalogs (please indicate field of interest), write to Dover Publications or log on to **www.doverpublications.com** and see every Dover book in print. Dover publishes more than 500 books each year on science, elementary and advanced mathematics, biology, music, art, literary history, social sciences, and other areas.